教育质性研究方法

Qualitative Research Methods in Education

朱恬恬　编著

科 学 出 版 社
北　京

内 容 简 介

本书系统梳理了教育质性研究的理论内涵、应用场景、关键方法及其在论文写作中的应用流程。全书共包括六个部分，即质性研究概述、质性研究方法在教育研究中的应用现状、质性研究设计、质性研究资料收集、教育质性资料的分析和质性研究论文的撰写。在章节安排上，既有理论阐释、概念辨析，也有文献计量、动态解读，还有案例剖析、流程介绍、NVivo软件指南，真正做到了理论与实践相结合。

本书可供教育学、教育管理、教育经济与管理等领域的专业人员，高等学校与教育学相关专业的高年级本科生、研究生和教师阅读，也可供从事教育管理工作的政府部门领导、教研人员以及学校的中高层领导参考。

图书在版编目（CIP）数据

教育质性研究方法 / 朱恬恬编著. —北京：科学出版社，2024.1
ISBN 978-7-03-075408-0

Ⅰ. ①教… Ⅱ. ①朱… Ⅲ. ①教育研究–研究方法 Ⅳ. ①G40-034

中国国家版本馆 CIP 数据核字（2023）第 069397 号

责任编辑：方小丽 / 责任校对：贾娜娜
责任印制：吴兆东 / 封面设计：蓝正设计

科学出版社 出版
北京东黄城根北街 16 号
邮政编码：100717
http://www.sciencep.com
北京中石油彩色印刷有限责任公司印刷
科学出版社发行 各地新华书店经销
*
2024 年 1 月第 一 版 开本：787×1092 1/16
2025 年 2 月第二次印刷 印张：16
字数：379 000

定价：68.00 元

（如有印装质量问题，我社负责调换）

前　　言

教育是国之大计、党之大计。党的二十大报告指出："我们要坚持教育优先发展、科技自立自强、人才引领驱动，加快建设教育强国、科技强国、人才强国，坚持为党育人、为国育才，全面提高人才自主培养质量，着力造就拔尖创新人才，聚天下英才而用之。"我国教育事业在取得快速发展的同时，教育研究者队伍也在不断壮大，教育理论与实践获得持续多元化发展。丰富的教育探索活动和改革创新实践促使相关研究成果层出不穷，对丰富教育研究方法的要求也越来越迫切、越来越多样化。

科学研究包括定量研究、质性研究两类重要的方法体系。教育研究者越来越意识到，定量研究方法虽然能够在宏观上对教育现象开展调查、测度和统计分析活动，进行因果关系推断，但却不能兼顾特殊情况、个体情况，难以了解教育现象中的复杂性和多样性，也忽视了研究者的自我反思和自我批评。而质性研究要求研究者不断反思自己在研究中的角色和作用，反思研究者的视角、立场、判断和决定对研究结果的影响，能够弥补定量研究的不足。特别是在分析一些很难量化的教育现象，或追踪研究较少的样本与具体个案时，教育质性研究方法更能体现出独特的优越性。

质性研究方法作为教育研究领域的一种新兴方法，以其人性化、自然化的研究过程和基于价值基础的研究理念，为教育学科研究和发展提供了更加广阔的天地。近些年，国内外应用质性研究方法取得的教育研究成果日益增多，以"质的研究方法""质性研究方法""如何做质的研究"等为主题的相关文献日渐丰富。特别是在教育学、教育管理等专业的研究生学位论文中，采用质性研究方法开展研究的论文数量越来越多，与此同时，这也对教育领域如何科学、规范地开展质性研究以及系统学习教育质性研究方法提出了迫切需求。这些促使我们下定决心系统梳理教育质性研究方法：一是满足课堂教学和科学研究的现实需要，让更多的老师和学生掌握教育研究的利器，共同参与到教育现象分析中，进一步壮大教育研究队伍；二是进一步深刻认识教育现象，解决教育问题，发现教育规律，推动教育研究继续深入发展，提升教育研究水平。

笔者开展教育质性研究已 10 余年，采用扎根理论、个案研究等方法聚焦一所学校、一个项目、一位教师等开展追踪研究，形成了诸多分析报告、教学案例和学术论文，也在湖南大学面向教育硕士开设的课程中和进行学位论文指导过程中，多次带领学生开展教育质性研究。

在前期科学研究和教学实践的基础上，笔者系统梳理了教育质性研究的典型方法及代表性作品，新增了典型案例，揭示了教育质性研究的来龙去脉、理论内涵、关键方法及其在论文写作中的应用流程。全书分为六个部分，共计 19 章，主要内容为质性研究概述、质性研究方法在教育研究中的应用现状、质性研究设计、质性研究资料收集、教育质性资料的分析和质性研究论文的撰写。章节安排上，既有理论阐释、概念辨析，也有文献计量、动态解读，还有案例剖析、流程介绍、NVivo 软件指南等。在编写过程中，我们坚持问题导向，每一部分都撰写了引言，提出了该部分需要关注的重要问题，引导读者快速把握关键信息，实现预期学习目标。

本书写作历时多年，研究成果得到了国家自然科学基金面上项目（中国“双一流”建设成效评价研究，项目编号：72274057）、国家自然科学基金青年项目（高校教育资源配置效率模型及其应用研究，项目编号：71704050）、教育部人文社科基金（高校创新创业教育课程体系建设研究，项目编号：16YJC880117）、湖南省自然科学基金（“双一流”建设政策对高等教育-经济-社会发展的影响研究，项目编号：2022JJ30180），以及湖南省教育科学“十四五”规划课题（学校、家庭和社会教育主体责任分担机制研究，项目编号：XJK22BJC003）等多个基金项目的资助。

本书由笔者和笔者指导的研究生合作完成，笔者负责全书编写、统稿与修订工作，并编写了第三部分。特别感谢研究生的辛勤付出，其中，杨菲和刘雨凡参与编写第一部分，杨菲参与编写第二部分，侯永侠、曾慧和严晨卉参与编写第四部分，陈旺和陈雅雪参与编写第五部分，卢雅华和楚秋玉参与编写第六部分。另外，陈旺、楚秋玉和卢雅华还参与了统稿工作。

在这个创新发展的时代，国家大力推进高质量教育体系建设，迫切要求进一步构筑教育强国建设的理论基石，扎根中国大地开展广泛的教育探索，这些探索都将为教育质性研究方法提供丰富的应用场景，使其更好地阐释我国独特的历史、文化和国情，解决教育深化改革的新问题。

朱恬恬

2023 年 12 月

于湖南长沙岳麓山下

目　录

第四部分　质性研究资料收集

第五部分　教育质性资料的分析

第六部分　质性研究论文的撰写

第一部分　质性研究概述

质性研究早期被应用于人类学或社会学领域，之后逐渐成为教育研究、社会工作研究、女性研究、管理研究、政治科学、心理学等领域的重要研究方法。教育研究是人们为了获得对教育理论和实践问题的深入认识而进行的科学探索活动，其与质性研究有着天然的亲和性，借助质性研究方法，可以为教育研究开辟新视域、提供新视角、获取新资料，发现教育实践中的新问题。

本书基于质性研究的经典概念，结合教育研究的特性，对教育质性研究做如下界定：教育质性研究是将研究者置身于教育实践之中的一类研究活动，是以研究者本人作为研究工具，在自然情境下，采用多种资料收集方法（访谈、观察、实物分析等），对教育现象进行深入的整体性探究，从原始资料中形成结论和理论，使教育实践变得清晰起来的，具有阐释性的、经验性的活动。

为了让读者更好地理解教育质性研究，本部分将详细阐述以下问题，如什么是教育质性研究，教育质性研究的特点是什么，教育质性研究是如何发展起来的，教育质性研究与定量研究有何区别与联系，等等。

第 1 章

教育质性研究的概念与方法

1.1 教育与质性研究的关系

教育学具有向综合性学科发展的态势。沃尔夫冈・布列钦卡在2001年出版的著作《教育科学的基本概念分析、批判和建议》中提到，教育学属于社会科学，由于教育学的研究对象是人的教育活动，所以，对教育学的研究，研究者不能仅从应然角度出发，还必须关注人的现实需要，使其满足社会需求。张楚廷教授在 2011 年发表在《教育研究》的文章《教育学属于人文科学》指出，教育学以人为出发点，又以关于人的哲学为理论基础，最终归结到人自身的发展，所以属于人文科学。教育关注人的问题，尊重人是教育的出发点，因为它始终以培养人为目的，即实现人从自然人向社会人的转变，正如康德在《康德论教育》中所言，"教育使人成为人"。王洪才教授 2012 年发表在《教育研究》的文章《教育学：人文科学抑或社会科学？——兼与张楚廷先生商榷》也指出，无论是作为"个体人"，还是作为"社会人"，教育研究始终都不能脱离对人的观照。这是教育学的命运——教育学不能只是理论的教育学，还必须是能够指导实践行动的教育学，如此，教育学就进入了社会活动场域。由于教育学与哲学、文学艺术和神学等学科的研究对象相差很大，故少有学者认为教育学属于人文科学。陈桂生教授于 1998 年出版的著作《历史的"教育学现象"透视——近代教育学史探索》提到，教育学原意是教授术，即教学的艺术，如果作为艺术的话，就保留了教育活动的创造性成分，所以把它归属于人文科学未尝不可。但是大部分学者倾向于将教育学的学科属性归于社会科学，在 20 世纪中叶之后教育学呈现出向综合性学科发展的态势。

教育研究是人们为了获得对教育理论和实践问题的深入认识而进行的科学探索活动。笔者认为，教育研究是以教育问题（包括理论问题和实践问题）为研究对象，致力于解释教育现象、解决教育问题、揭示教育规律的有目的、有计划、有系统地开展发现问题、分析问题和解决问题的认识活动。教育研究的对象属性是多元的，研究视角也是多元的。研究不仅取决于研究对象的客观属性，还取决于研究者的研究视角，即研究者如何看待研究对象（主观性），这决定着研究者对研究对象属性的界定。教育研究的目的不仅仅是了解、分析并解释客观教育现实，对某种真实困惑进行有计划、有目的的系统探究，更为重要的是研究者对现实的社会文化建构。研究结果不仅是对客观现实的验证和对未来发展趋势的预测，还是提升研究对象和研究者的实践-反思意识和能力的一种方式。

教育研究方法尤其关照"真"问题。如何利用科学的方法是教育研究者不可回避的问题。一个真正“好”的研究问题，应当是“真”问题。吴康宁教授2002年发表在《教育研究》上的文章《教育研究应研究什么样的“问题”——兼谈“真”问题的判断标准》从教育理论发展或教育实践改善是否迫切，以及研究者有无研究欲望和热情两个维度出发，将教育研究问题大致分为四种类型：“异己的问题”“私己的问题”“炮制的问题”“联通的问题”。美学家朱光潜先生在1980年出版的著作《朱光潜美学文学论文选集》中提出，同是一朵梅花，可以引起人们三种态度：科学的，即梅花的实质特征和成因；实用的，即梅花的效用；审美的，即形象的直觉、内在的价值。照此推论下去，人们可以用科学的、经济学的和美学的三种方式来研究梅花。此外，梅利亚姆（Merriam）1998年在著作《质性研究与案例研究在教育中的运用》（*Qualitative Research and Case Study Applications in Education*）中引用了卡尔（Carr）和凯密斯（Kemmis）的观点，将教育研究分为实证的（positivist）、阐释的（interpretive）和批判的（critical）三种模式。具体来说，教育研究方法包括教育方法论、教育研究方法或方式（具体的操作方式）、教育研究的具体技术和技巧（研究的工具、手段和技巧）三个层面。

综观我国教育研究的现状，存在或科学性或人文性的单极化研究倾向。教育研究既要运用“科学的方式”，也要运用“人文的方式”，即“科学人文主义的方法论”。教育研究之所以具有科学性，是因为教育活动具有客观性、必然性和普遍性三大特点，因此，教育活动并不是杂乱无序、变化无常和无章可循的，而是具有自己的特点、逻辑和规律，所以必须依靠科学的方法论和技术手段。另外，教育研究兼具人文性，这是因为教育活动具有主观性、价值性、难以重复性、复杂性四个特点。既然教育活动具有人文性，那么就存在只依靠科学的方式所不能完全把握的方面，这些方面必须用人文的方式去研究。比如，扈中平教授2003年发表在《教育研究》上的文章《教育研究必须坚持科学人文主义的方法论》指出，科学不能完全把握人的需要、价值、情绪、情感、性格、意志等，在很大程度上还必须借助于体验、感悟、直觉、思辨等。然而，教育研究却存在科学性与人文性的单极化研究倾向。一方面，在我国的教育研究中，一些研究者过多地介入了主观体验、感悟、直觉、思辨，更有甚者，想当然、凭感觉做研究，缺乏来自实地的一手资料作为研究结论的支撑，严重缺乏实证性和最基本的准确性。这时，许多结论既无法证伪，也无法证实；既不能说它正确，也不能说它完全错误。另一方面，我国的教育研究也存在着过分追求科学化，总想把教育学变成像自然科学那样的精密科学的倾向，这种做法忽视了教育学的独特性。

质性研究与教育研究有着天然的亲和性。教育的特征在德语“Bildung”（教化）一词中得到了较为充分的体现，其在哲学和教育学中内涵的演变表明教育是个体生活世界的重要体现。质性研究是个体间的对话、交流，通过交往行动，个体的经验世界、意义世界得以建构。从这个意义上讲，教育本身就是师生之间、学生之间的交往行动，是质性的行动研究，而且必须变成每个教育实践者的行动研究。如此，教育学才真正具有生命力。因为“人文学科”研究的是“人”，而“人”是一种“有目的、有意识的存在”。

质性研究是教育研究求“真”的重要途径，能为教育研究开辟新视域、提供新视角、获取新资料、发现教育实践中的新问题。且不谈教育研究者对教育现象、教育活动、教育问题进行研究时所采用的方法是否科学，显然，迄今为止教育研究者对科学性目标的追求却是相同的。研究者所使用的方法论以及为解决研究问题所使用的方法是否科学，即是判断研究是否具有科学性的最重要的标准之一。与此同时，不同于自然研究，教育研究所面对的是人的世界。狄尔泰（Dilthey）为人文科学奠定了系统的历史基础，正如他所言，自然需要说明，人需要理解。教育研究依赖于研究者理解与解释生活世界的能力，其能力表现于对人的世界的理解与阐释，是研究者置身于生活世界的一种姿态。鲁洁教授 1996 年发表在《教育研究》上的文章《论教育之适应与超越》提到，“实践就其本质而言就是超越的，它是人自身对他所处环境的超越”，而“教育作为培养人的实践活动，它必然具有超越的特征”。研究者必须对教育现实所面临的重要问题加以解释与解决，使原初的“无根”“无望”的问题逐渐转变为“有根”“有望”的问题。

针对教育研究“不够科学”“不够人文”的问题，质性研究者追求“严谨”与“主见”。研究者深入实地，与研究对象深入互动，并不断反思个人立场以及与研究对象的关系对研究过程和结果所产生的影响。对教育研究“爱恨参半”的一线教师来说，都希望自己成为一名更具有反思意识的行动者，然而却缺乏足够的时间、精力以及专门的训练。此外，学者提供的研究成果与处于复杂、多变教育实践中的一线教师的实际需求不相匹配，缺乏足够的针对性，难以发挥直接的指导作用。质性研究方法则比较容易上手，有利于一线教师结合自己的经验和感悟，对工作中遇到的实际问题开展研究，并能根据教育教学情境的变化而随时调整研究设计，最终成为一名教育研究者。当然，质性研究方法对专业研究者而言，也有利于挖掘研究对象的惯常社会行动和主观经验，获得洞见，通过认同和共鸣获得研究成果的推广。

1.2　教育质性研究的定义与特点

质性研究横跨诸多学科、领域和主题。想对教育质性研究有较为深入的了解，我们首先需要了解部分经典的“质性研究”概念界定及质性研究的主要特点。

1.2.1　教育质性研究的定义

质性研究的方法体系中包括哪些基本的研究方式并没有完全一致的答案，但是质性研究是一个包含着无数变化的伞状术语集，它如同一把大伞，在这把大伞下面，包含了各种各样的研究策略、研究方式和研究方法。

“质性研究”一词到底意义为何，可以说是众说纷纭、莫衷一是。尽管国内外社会科学界出版了很多有关“质性研究方法”的理论论述和方法指导方面的书籍，但却并没有一个全然适用的定义能够涵盖所有的质性研究。迄今为止，不同的质性研究学者基于不同的立场和角度对质性研究予以不同的解说，表 1.1 将学术界的一般看法做了一个简要的归纳，供大家参考。

表 1.1　质性研究概念勾勒

代表学者	质性研究核心要素	研究成果表达
邓津（Denzin）和林肯（Lincoln）	实践活动、自然背景	跨学科、多范式、政治性
柯宾（Corbin）和斯特劳斯（Strauss）；伯格（Berg）等；麦克斯韦（Maxwell）	研究对象的融入、研究者的参与、资料收集	探索与建构
陈向明	研究者与研究对象互动、资料收集、研究者本人的素质	归纳、解释与建构
李晓凤和佘双好	自然状态、直面现实	对现象直接描述
简春安和邹平仪	自然研究	概念化
陈伯璋	互动	描述与诠释
潘淑满	不确定性	全方位建构

在国际上，关于质性研究的定义影响较大的是美国学者邓津（Denzin）与林肯在《质性研究手册》中借鉴纳尔逊（Nelson）等对文化研究的定义，即质性研究是学科间的领域、跨学科的领域，甚至是不希望被学科化的领域。它横跨人文科学、社会科学以及自然科学。即便在同一时刻，质性研究也意味着不同的事物。其核心要义在于它是多范式的。质性研究的使用者时刻谨记多种方法路径所具有的巨大价值和意义。他们从自然主义视角和阐释学立场对人类经验进行解读。另外，质性研究的本质是政治性的，因而受多种伦理和政治立场的影响与塑造。

此外，柯宾和斯特劳斯在著作《定性研究基础：发展扎根理论的技术和程序》（*Basics of Qualitative Research: Techniques and Procedures for Developing Grounded Theory*）中指出，质性研究的目的不在于验证或推论，而是在于探索深奥、抽象的经验世界之意义，所以研究过程非常重视研究对象的参与及其观点的融入；同时，质性研究不重视通过数学与统计的分析程序得出研究结果，而是强调借由各种资料收集方式，完整且全面地收集相关资料，并对研究结果做深入的诠释。伯格等在著作《社会科学的定性研究方法》（*Qualitative Research Methods for the Social Sciences*）中指出，质包含一件事物是什么（what）、如何（how）、何时（when）和何地（where）等。麦克斯韦在著作《定性研究设计：一种互动方法》（*Qualitative Research Design: An Interactive Approach*）中提到，质性研究是一个对多重现实进行探究和建构的过程，在这个过程中，研究者将自己置身于实际发生的各种事件之中，寻找和探究“局内人”的生活经历和意义。

我国学者陈向明教授在著作《质的研究方法与社会科学研究》给质的研究下了一个综合性的、广为我国学者引证的定义，即质的研究是以研究者本人作为研究工具，在自然情境下采用多种资料收集方法，并对社会现象进行整体性探究，使用归纳法分析资料和形成理论，通过与研究对象互动对其行为和意义建构获得解释性理解的一种活动。她采取的是“文化主位”（emic）的方式，即对质的研究者从事研究的具体实践进行描述和总结，而不是按照一种外在的衡量标准对其进行概念上的抽象和概括①。

① 在社会科学研究中，“文化主位”和“文化客位”分别指的是被研究者和研究者的角度与观点。

李晓凤和佘双好在著作《质性研究方法》中指出，质性研究方法是指与定量研究方法相对应的研究方法，它不太依赖量化的资料与方法，而是对于现象的性质直接进行描述与分析的方法。它包括以下几个方面的含义：一是质性研究方法虽然也会处理量的问题，但是它并不以量化作为追求的目标，也不依赖数量资料进行分析。二是质性研究方法对社会现象或经验进行直接描述，而较少通过间接的方法，如通过实验室、通过量表或其他测量工具、通过模拟情境等进行研究，而是在自然状态下，对社会现象本身进行描述和总体的把握，因此质性研究方法讲究直面生活的现实，而不主张把生活割裂开来或孤立起来开展研究。三是质性研究方法是一种描述与分析的方法，注重对社会现象和个人生活的解释性理解，注重对现实社会和个人生活的"呈现"，较少要求对社会现象做出本质的规定性。

简春安和邹平仪在著作《社会工作研究方法》(上)中指出，质性研究通过自然研究对真实世界进行观察，当进入一个很不熟悉的社会系统、在一个不具控制和正式权威的情境中、在研究的概念仍低度开发及相关的理论建构仍不完全时、在需要研究对象的主观理念时、在需要定义一个新概念和形成新的假设时，质性研究便派上了用场。陈伯璋在著作《质的研究方法》中认为，质性研究是以研究者本人为研究工具、在自然情境下采用多种资料收集方法对社会现象进行整体性探究、使用归纳法分析资料和形成理论、通过与研究对象互动对其行为和意义建构获得解释性理解的一种活动。研究者与研究对象之间的互动关系是一个复杂的符号互动过程。潘淑满在 2003 年出版的著作《质性研究：理论与应用》中提到，质性研究者在整个研究过程中，必须充分理解社会现象是一种不确定的事实，并主张社会世界是由不断变动的社会现象组成的。所以，质性研究是一个建基于整体观点之上、对社会现象进行全方位的图像建构和深度了解的过程，而不是将研究现象切割为单一或多重的变项并运用统计或数字加以诠释的过程。

基于上述质性研究的经典概念，结合教育研究的特性，本书对教育质性研究做如下界定：教育质性研究是将研究者置身于教育实践之中的一类研究活动，是以研究者本人作为研究工具，在自然情境下，采用多种资料收集方法（访谈、观察、实物分析等），对教育现象进行深入的整体性探究，从原始资料中形成结论和理论，使教育实践变得清晰起来的，具有阐释性的、经验性的活动。教育质性研究不是来自一种哲学、一种社会理论或一类研究传统，而是起源于很多学科，受到不同思潮、理论和方法的影响，因而呈现出如此复杂的研究局面。

通过上述定义，可见教育质性研究是对教育类事物或现象进行整体的、深入的、层层相扣的研究，它通过揭示事物内涵来认识事物，帮助指导教育实践，并有助于构建新知识、发展新理论。上述界定也表明了教育质性研究是一系列相当复杂的诠释性实践，其涵盖多种张力与冲突，后现代主义与自然主义并存，批判主义与人文主义同在，同时具有较强的洞察力与敏感性，对教育经验的感知和分析也非常到位。教育质性研究遇到复杂情况，坚持进行整体性探究，不会将复杂因素剥离开来，质性研究世界就像洋葱，每一层洋葱皮都是构成整体的部分。教育质性研究没有所谓的本质和内核，因为本质就在现象之中。所以，教育质性研究有利于研究者深入和整体地探索教育现象，对研究对象的惯常行动、思维以及他们的主观经验进行意义阐释，追踪事情发生和发展的过程，并能够深入挖掘影响研究对象思维和行动的社会文化结构性因素。

在这一意义上，教育质性研究是以阐释性和自然主义的方式来探究教育世界的。这就意味着，教育质性研究者研究事物的方法是：在将教育研究对象放于实地的背景下，试图对人们赋予意义的现象做出理解和阐释。教育质性研究关注教育现象的特殊表现，并对其进行深入理解，它强调对教育研究现象进行全方位的“深描”，不追求定量研究意义上的可重复性、可推广性和客观性。好的质性研究方法不仅能起到事半功倍的作用，更有助于挖掘出事实真相，提出具有解释力度的结论，通过认同和共鸣获得研究结果的推广。

1.2.2　教育质性研究的特点

虽然社会科学界对“质性研究”以及“教育质性研究”术语的明确定义存在分歧，但是大部分研究者已经就质性研究的主要特点达成了一定共识。笔者根据质性研究相关文献和自身的理解，并结合教育的特殊性，归纳出教育质性研究的主要特点。为方便理解，笔者以美国学者沃尔科特（Wolcott）2003 年出版的著作《校长办公室的那个人：一项民族志研究》（*The Man in the Principal's Office: An Ethnographic Study*）为例进行具体解释。该书是对一位校长的工作与生活所做的民族志考察，含有生动、丰富的日常生活的现场描述和行为分析，是享誉国际学术界的质性研究经典范本，分析该书将对我们认识和学习教育质性研究方法大有裨益。

1. 自然主义的探究传统

金炳华 2007 年出版的专著《哲学大辞典》载，自然主义“泛指主张用自然原因或自然原理来解释一切现象的哲学思想、观念”。自然主义通常从特定情境中通过人的视角来描述和理解人的体验和行为，教育质性研究的核心理念是坚持从自然的立场出发来理解和阐释自然界、社会和人。研究者必须亲自到被研究的人群、地点、环境和组织之中，以观察自然环境下研究对象的行为。

教育质性研究具有很强的自然情境性，要求研究者高度介入研究过程。教育质性研究强调在自然情景中做自然式探究，要求研究人员深入到研究情境中，即在自然的情境中收集现场自然发生事件的资料，在自然环境而非人工控制环境中进行研究，并在此情境中生活或工作相当长时间。

为了获得自然情境的资料，首先要进入情境现场。能否幸运地选择到合适的自然情境与研究对象直接决定着研究的深度、质量，那么沃尔科特为何偏偏选中了塔夫特小学和艾德·贝尔校长呢？沃尔科特在第一章“主要研究者和研究对象”中用了很多笔墨说明原因。他挑选校长有着明确、具体的指标：“我所调查的校长必须是全职的、管理型（与教学型的相对）的校长；只负责管理一所小学；在研究开始时，他已完全熟悉他所负责的行政事务和所在的工作场所；像多数小学校长一样，他必须是男性；他将自己视为职业校长，而非将校长职务作为更高职位的垫脚石。”同时，研究对象本身的特质也影响了沃尔科特考察潜在研究对象的决定。“第一，艾德的个人品质。因为他们告诉我，只要艾德愿意，他会坚持到底。另一位校长则是在新项目初期比较热衷，但总是难以坚持下去。

第二，所在学区赋予校长的自主权。艾德及学校所在的哥伦比亚联合学区的校长拥有更大的行政自主权。”可见，沃尔科特选取的个案是较具典型性的，先弄清楚某一类研究对象的共性与特征，然后列举，逐步排列、筛选潜在的研究对象，从中选取最能集中体现所有共性特征的研究对象作为研究个案。

2. 研究者作为“参与式”研究工具

教育质性研究者要以局内人而非局外人的视角开展研究。研究者要“设身处地”“感同身受”，以相关参与者的视角而非研究者的视角进行研究。如此，研究者本人就是资料收集和分析的工具（即观测手段），是材料收集的中介，而非无生命的数据统计者和分析者。

教育质性研究的研究者通过在研究对象日常行动的主要场所与之互动来收集数据，收集的资料是勾画人物、地点和对话等描述性数据，即软数据的丰富描述。为实现研究目的，研究者通常要使用多种多样的研究方式，包括前文所提及的深度访谈、参与式观察和叙事，以及对实物等进行内容分析等。资料收集过程中，研究者要对特定的情境做出反应，要保持高度的敏感度，针对特定的环境采取特定的技术手段，且对非语言方面的动态也不能忽视。

教育质性研究特别强调参与、体验，重视“相处式”调查。教育质性研究强调“参与性”，打破研究者与研究对象的主客体界限，强调获取那些用研究对象的眼光去看世界时所展现的内容。需要指出的是，质性研究强调研究者以自然的、非参与或参与性的观察为手段。既然研究者本人是主要的研究工具，那么研究者自身的背景以及其与研究对象之间的关系对研究过程和结果的影响必须加以考虑。我国质性研究开始阶段的许多课题都以“参与式”“行动研究”为关键词，其要求研究人员非常熟悉研究情境，甚至需要在此情境中生活或工作一定的时间。研究者成为参与者会“被同化”，因为研究者深入探究研究对象所处的环境，观察他们的行为，从他们的角度来理解，这可能使研究者失去自己作为研究者的意识，并且容易受研究对象的影响。

教育质性研究也十分重视研究对象与研究者之间的关系。质性研究对研究对象的考察与衡量主要由研究者完成，且质性研究者认为有必要与研究对象建立起紧密的合作关系。质性研究更为关注处于“边缘化”状态的人群，如文化人类学对土著部落的研究，以及社会学中的芝加哥学派对城市底层人群的研究。此外，在研究中要考虑研究者个人与研究对象的关系对研究的影响，要反思有关的伦理道德问题和权力关系。沃尔科特就十分注意自己与所选研究对象之间的关系：“我所选择的校长，不应该是我所任教大学里的研究生，因为我不希望我们的研究关系而使他成为学位候选人这件事变得复杂。”

3. 研究是一个整体性的演化发展过程

教育质性研究的研究问题是在复杂的情境中逐渐形成的，并非在研究开始时就设定研究问题。教育质性研究事先不提出任何假设，研究过程不是验证某种观点，而是通过核心概念间的逻辑关系来建构和形成研究结论。

教育质性研究具有整体性，并且资料收集与分析往往同步进行，是一个循环的过程。

教育质性研究是一个长时期的、直接的时间投入过程，深入探索事物的内涵和实质，而不只截取某一个片段。熊秉纯 2001 年发表在《社会学研究》上的文章《质性研究方法刍议：来自社会性别视角的探索》提到，质性研究将所获得的经验知识上升到理论，形成一个“经验→介入设计→资料收集→解释分析→形成理论→新的经验”的循环圈。教育质性研究的初步分析有助于确定下一步的研究策略、何时完成资料收集工作等。资料收集和分析过程经常交织在一起，是一个同步进行的过程，是“演化地、弹性地朝向可能的方向前进”，以确定下一步的研究策略、何时完成资料收集工作等。整个研究的焦点可以在资料收集过程中逐渐形成和清晰，即先收集资料，然后分析和发展理论，再一次收集资料，然后再做分析，等等，直到研究完成为止。

沃尔科特在塔夫特小学坚持进行了两年的田野工作，长时间的田野工作使他反复经历现场以及不断地与研究对象打交道，这种对研究内容的充分把握是在长久实践中累积而成的。正式研究开始前，沃尔科特如影随形地跟随、观察了艾德几个月，这不只是方便他自己熟悉研究对象及其工作环境、确定研究方向，更重要的是使艾德及其社会圈中的其他人习惯沃尔科特的存在。

4. 归纳式的资料分析

分析归纳法是严格、系统地从经验资料中提炼出理论命题的一种方法，1934 年由兹纳涅茨基（Znaniecki）在《社会学方法》（*Sociological Methods*）中提出。王富伟 2015 年发表在《北京大学教育评论》上的文章《质性研究的推论策略：概括与推广》提到，分析归纳法寻求“普遍”理论解释的关键在于，不断限定理论的具体内涵或不断厘清理论的具体所指，直至所有经验现象都能完全符合理论解释。本书论述的质性研究归纳式的分析起初并非作为一种定量研究的研究路径，而是经过反复修正的一种“探索性”分析。

教育质性研究最终形成的是适合于所研究的现象和情境的模式或理论。教育质性研究通常是从原始资料中产生理论，并且要求建构的理论达到饱和状态。建构理论首先要经历把事物分解成部分、方面、层级或单位的过程，对资料进行编码，使之概念化；其次要经历综合归类的过程，把分析的结果整合起来，实现对事物完整的认识，之后对编码后的概念进行进一步处理，将相关概念聚拢在一起，形成范畴；再次要不断地调整和发展范畴，使范畴更加严密；最后在此基础上进行综合，形成理论。调研期间，沃尔科特获得了大量的一手资料，包括观察记录、录音、访谈、问卷、会议记录和学校日常文件等，最终他在上述资料的基础上提出了分析类别和理论假设。

5. 紧贴研究对象的观点

教育质性研究中为实现对研究现象或行为的理解，必须深入了解研究对象的内在观点，这种理解尽可能客观、中立，尽可能还原真实现象，勿让研究者个人观点和判断先入为主。研究的结论不能脱离研究对象的观点，首先揭示个别性，其次通过个别性展示共性，以便对其他读者具有一定的启迪性。

质性研究重视研究者与研究对象的互动性，在一定程度上解决了研究者个人观点先入为主这一难题，对教育中人文世界的探索颇似庄子的寓言：庄子与惠子游于濠梁之上。庄子曰："鲦鱼出游从容，是鱼之乐也。"惠子曰："子非鱼，安知鱼之乐？"庄子曰："子非我，安知我不知鱼之乐？"惠子曰："我非子，固不知子矣；子固非鱼也，子之不知鱼之乐全矣！"庄子曰："请循其本。子曰'汝安知鱼乐'云者，既已知吾知之而问我。我知之濠上也。"

让庄子尽可能成为"鱼"，让惠子尽可能成为"庄子"，正是因为这种如同"水中鱼"的"有而无在"，体现出教育的整体性、差异性和丰富性。

深描诠释是紧贴研究对象观点的一种重要手段。美国文化人类学家格尔兹（Greertz）用深描来指代人类学研究中，对文化现象或文化现象背后的文化规律做出合理解释的详尽描述。深描虽然具有描述性的特点，但并不影响其客观性，其与一般的描述性有很大不同。例如，在开展课堂相关的研究时，教师（尤其是语文教师）在观察的时候容易倾注很多个人情感，或采用较多修饰性的形容词，或对观察内容进行提炼和加工，但是不得不承认这种做法会"涂改"自己的记忆，从而容易对课堂的认知判断产生偏差。教育质性研究的深描要求每一句话都是有证据地描述真实发生的情况，避免使用任何夸张的形容词，或带有明显的研究者个人主观感受。同时，教育质性研究的深描注重对研究对象的过程和整体进行具有丰富性、生动性、深层性的描述。与"深描"相对应的"白描"不仅是中国画的一种技法，同时也是叙述描写的手法。白描重在神，而不在形，它用最朴素简练的文字进行单纯的描述，不重辞藻修饰与渲染烘托。用鲁迅《南腔北调集》里的话说就是"有真意，去粉饰，少做作，勿卖弄而已"。可见，白描提供有限的信息，而深描可以让读者推论出丰富的信息。

长时间的接触让沃尔科特对艾德和塔夫特学校有了足够的理解，没有对艾德的品头论足，没有过多的评价性语言，而是尽量客观全面地呈现、忠实地表达自己两年来对民族志研究结果的认识以及对艾德的充分尊重。沃尔科特以艾德为主语，呈现其一言一行，如呈现艾德喜欢开放式的工作和接待访客，但是不太喜欢处理学生问题以及定期召开的会议等，甚至解读出艾德没有说出来的东西——艾德的耐心和谨慎。

6. 以意义为中心的"解释性理解"

不可否认，质性研究者往往以主观的态度描述研究过程、自己的角色以及可能的偏差，但是质性研究大方承认并且拥抱主观性。虽然质性研究较易受个人主观性的影响，但在教育教学领域，富于洞察力的质性研究往往比定量研究更为深刻，因为它能更全面、更真实地呈现教育实践的全貌。

"解释性理解"要找寻"本土概念"。本土概念主要是指研究对象在口头表达中反复使用的一些概念，是研究对象经常使用的、用来表达他们自己看世界方式的概念。本土概念蕴含着研究对象看世界的视角，质性的资料分析正是通过这一视角解释个人或群体的心理和行为方式。寻找本土概念就要对明显多次重复的表达进行深入研究，通过大量的、多频次、长时间的接触和跟进发现本土概念。研究者应透过一系列的本土概念，对文本语言语义进行分析、归纳与反思，挖掘话语背后的话语，从当事人的视角理解他们的行为意义和对事物的看法。

教育质性研究要求研究者既亲近实践，又要对实践保持距离和敬畏。质性研究是非干预性研究，研究者为了解事物或现象的本质，关注特定的现象和社会情境，但不对此做出预测和改变。对事物的认识只有在特定的情形中才有意义，质性研究以整体观分析研究对象。另外，由于每个人对事物的感受和认识不同，因此同一事物也可以具有不同的意义。

教育质性研究以研究对象的视角为立足点。研究者对结论的建构以研究者对研究对象的意义解释为参照系，研究结论旨在分析和展现研究对象的价值观、生活方式和行为模式。质性研究者通过了解研究对象的惯常社会行动并与之互动，将其行动放于特定的历史和社会环境中去进行深入的解释性理解，在描述过程中，主要通过语言等而非数字来传达研究者对某一现象的认识，此外，质性研究者会大量地采用研究对象的语言来进行描述。

教育质性研究者经常遇到的一大研究瓶颈是，自身所研究的特殊现象的理论尚未形成，或已有的理论无法对自己的研究问题做出充分解释，甚至是做出错误的解释。在这种情况下，研究者或希望找到材料来验证理论假说，或希望通过材料形成某种理论，进而通过自己建构的理论来解释特殊现象。

7. 反身性

社会存在决定社会意识，但社会意识对社会存在也有反作用，这种互动关系在社会科学中被称为“反身性”（reflexivity）。“反身性”于20世纪20年代由威廉·托马斯（William Thomas）提出，社会学家罗伯特·莫顿（Robert Merton）在20世纪40年代晚期对其进行完善。真正将反身性理论推向发展高潮的是乔治·索罗斯（George Soros）。他在1978年出版的《金融炼金术》（*Alchemy of Finance*）中反复强调，市场并不像教科书所讲的那样理性和有效，而是具有较强的不确定性和反身性，这会带来经济泡沫和市场的崩溃。

质性研究将研究者与各个场景以及研究对象的交流，明确视为认知活动的组成部分，而不是将其视为需尽可能排除的干扰因素。我们发现，大部分自然科学的主要研究对象是自然界，是物；而社会科学的主要研究对象是人，是具有意识的人。反身性是研究过程的基本要素，它为实地研究的成功解释与得出深刻结论提供了必要的视域，在研究中具有举足轻重的意义。

从现象到问题是研究选题的一般思路，而从问题到现象的检视则是教育质性研究的反身性。教育教学工作本身就带有自我反身性，这是因为教师在实践中不断彰显和建构教育教学能力。许迈进和章瑚纬2014年发表在《浙江大学学报（人文社会科学版）》上的文章《研究型大学教师应具备怎样的教学能力？——基于扎根理论的质性研究探索》提到，实践是一种有目的、有价值导向、致力于问题框定和解决的活动，具有反身性，需要深思熟虑的行动。具体来说，教师渗透于物质信息、主观心理和社会人际三维环境中，要与多元要素开展持续性的互动博弈和循环迭代，不断建构自身能力。教育质性研究者若想真正地发挥对教育实践的影响作用，必须主动参与到教育实践中，密切关注教育实践，扮演教育实践的“阐释者”而非“立法者”的角色。反身性是指行为主体在客体影响下有反过来思考自身行为的能力，所以沃尔科特谨慎用词，尽量用开放性问题，避免封闭性、引导性问题等。

1.3　教育质性研究的范式和方法

教育研究方法论是理论通向实践的桥梁。“methodology”（译为“方法论”或“方法学”）一词由“method”和“ology”构成。沃野 2005 年发表在《学术研究》上的文章《关于社会科学定量、定性研究的三个相关问题》中提到，在西方几种主要语言中，“方法”一词皆起源于希腊语，其意为“沿着正确的道路运动”“指向研究和认识的途径”或“探求某种目的的历程”。该词后缀源于“logos”，在古希腊的哲学文献中通常有“理性的原则”“话语的睿智”“世界秩序的基石”之意。

1.3.1　教育质性研究的范式

我们对教育质性研究方法进行系统分析，首先需要将对它的理解上升到方法论体系的高度。美国社会科学方法论学家波尔金霍恩（Polkinghorne）1984 年在其著作《人文科学方法论：探究系统》（*Methodology for the Human Sciences: Systems of Inquiry*）中提到，“方法论”是如何实施按逻辑拟定的研究计划、程序对知识进行探求的理论，而并不把在所拟定的研究计划、程序的指导下如何具体实施，如何进行具体性的研究操作，如怎样收集资料、怎样调查、如何统计等视为主体内容。波尔金霍恩不仅认为方法论是理论通向实践的桥梁，还阐述了方法论在整个社会科学研究过程的理论框架中的地位，如图 1.1 所示。

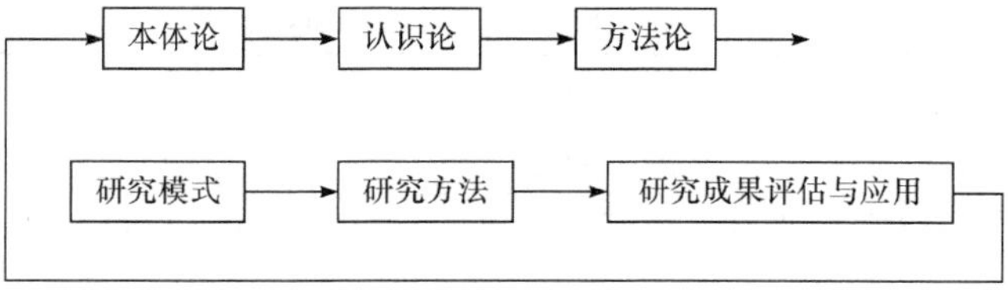

图 1.1　社会科学研究过程梳理

所以，方法论是认识世界和改造世界的方法的理论系统，用过河需要桥或船的比喻来说，方法论并不为人们提供现成的桥或船，而是教给人们怎样认识造桥或造船的重要性，以及怎样创造更好的桥或船的一般原则。

教育研究与其他人文社会科学的研究一样，也会受到一定研究范式的影响。我们的研究遵循何种研究范式，这是我们在讨论教育研究的方法论时必须厘清的问题。教育研究范式相较于具体的教育研究方法是一个上位概念。谭光鼎和王丽云在著作《教育社会学：人物与思想》中如此阐释，库恩认为范式是一个共同体成员共享的信仰、价值、技术等的集合，是常规科学所赖以运作的理论基础和实践规范，是从事某一学科的研究者所共同遵从的世界观和行为方式。简言之，范式就是一种公认的模型或模式。无独有偶，程岭在《教育研究方法的内在逻辑》中提到，“涂尔干也认为：‘一门学科如欲发展成为一个合乎科学的学科，首先必须有确定的研究主题与对象，其次是必须有科学的研究方法’”。教育研究范式包括：基础主义（foundationalism），即我们对世界的认识是有着终极根基的，这包括对经验主义认识论和实证主义认识论的使用；非基础主义（non-foundationalism），即便没有“对终极证据或知识基础的追溯”，我们仍可以对世界做出陈述；准基础主义（quasi-foundationalism），我们可以在新实在论标准的基础上做出关于世界的特定宣称，包括真理符合论，独立于人类而存在的实体是可以被描述的；实证主义（positivism），对现实世界的客观描述是可能的；后实证主义（post-positivism），对世界的描述只可能是部分客观的，因为所有的方法都会有缺陷。此外，教育研究范式还包括后结构主义（post-structuralism）、后现代主义（post-modernism）、后人文主义（post-humanism）等理论传统，以及许多与文化研究和诠释性研究相联系的质性研究的视角与方法。

当然，教育研究范式并非一成不变。随着数字经济的发展，以数据为根据的教育研究范式，在很大程度上改变了教育研究者的思维方式，挖掘大规模、长期数据追踪的教育社会实验已成为一种“数据密集型”的新范式，它更加青睐全样本数据、注重相关关系以及强调研究效率。

研究范式在本体论方面回答的是“真实性”问题。比如，“实在的性质是什么？现实的形式和本质是什么？”在认识论方面，这些范式回应的是“什么是可知的？认知者与认知对象的关系是什么？认知者与认知对象之间相对分离的现象是否存在？”在方法论方面，这些范式探寻的是“知识如何获得？研究者是如何发现他们认为可以被发现的事物的？”表 1.2 从本体论、认识论、方法论层面，对这五类研究范式进行扼要说明。

表 1.2　社会科学研究范式的基本观点

范式	本体论	认识论	方法论
实证主义	朴素的现实主义——实在是客观存在的，有待我们去研究、捕获与理解	世界是如何被真实地组织起来的；认知者和认知对象是不同的	实验、半实验，调查，相关性研究
后实证主义	批判的现实主义——实在是存在的，但永远不可能被完全理解，只能接近地理解	对实在的近似；研究者是资料收集的工具	严格定义的质的研究方法，频数分析，初级的统计
建构主义	相对主义——多元的实在是被构建出来的	知识由人类建构，研究者与参与者共同建构对知识的理解	自然主义的质的研究方法
批判理论与女性主义	历史的现实主义——被理解的世界因种族、性别、阶级的不同而呈现出实质的不同	知识是主体性、政治性的；研究者的价值观决定了研究的框架	创新性的研究方法，如对话
后结构主义	秩序由个人的心灵所创造，试图赋予事件以意义	不存在有待认识的“真理”；研究者通过世界的文本表现来审视世界	解构，系谱学，以资料为基础的多种研究方法

资料来源：Hatch J A. 2007. 如何做质的研究[M]. 朱光明，沈文钦，徐守磊，等译. 北京：中国轻工业出版社.

教育研究范式直接影响着研究方法和策略的选择与使用。为了更细致地解释教育研究范式，笔者以华东师范大学王荐的博士论文《特级教师成长特征及影响因素研究——

以江苏省生物学特级教师为例》为例进行阐述。这篇论文对江苏省生物学特级教师群体的特征进行了分析提炼，对个体特征进行概括总结，分析特级教师成长的内外因。作者采用定量研究和质性研究相结合的方法展开研究，从特征和影响因素两个维度进行分析。研究发现江苏省生物学特级教师成长周期长，科研产出丰硕，这些教师具有好学、立志、敬业、爱钻研的人格特征。特级教师的成长需要特定的时空条件，不同阶段的关键事件和重要人物是影响特级教师成长的重要因素，时代特征、学校背景、区域文化、制度设计等也会对其产生重要影响。最后，王荐对特级教师培养制度提出了改进意见，尤其是对教师教育提出了加强“生命自觉”“生涯规划”的建议。因此，该研究运用了实证主义、后实证主义与建构主义的范式。

1.3.2　教育质性研究的具体方法

上述分析表明，质性研究是一种在教育学及其他社会科学及教育学领域常使用的研究方法。实际上，质性研究并非只指一种研究方法，而是许多不同研究方法与路径的统称，是一个有着完备理论体系的“方法群”。莫斯（Morse，1994）把质性研究的问题分成五大类，分别是意义类问题、描述类问题、过程类问题、口语互动和对话类问题、行为类问题（又分成“宏观”和“微观”两个层面），并以此为主导，将质性研究分为现象学、民族志、扎根理论、常人方法学/言语分析法、参与性观察、质的生态学六种类型。美国学者杰克布（Jacob）1987 年发表在《教育研究综述》（*Review of Educational Research*）上的著名的论文《定性研究传统：综述》（“Qualitative Research Traditions: A Review”）中提出，质性研究可以追溯到五个“传统”，分别是生态心理学、整体民族志、交流民族志、认知人类学、象征性互动主义。教育质性研究包含但不限于下文所介绍的主要方法，并且一项研究中往往会使用其中的几种方法。

1. 教育民族志

教育民族志（educational ethnography）是一种运用民族志的调查技术与方法研究文化传播，尤其是学校教育的研究方法。教育民族志从研究视角和范围方面，可以大致分为微观民族志和宏观民族志两类。微观民族志主要关注课堂、家庭等场所发生的事情，而宏观民族志则将研究对象置于其所属的社会文化整体情境中进行研究。教育民族志的研究者直接参与到研究对象的社会生活中，在长期、深入的交互活动中获得“局内人视角”（insiders' perspectives），与研究对象同属于一个文化体系。

在西方教育社会学领域涌现出了许多经典的学校民族志研究。该研究是深入剖析和批判学校教学过程中对文化现象的质的研究，其研究对象聚焦于学校场域中的文化差异与文化冲突。该研究领域耳熟能详的著作有英国社会学家保罗·威利斯（Paul Willis）的《学做工：工人阶级子弟为何继承父业》（*Learning to Work: Why Do Working-Class Children Inherit Their Fathers' Jobs*）和奥格布（Ogbu）的《一个富裕郊区里的美国黑人学生》（*A Black American Student in a Wealthy Suburb*）。其中，威利斯 1972～1976 年通过教育民族志研究方法，持续跟踪十几名英国白人工人阶级男学生，以了解其特有的文化形式，试图解答“英国白人工人阶级如何能够在处于从属性社会地位的同时保有文化自信”，并认为这是工人阶级子弟文化生产（cultural production）的一部分。奥格布则洞察少数民族教育，深入探讨了阶层、族群、文化模式与学习态度等因素对学生学业成就的影响，并提出了阶层化社会理论、文化-生态理论及民间成功理论等一系列经典理论。

教育研究者常常会通过参与和观察具体的课堂教学，与研究对象共同进入教学场景，并根据教师的行动和学生的反应（语言、肢体和表情）记录细节，全面梳理环境中所发生的教学过程和现象，分辨具体的行动及其背后意图，探究与揭示研究问题。虽可以获得第一手的生动资料，且可信度高，但存在一定缺陷，如研究者只能观察和捕捉到课堂上的教学过程和行为，无法深入触及对教学产生有效影响的其他相关活动，这时就需要辅以其他研究方法。

2. 教育常人方法学

常人方法学是研究人们在日常生活互动中所使用的方法的理论，该理论认为任何社会行为都离不开具体场景。

教育常人方法学研究关注的对象是教育群体中的普通人，关注的根本问题是其日常学习生活中为完成自身实践性行为所使用的策略及方法，旨在探讨日常生活中各种活动呈现出来的语言、表情、行动等表征。它的彻底反思性和批判性为教育学界注入了新的活力，开启了新的思考角度。20 世纪 80 年代后期，美国学者通过常人方法学研究种族差异与教育不平等、教育政策与社会不平等等问题。

3. 教育叙事研究

叙事研究是通过描述、解构、重构个体生活，获得对个体行为与经验的解释性理解，发现隐匿于其中意义的研究。

教育叙事研究是与中国基础教育课程改革同步发展的一条研究路径。最常见的主题包括学生叙事、教师个人叙事、教师群体叙事、校长叙事、课程叙事、学校叙事等。其中，教师叙事研究尤为常见，且具有强大的感染力。教师叙事研究以教师的生活故事为研究对象，所叙之事就是教师真实的、情境性的故事，是教师在日常生活、课堂教学、研究实践等活动中曾经发生或正在发生的事件。教育叙事研究由解说者描述，描述者可以是教师、校长等本人，也可以是研究他们的人，故事的主线和研究者的分析交叉出现，使所叙之事通过研究者的解读具有了特殊的意义。例如，李书磊在《村落中的“国家”——文化变迁中的乡村学校》中，从教师、教育内容、目标与制度四个方面阐释了乡村教育的困局。

4. 教育现象学

现象学本身是一种哲学（甚至超越哲学）传统。西方学者提炼出了现象学研究的七个步骤：研究特殊现象、研究本质、理解诸本质间的关系、观察现象在意识中的构成、观察现象的方式、将对于现象存在的信念搁置起来以及解释现象的意义。倪梁康教授 2000 年发表在《中国社会科学》上的文章《现象学运动的基本意义——纪念现象学运动一百周年》中提到，“现象学”概念大致可分解为四个亚概念，即最广义的现象学概念、广义的现象学概念、严格意义上的现象学概念和最严格意义上的现象学概念（“胡塞尔现象学”）。在其他路径不断进行理论创新的时候，主流的现象学研究者却不断呼吁“回到胡塞尔”，正如“常无欲，以观其妙；常有欲，以观其徼”，去除了“对象化”的眼光，人们反而能看到大千世界的奥妙。质性研究者普遍使用的一些概念，如“主体间性”“日常语言”“生活世界”“悬置”“描述”和“体验”等，都被打上深刻的现象学烙印。

教育质性研究的各路径无一例外，都或多或少地受惠于现象学。教育现象学的开创者之一马克斯·范梅南（Max van Manen）在《生活体验研究——人文科学视野中的教育学》提出，教育现象学就是想让我们摆脱理论和预设的概念，将我们的成见和已有看法、观点先搁置起来。按胡塞尔的说法，就是将它们先悬置（suspension）起来。教育现象学采用描述的方式揭示体验感受，但这种描述并非一般意义上的文学描述，而是“切己式”的描述，施皮格伯格将其隐喻为“刷子”，即现象学描述犹如刷子刷墙面，也就是质性研究中所谓的“深描”。杨帆和陈向明教授 2019 年发表在《教育研究》中的文章《中国教育质性研究合法性初建的回顾与反思》指出，教育研究领域存在着“教育现象学”与“现象学教育学”之分，前者通常使用经验材料作为论述的一部分，而后者则立足于对教育现象的直接洞察与还原。教育现象学关注的核心是学生，提倡教育回归未经预设和定义的生活，并将生活世界作为教育行为的中心，主张关注学生的种种生活体验并从中得到有益的反思。

将现象学运用于教育学的考察和研究过程中，教育现象学遵循的重要路径是“活验”。“活验”是运用直观的方式贴近现象，与研究对象“沉潜往复”地“打交道”，并让其如其所是地展示自身。此处引用胡塞尔关于桌子的形象的比喻进一步说明。桌子的感知中包含着本真之物（桌子被看到的部分，如形状、材质等）和本真未被感知之物（桌子未被看到的部分，如历史、与其他事物复杂的联系），但是桌子不会一下子呈现出它全部的样子，由于受站立的位置和观察视角的限制，研究者需要不断地绕着桌子研究，单次认识及其累加都是不完备、不充实的，随着一次次的观察研究，认知得以不断延伸。这像极了《五灯会元》（卷十七）里所描绘的青原惟信禅师的参禅过程，“老僧三十年前未参禅时，见山是山，见水是水。及至后来，亲见知识，有个入处。见山不是山，见水不是水。而今得个休歇处，依前见山只是山，见水只是水”。

5. 教育案例研究

案例研究法是研究者对现实中复杂的和具体的现象进行深入和全面的实地考察，用以探讨某一现象在实际生活环境下的状况的一种经验性的研究方法。案例研究法对所研究现象的背景不予控制，也不干预现象的变化进程，这与实验法有很大的区别。另外，案例研究通过所选择的一个或几个案例来说明问题，用收集到的资料分析事件间的逻辑关系，因此所得出的结论不依赖于抽样原理。

教育案例研究可以使用个案，也可以包含多个案例。个案研究既可以用作确认或挑战一个理论，也可以用作独特或极端的案例分析。例如，专家教师的个案研究可以作为师资培育的教材，为新手教师提供有用且具体可效法的资料。多案例研究包括案例内分析和跨案例分析两个分析阶段。相较于教育单案例研究，多案例研究在搭建知识结构方面更具优势，如多个案例可以同时指向一个证据，能够提升研究的说服力与有效性。为确保教育个案研究结果的可比较性和可转译性，研究者必须在报告中适当描述并界定该研究的情境要素，包括研究场地、参与者特征、使用的文件、策略及其基本构念等。

根据罗伯特·殷和其他资深案例研究者的观点，案例研究适合回答“怎么回事”和“为什么”的问题。教育实践中的个案可能是一位教师或一位校长，也可能是一所学校或一个学区甚至一个社区，抑或是一套科学课程或教育制度、政策。

6. 教育行动研究

弗伦克 2009 年发表在《管理发展杂志》（*Journal of Management Development*）上的文章《实践管理者的行动研究》（“Action Research for Practising Managers”）提到，行动研究指的是在组织中由研究者和实践者共同进行的一系列干预活动，其目的是双重的，既包括组织行为的改进，又包括知识的发展。行动研究的实施步骤一般包括计划、行动、观察和反思四个阶段，且每个阶段相互联系、相互依赖。按照研究的侧重点，行动研究可分为三类：行动者用科学的方法对自己的行动进行研究，强调行动研究的科学性；行动者为解决实践中的问题而进行的研究，强调的是行动研究对社会实践的改进功能；行动者对实践中的问题进行批判性反思，强调行动研究的批判性。

教育行动研究是教育理论与实践相结合的能动的实践性中介。卡尔和凯米斯 2003 年出版的著作《批判：教育知识与行动研究》（*Becoming Critical: Education Knowledge and Action Research*）将行动研究的核心目的归结为“改进”和“参与”。其中，“改进”虽然也意味着改进教师的教学行为，但更意味着改变教师对其行为以及相关制度的理解。“参与”强调的是教师参与整个研究的全过程，在“计划—行动—观察—反思”的每一个阶段都有教师的声音。教师“参与”研究作为行动研究的首要特征，凸显了行动研究所鼓励的“教师成为研究者”以及教师成为“反思性实践者”的特性。例如，王笃勤 2004 年发表在《国外外语教学》上的文章《小组合作学习行动研究》运用行动研究理论研究小组合作学习如何开展才更有效，研究发现各小组成员的热情越高，完成任务的质量也越高，之后研究者采取在个体活动的基础上开展小组活动、增加个体评估权重及安排集体性任务等措施进一步完善行动研究。

7. 教育话语分析

话语分析是一种研究语言的方法，指借助于符号理论和话语理论，剖解传播活动的符号、象征、文本及话语，通过表象发现隐含的真实用意与深层寓意。

教育话语分析是各路径中姗姗来迟的一支，最早尝试使用话语理论的教育研究大多集中在教科书研究领域，目前利用话语分析进行的研究已然不少，但总体而言，仍偏好于使用规范性文本，如教材、政策文件、教育新闻报道、办学章程等。话语分析者不但需要理解“文本的行动意义”，而且还要洞悉“行动的文本意义”；不但将语言理解为话语，而且将实践中的其他因素也理解为话语；不但关注话语的结构维度，而且呈现行动者的能动性维度。例如，研究者可以基于政府工作报告开展教育话语分析，进而把握不同阶段教育话语的特征。

8. 教育观察

观察法是研究者对研究对象的行为进行实地观察、记录，从中发现行为规律的一种方法。

马文杰和鲍建生 2013 年发表在《教育科学研究》上的文章《“学情分析”：功能、内容和方法》提到，教育观察法指教师在日常教学活动中，有目的、有计划地对教育对象、教育现象或教育过程进行考察的一种方法。参与者和观察者的角色有时是相互排斥的，一个角色扮演得越好，另一个角色就扮演得越差。参与式观察则是一种折中形式。

例如，美国学者沃尔科特在《校长办公室的那个人：一项民族志研究》中也使用了观察的方法，研究者以两小时为一个单位，每隔一分钟记录一下校长的行为，通过观察艾德在“学校—家庭—社会”这一复杂文化系统中的行为模式，剖析校长这一类领导者的行为为什么会被不断地“碎片化”。学校场景的参与式观察不像别的方法那样可能是夜以继日的，它是有深度的、高效率的，但是有些时候也可以是轻松的，如作者发现圣诞节研究对象携带的是礼物而不是笔记本。

9. 教育访谈

访谈是研究者通过与研究对象的交谈收集有关对方心理特征与行为的数据资料的研究方法。顾名思义，访谈是研究者“寻访”“访问”研究对象并且与之进行“交谈”“询问”的一类活动，通过研究者的主动询问、研究对象的深情倾诉，两者互动交流，从而建构研究问题的理论意义。访谈不仅是搜集资料的过程，而且已然成为多数质性研究的一个重要环节。

教育研究中的访谈与日常生活中的谈话有很大的差异。教育研究中的访谈有一定的主题与目的，研究者的任务主要在于倾听，而研究对象主要在于倾诉；访谈法帮助研究者尽可能以各种逼近意义的迂回和间接的方法，在不断深入的意义考问中，去建构个体行动者的相对个人化的因果模型（类似于个人传记）。更进一步的教育访谈则是教育深度访谈。学界一般认为，深度访谈主要是半结构式的访谈，是较长时间、更为“深入事实的内部”的访谈。教育深度访谈可以生成大量的文本性资料，通过与被调查者的深入交谈，了解某一教育相关群体的生活方式和生活经历，探讨特定教育现象的形成过程，提出解决教育问题的思路和办法。

例如，陈向明教授 1996 年发表在《教育研究与实验》上的文章《王小刚为什么不上学了——一位辍学生的个案调查》采用开放式访谈、非正式交谈的方法，访谈时间每次大约持续一个半小时，访谈地点是学校指定的教师宿舍，研究对象不只王小刚（化名），还包括他的母亲、校长、班主任和同学。关于访谈资料的整理，研究者征得被访者的同意后，用录音机录音，同时记下被访者的表情和形体动作；回到住所后，便立即对录音进行逐字逐句整理，因方言障碍还请其他人员帮忙；如果谈话是非正式的，不能录音，研究者便过后在车上、走路时或回到自己的房间以后凭记忆尽可能多地将谈话的内容记下来。

10. 实物分析

实物分析法是研究者（同时也是教改实践者）对所有与研究问题有关的文字、图片、音像制品等进行分析，阐释具体实物的意义，并从中获取研究所需信息的一种科学研究方法。在教育领域，与教师教学关系较为密切、较具有代表性的是教师教案、作业批改语、教后记等实物资料。

还是以《校长办公室的那个人：一项民族志研究》为例，研究者除了搜集常用的研究日记之外，还会收集日常通知、学校的记录与报告、信件的复印件资料。

11. 扎根理论

扎根理论为质性研究带来了一场革命，成为质性研究基石性的方法论。1967 年，美国学者格拉斯（Glaser）和斯特劳斯在《扎根理论之发现》（*The Discovery of Grounded Theory*）中首次提出扎根理论。其要义可以总结为：研究的目的是生成理论，而理论必须来自经验资料；研究是一个针对现象系统地收集和分析资料，从资料中发现、发展和检验理论的过程；研究结果是对现实的理论呈现；通过系统的资料收集和分析程序而被发现的理论，称为扎根理论。简单来说，扎根理论是在收集和分析质性资料的基础上，自下而上地建构反映社会现象的理论。一般来说，扎根理论对资料的编码分为三个步骤——开放式编码、主轴编码和选择性编码。斯特劳斯和柯宾在《质性研究概要》中介绍了三种不同的理论性抽样，分别是开放性抽样、关系性和差异性抽样以及区别性抽样。

陈向明教授 1999 年发表在《教育研究与实验》上的文章《扎根理论的思路和方法》指出，扎根理论的特点是依托文化主位视角，注重描述与解释，通过连续比较，将生成的理论扎根在原始资料之中。其基本思路主要包括以下几个重要方面：从资料中产生理论，对现有资料中呈现的理论保持敏感性，不断比较所使用的方法，将从资料中初步生成的理论作为下一步资料抽样的标准，灵活使用过往文献，以及理论性评价。扎根理论的重要作用是在经验资料的基础上建立理论，连接实证研究与理论建构之间的鸿沟，并为质性研究提供了具体的研究策略和分析程序。扎根理论比较适合研究个人发展过程、群体内人际关系、个人与群体之间的相互作用。

例如，许迈进和章瑚纬 2014 年发表在《浙江大学学报（人文社会科学版）》上的文章《研究型大学教师应具备怎样的教学能力？——基于扎根理论的质性研究探索》深度访谈了名师是如何开展教学工作的，基于访谈资料构建包含三个横向能力维度、七项主维度、五十六条子能力表现等具体指标要素的研究型大学教师教学能力结构体系。具体而言，研究者划分了知识内容、教学技能和专业态度三个能力维度，学识基础与素养、内容开发与拓展、教学反思与研究、课堂组织与监控、教学表达与交往、角色情感与倾向、学术魅力与品格七项主维度，以及更为具体的五十六条子能力。

第 2 章

质性研究与定量研究的差异与联系

20 世纪 80 年代初，美国拉开了一场关于研究范式或研究方法论争论的序幕，双方分别以“定量研究”与“质性研究”树旗为营。到了 80 年代末，讨论愈演愈烈，进而变成一场“战争”，“战争”遍及整个西方世界，甚至印度、韩国等亚洲国家也纷纷加入。近些年来，我国也掀起了小范围的讨论。笔者无意加入这种论争，只对质性研究做简要的介绍和评论，因为针对研究问题的研究方法选择或许会比阐述论争本身更有助益。

《退醒庐笔记·南巡轶事》中提到，“清高庙南巡时，驻跸镇江金山寺，相传方丈僧某一日随跸至江干散步，上见江中舟楫往来如织，戏问僧曰：‘汝知有舟若干艘？’僧从容曰：‘两艘。’上曰：‘如是帆樯林立，只两艘乎？汝果何所见而云然。’僧曰：‘山僧见一艘为名，一艘为利，名利外无有舟也。’上为之怡然”。

凭栏远望着滚滚长江，百舸如梭，面对乾隆皇帝出的这道“数学题”，高僧把它改成了哲学题，这位高僧不愧为“研究僧”，其话语是那么简练而富含哲理。笔记轶事非正史，无法证实这是否真的发生过。但是，相信读者会叹服于智慧与洞见之中，领悟其道德教化意蕴，并迅速提炼出一个“研究问题”——长江一日究竟有多少船往来？

方法一，我们大胆地用定量研究的思路来回答这个问题，即将人工智能技术与地理信息系统相结合，尽数捕捉所有路过的船只数量，抑或是采用一般研究中的地理空间抽样，即基于设计的抽样、基于模型的抽样，由样本推知长江整体的船只数量，具体来说就是直接抽取某个时段，对该时段经过的船只进行量化计算。总之，基于样本数据，利用定量工具与技术，提供一个确切的数字答案，从而积累“长江船只流量有多大”这一确定性知识。

方法二，就是这位金山寺高僧用质性研究范式诠释这一问题。虽然他回答有两艘船，也并非提问者预想的明确的数量，但提供了两个主题类别归纳结果，即“为名而行的船”与“为利而行的船”。这为读者提供了认知江面船只的另一种方式，且引起了读者的共鸣。虽然未得到船只的具体数量，但其中所包含的智慧却是值得肯定的。由此可以初步确定，一个好的质性研究就是能够让读者产生共鸣。

本部分开篇用了这样一个可能不太恰当的文化轶事来类比严肃的实证科学研究，目的是希望通过这则轶事，让读者审视质性研究与定量研究的差异。接下来，本书将以质性研究为核心，详细阐述质性研究与定量研究的差异与联系。

2.1 质性研究与定量研究的差异

从广义上分类，教育研究可粗略分为思辨研究和实证研究两类，前者聚焦教育“应然”的问题，后者解决教育“实然”的问题。实证研究又可大致分为质性研究、定量研究与混合研究。在此，我们先讨论思辨研究、质性研究与定量研究。马银琦等 2022 年发表在《中国高教研究》上的文章《高质量教育科学研究成果的特征、趋势与反思——基于全国教育科学研究优秀成果奖的实证研究》通过分析前六届全国教育科学研究优秀成果奖发现，虽然教育思辨研究成果（六届平均占比 61%）相较于实证研究成果（六届平均占比 39%）在教育科学研究中仍占据主体地位，但高质量教育科学研究愈加重视实证研究方法的应用，因为实证研究成果比例从第一、二届的一成（12%）升至第六届的五成以上（55%）。

根据伯格丹（Bogdan）和比克伦（Biklen）1998 年出版的著作《教育定性研究》（*Qualitative Research for Education*）和格莱斯内（Glesne）2016 年出版的著作《成为定性研究者：简介》（*Becoming Qualitative Researchers: An Introduction*），笔者从研究层面、研究问题、研究设计、理论来源等方面整理质性研究和定量研究的特征，如表 2.1 所示。

表 2.1 质性研究和定量研究的特征比较

维度	质性研究	定量研究
研究层面	较为微观	较为宏观
研究问题	在研究过程中产生	事先确定
研究设计	进化、灵活	结构化的、预先确定的、正式的、具体的、有详细的操作计划
理论来源	自下而上	自上而下
逻辑推论	归纳、推理、逻辑	演绎、推理、论证
研究数据	较小样本，软数据	较大样本，硬数据
技术/方法	观察、访谈、实物分析等	实验、准实验、调查研究等
与研究对象关系	朋友、伙伴	独立
数据分析	持续进行归纳、连续比较	在数据收集结束时统计
研究结论	独特性、地域性	概括性、普适性

近些年来，以云计算、物联网、大数据、人工智能、区块链等为代表的新一代信息技术快速发展，世界进入了一个前所未有的智能化、数字化和数智化时代，教育实践迫切需要改革创新。因此，笔者将依托“在线学习”这一研究议题，展示不同研究方法的应用。

出于在线教学引发的“学习革命”将推动人才培养的“质量革命”的考虑，韩筠 2020 年发表在《教育研究》上的文章《在线课程推动高等教育教学创新》开展了一项在线学习的思辨研究，从我国高校在线课程发展演变阶段、在线课程引发的教学新形态，到对在线课程未来的思考与展望，摆脱教育现实经验的束缚，以得出在线教育推动教育教学创新观点为目的。思辨研究范式往往最能体现教育研究者的认知理性，但是容易被诟病为脱离实际的"拍脑袋"式研究，因此，优秀的研究成果大多为资深教育研究者的深刻认识。

虽然《信息技术　学习、教育和培训　在线课程》(GB/T 36642—2018)作为目前我国最权威的在线课程标准，提出了课程评价的原则与参考模型，但是具体评价维度与指标仍需细化和优化。基于此，李爽等 2020 年发表在《中国远程教育》上的文章《在线课程质量观和质量要素的质性研究——基于专家、实践者和学习者的视角》以"什么是在线课程的质量，您持有怎样的质量观？体现在线课程质量的要素有哪些？在线课程的核心质量要素是什么？"等问题深度访谈 6 名学术专家、7 名实践者、7 名学习者，得到约 22 万字的访谈文本材料，作者运用扎根理论的三级编码方法，探究在线课程的核心质量要素（表 2.2）。值得一提的是，在定量研究中，我们经常会进行异质性分析，如我国东、中、西部教育资源配置量存在哪些差距。但异质性分析并非定量研究的专属，教育质性研究也十分重视异质性分析，前沿研究工具的加持让这一研究更加可行。例如，李爽等 2020 年发表在《中国远程教育》上的文章《在线课程质量观和质量要素的质性研究——基于专家、实践者和学习者的视角》就运用 TF-IDF 算法这一用于信息检索与数据挖掘的常用加权技术挖掘三类群体质量观的差异。

表 2.2　基于三级编码方法的在线课程质量要素

要素类型	要素名称	要素定义
课程设计开发要素	课程目标	课程向学生提供的完成课程以及各章节学习需要达到的在知识、技能和态度等方面预期的学习结果
	课程内容	课程向学生提供的为达到课程目标需要学习的课程内容与资源
	学习过程	课程为引导和促进学生学习课程内容达到预期课程目标而设计的学习活动
	学习支持服务	课程针对学生课程学习需求与困难提供给学生的信息、人员、资源、技术工具等学术与非学术性支持服务的总和
	学习评价	课程对学生表现与学习结果是否达到课程预期学习目标的评价
	媒体与技术环境	课程为呈现课程内容、开展教学、促进学习所选择、应用的媒体、技术系统与工具
课程实施运行要素	实施效果	课程教学组织实施过程的效果，既是课程质量的有机构成，也是课程设计与开发成果质量的间接体现
	改进发展	课程根据问题与需求的变化情况，体现了课程的质量发展潜力与可持续性，确保课程适应不断变化的教学与学习需求
	社会影响	课程在社会上的认可度和接受度，一定程度上体现了课程满足社会需求的程度

问卷调查在教育定量研究中备受研究者青睐。吴薇等 2020 年发表在《高等教育研究》上的文章《高校教师在线教学经历对自我教学评价的影响——基于全国 334 所高校在线

教学的调查分析》为探究高校教师在线教学经历对自我教学评价的影响，使用由全国高校质量保障机构联盟和厦门大学教师发展中心联合开发设计的“线上教学情况调查问卷”，通过发放在线问卷的形式收集到国内 300 余所高校 1 万余个教师样本。作者首先运用独立样本 t 检验和单因素方差分析，探讨不同背景教师的异质性，再运用多元线性回归分析方法，探究在线教学自我评价对教学满意度的影响和作用。

由此可见，质性研究在于将看似简单实则复杂的问题复杂化，而定量研究在于将复杂问题简单化。从正态分布区间角度来说，定量研究讨论的是 95%区间内的问题，但它并不能解决剩余 5%的问题，这时质性研究则可用来解决剩余 5%区间内的问题。质性研究的研究者与研究对象是朋友与伙伴的关系，强调同情、信任与平等，因此建议大家在质性研究中称呼自己的研究对象为“研究伙伴”而非“研究样本”。

“质性”一词强调的是性质、过程和意义，其研究中不宜用实验的方法进行计算或测量，因为它难以用简化的量、数字、强度或频率来表述。质性研究虽然也会处理量的问题，但是并不以量化作为追求的目标，并不依赖数量资料进行分析。质性研究者强调研究是价值关联的，要解答经验是如何被获得并被赋予意义的问题。而定量研究则强调变量间因果关系的测量和分析，常常有比较统一的、标准化的规则，特别是它高度依赖数量化的资料及分析方法，且在价值无涉的框架内完成。这也可以说明，整体上定量研究往往是演绎，而质性研究则偏向于归纳。

2.2　教育质性研究的优势与不足

2.2.1　教育质性研究的优势

质性研究的兴起与定量研究的局限性密不可分。马云鹏和林智中 1999 年发表在《中国教育学刊》上的文章《质的研究方法及其在教育研究中的应用》提出，“在把复杂的教育现象归结为量的过程中，人们必须对其进行控制和简化，以便按量化的标准去揭示变量之间的关系。在这一过程中被舍弃的是教育现象中一些无法用变量之间的关系说明的因素和信息”。正由于质性研究的众多优点，越来越多的教育研究者顺理成章地采用此方法开展研究。

质性方法非常适用于对人类行为意义的挖掘。教育实践是充满意义的，质性研究恰恰是一种从整体上把握问题的方法。它非但不受已有研究框架的影响，而且更加全面、深刻地揭示问题本质，帮助研究者跳出成见和框架。譬如，一个很经典的刑法学研究问题，看似非常单纯，却不容易有明确清楚的实证答案。一个犯罪率很高的城市，人均警察数量也会很高，这两者之间到底有什么关系？难道多聘用警察有助于减少犯罪？当这两组数据放在一起的时候，研究者是很难做出明确的判断与解释的。我们可以认为是由于犯罪率高，所以政府会对该地区投入更多的警力。另外，有可能是《庄子》所说的“圣人不死，大盗不止”，即警察的出现刺激了犯罪的出现，这或许像是一种无稽之谈。当我们对这个问题有一些逻辑上的认知的时候，我们会大概做出这样的判断，即犯罪率越高导致警察数量越多，但真实情况如何，仍难以推断。可见，定量研究往往基于某个视角对事物的因果关系进行推断，而质性研究在全方位挖掘人类行为意义的过程中，往往还蕴含着对事物因果关系的分析判断。

质性研究具有“语言交流”方面的优势。1927 年，德国科学家海森伯（Heisenberg）基于量子力学中的实验统计现象，提出了不确定性原理，认为测量与认识的本质之间有着非常复杂的联系。不得不说，评判社会现象比测量任何自然现象都更为困难。原因包括以下两个方面：一方面，对于一种社会现象的评判指标是无法穷尽的，用有限的抽象指标来测量复杂性的社会现象必然是“测不准”的。另一方面，相对于社会现象的复杂性而言，测量工具和数学方法是不完备的，它们不具备处理复杂性事物的能力。

质性研究可以对过程进行深入的背景陈述、详细描述和解释。质性研究能看到事件比较完整的发展过程以及发展过程中的一些关键变量。质性研究在微观层面对社会现象进行深入细致的描述和分析，有助于了解事物的复杂性；也可以把研究者对背景、事件以及社会行动者行动的解读融入因果关系分析中，由此产生的高度情境化的叙事，并可以和因果关系分析相互论证。这一优势也很好地回应了为什么“以小见大”的质性研究也会具有较强的准确性。

质性研究有助于理论和概念创新。如果现有理论或概念不能解释新现象，那么必然需要研究者创造新理论或新概念。人类社会的发展日新月异，教育实践也不停地产生新的现象，面临新问题，这必然要求人们研究新问题以发展现有教育理论。定量研究的创新一般限于现有概念之间的新联系，以及必须以既有概念和理论框架为前提。与此不同，质性研究并不囿于现有的概念或理论框架，可以从实际出发，能够为理论创新提供更大的空间。

质性研究的关注点是个案本身。定量研究是以变量为导向，产生的知识较为抽象和笼统，直接具体应用于实践的难度较大。其统计模型的关注点是解释变量与被解释变量的因果关系，一个个案仅是受随机因素左右的数据点。然而，变量导向的统计分析无法详尽描述事件过程，质性研究中的叙事方法正是针对变量导向的统计方法存在的不足而提出的。顾名思义，个案分析是个案导向，关注个案本身的故事，并以敏锐的观察力详细地叙述个案的事件过程。所以，质性研究者很可能会在那些被统计模型“扔到”随机误差项的偶然因素中，发现重要而有趣的故事。由此不难发现，质性研究更贴近研究对象，在尊重研究对象主体地位的前提下收集资料，可以避免人为控制环境所产生的威胁感。相反，定量研究更多地采用调查问卷方法的形式，容易把研究对象置于与研究者不平等的客体位置，研究对象容易产生戒备之心。

2.2.2　教育质性研究的不足

质性研究的普适性较差。质性研究结果只适于研究的情形而不能推广到其他情形，即研究结果可能只对少数人有价值。当然，质性研究的价值也并不在于其结论的普适性，而是为某一现象的探索贡献出新鲜的、独特的、深刻的见解。

质性研究很难做出预测。质性研究的目的不是预测，不是控制，而是理解，即质性研究是对社会现象发展过程及其特征的详细考察，在于深入了解事物或现象的本质和真实状况，对研究现象进行理解和解释，但不对此做预测和改变。

质性研究很难检验假设和理论的正确性。定量研究者通常需要有一个关于研究对象的想法或某种理论作为支撑，这意味着在学术领域中进行的定量研究倾向于检验理论正确与否。虽然质性研究也可以用来检验理论的正确性，但当研究人员对他们感兴趣的领域不太了解或者一无所知时，这一研究方法则会更具优势，因为质性研究可以用来建构理论。

质性研究的资料收集与分析通常很耗时费力。质性研究的数据收集是一个过程，不是一个节点，通过长期观察、多次访谈，讲述一个动态的结果。

质性研究结果更容易受到研究者个人偏见和特质的影响。不只是质性研究，在社会科学研究中，影响研究结果的因素非常复杂，不仅取决于测量工具能否正确使用、样本是否具有代表性，而且取决于理论选择得恰当与否，分析和解释得正确与否。但是研究者主观因素，如观察角度、主观判断、思维定式、价值因素、世界观都会对研究结果产生重要影响。

在质性研究的长期历史发展中，有学者指出，质性研究不能形成具有解释力和启示性的理论。具体来说，质性研究不够系统，即研究程序散乱，研究结论过于依赖研究者个人的主观感受和直觉。另外，质性研究普适性差，由于仅限于少数几个研究对象，因此所得到结论具有特殊性，不能推广。同时，庞大的质性研究资料的分析过程也是部分潜在质性研究者的“拦路虎”。但是大部分质性研究者能够直面批评，并做出回应。例如，对于前者，有格拉斯等（Glaser and Strauss，1967）的扎根理论和艾森哈特（Eisenhardt，1989）的从个案研究建构理论；对于后者，则有布拉维（Burawoy，1998）的扩展个案法等。事实上，两者范式不同，对“严谨”内涵的理解也不尽相同，质性研究用文字而非数字解释和说明事物或现象，用定量研究的标准评判质性研究不免有些“强人所难”。但是，质性研究者也应不断完善其研究过程，在下文，笔者会详细介绍提高质性研究可靠性的方法。

质性研究的哲学基础是，它以个体与其身处其中的社会世界交互作用而建构的实在的图景为基础。教育质性研究并不是一个“放之四海而皆可用”的方法，但也正因如此，选择这一方法的研究者才能组成坚固的、由共同的深层教育信念所维系的研究共同体，并为质性研究领域带来持久的生命力。

2.3　教育质性研究与定量研究的混合应用

2.3.1　教育质性研究与定量研究结合的可行性

对质性研究和定量研究过于简单的分类逻辑必然导致两者对立，使研究者不能学习和吸收两者的优势以形成默契的配合，不利于研究的推进。实质上，方法本身并无对立性可言，质性研究和定量研究都是为了对研究课题进行全面深刻的认识和把握。事实上，那些粗糙区分质性研究和定量研究方法的标准，对研究的开展并无实际意义，两者之间密切的关系不容忽视。两类研究方法的选择取决于所研究的问题与研究目标。如果想透过研究知道大多数中国人对某个特定问题的看法，那么在挑选样本、设计、预测以及分析数据时，采取定量设计的调查方法是更加适合的。如果想研究一所学校的变化过程，以及各个学校成员的经历，质性的方法会更加适合。毫无疑问，研究某些问题通过质性的方法无法帮研究者达成既定目标，定量研究也是如此。两者的联系至少有如下几点。

第一，从根本上说两者都有别于思辨式研究。质与数量是事物密不可分的两个方面。在哲学指导思想上，质性研究与定量研究都受到经验主义的影响，均以经验事实为基础，而不是从研究者个人的观点与感想出发。

第二，质性研究的资料可以转换成定量研究的资料。质性的判断，比如说“这个孩子画画很漂亮”“这个孩子在幼儿园表现很好”等，都可以转化为定量资料。孩子画画水平可以分成几个等级。孩子在幼儿园的表现，也可以量化。我们可以评价孩子在幼儿园获得小红花的数量，数量多是表现好，数量少就是表现差，多少朵小红花就可以计多少分。

第三，质性研究与定量研究可以相互弥补不足之处。从研究目的、内容和策略上看，两者可以互补。质性研究资料虽然表述得比较模糊，但是质性研究可以使定量的数据更加丰满，两者恰当的结合可增强研究的可理解性，给读者更多的想象空间，进而给予读者以启示。就具体研究方法的完善发展而言，质性研究在原有的基础上吸收了量化的思想。比如，现在的结构化访谈无论是在问题的收集、提问顺序的确定，还是在后续资料的编码整理上都吸收了定量研究的优点。

2.3.2　教育质性研究与定量研究可以优势互补

由上述可知，质性研究与定量研究有一定的区别，但它们不是相互排斥的。德尔涅伊（Dörnyei）在 2007 年出版的著作《应用语言学研究方法》（*Research Methods in Applied Linguistics*）中指出，研究者在互补使用这两个研究范例时，提出了不少新的研究范例的概念。互补使用定量研究和质性研究成为研究方法中的第三种研究范式，因此“各种极化、争论或边缘化均可以避免”。混合研究法基于实用主义的主张，在数据收集、分析和解释上融合了质性研究与定量研究的优点。混合研究既能使研究结果在更大范围内得到推广，又能体现微观个体对某一现象或概念的详细观点，有利于增强研究的可信性。因此，有些研究者为增强教育研究的准确性和深刻性，选择以定量研究为主、质性数据为辅，或以质性研究为主、量化数据为辅的混合研究方法。

质性研究和定量研究各有其优势和劣势，研究方法的选择往往决定着研究结果以什么样的形式来表现。在特定的研究背景下，研究者应当根据研究内容选择适当的研究方法，不可本末倒置，让研究方法左右研究内容和研究目的。因此，在研究过程中要尽量避开质性研究和定量研究的不足，不能对某一种研究方法过于偏好，更不能为了方法而研究，从而忽略了研究的初衷。

笔者以“在线学习”议题为例进行阐释。王晶莹和杨伊 2020 年在《现代远距离教育》上发表的文章《中小学生在线学习行为的混合研究：缘起、图景与机制》，为探索我国中小学生对在线学习的适应情况，采用混合研究方法对中小学生在线学习行为进行了较为深入的考察研究。作者通过问卷调查发现，我国中小学生的自主学习能力并没有随年龄增长而同步提升，一些学生只知电子产品的娱乐功能而不知学习功能，通过对 7 个省（直辖市）15位中小学生家长的深度访谈，将“学业的单向度期望-多向度期望”“高参与度-低参与度”这两个相交维度划分出四个象限，以此从家长的视角勾画出在线学习的图景。

质性研究是一种反思性实践（praxis，相对于技术性实践 practice），研究者在“干”中“学”，在与问题情境的对话中不断反思和提高。研究者需要不断对研究的问题和结果进行反思，根据情境重构研究的问题和结果；研究者需要不断反思自己的社会身份和个人因素对研究的影响，用清澄的自己去映照“事实”本身；研究者需要不断反思研究中存在的各种复杂关系。“研究”的目的不仅能够了解、理解、分析并解释客观现实，而且能够提升研究对象和研究者的实践–反思意识和能力，在改造现实的同时在提升自身的生命质量方面也有所建树。总之，教育者进行质性研究不仅是一个描述、阐释和建构社会事实的过程，还是一个不断自我修炼的过程。

第二部分　质性研究方法在教育研究中的应用现状

近些年来，质性研究以个案、叙事、人类学、历史比较、行动研究等“范式”为载体，被频繁地应用于教育研究中。教育质性研究就像“烹饪”一样，人人都可以做，但是“菜”做得是否色香味俱全与是否受到教育质性研究训练及所受训练程度息息相关。

做质性研究没有最好，只有更好。当前许多在教育领域开展的质性研究还存在方法运用不扎实、研究主题狭窄、得出的结论比较浅显和影响力有限等通病，不利于教育管理及相关专业的纵深发展。因此，教育管理及相关质性研究学术成果的质量亟待进一步提升。

“取法乎上，得乎其中；取法乎中，得乎其下。”研究者的思考起点始终定位在中层理论的时候，就已经注定了其绝不可能是上乘之作。如若现在的研究者在研究中，临时去中层理论的工具库里挑选看似合手的工具，往往会觉得诸如经典著作的高层理论过于高深。研究者既没有精力，也没有兴趣，实质上更没有能力去触摸，那么所做的研究就难以达到较高境界。

基于此，本部分采用不同时期的历史纵向比较以及同时期国内外横向比较的思路，审视和评述 20 余年来国内外教育质性研究的发展历程。我们借助 CiteSpace 这一文献数据挖掘和可视化分析软件，呈现较高水平的教育质性研究案例。陈超美 2006 年在《美国信息科学与技术学会杂志》(*Journal of the American Society for Information Science and Technology*）上发表的文章《CiteSpace Ⅱ：检测和可视化科学文献中的新趋势和瞬态模式》(“CiteSpace Ⅱ: Detecting and Visualizing Emerging Trends and Transient Patterns in Scientific Literature”）提到，CiteSpace 旨在分析科学文献中的潜在知识，通过可视化手段呈现科学知识的发展进程与结构关系，是一个分时、多元、动态引文可视化分析软件；李杰和陈超美在 2016 年出版的著作《CiteSpace 科技文献挖掘及可视化》中也提到，其融合了聚类分析、社会网络分析等多种方法，通过文献共被引和耦合、科研合作网络等分析领域的研究前沿和研究热点等，探测学科研究特征及其演变趋势，以及研究主题之间交叉与互动的关系等。

第 3 章

质性研究方法在教育研究中的应用

质性研究的历史渊源可以追溯到古希腊。这一点从构词法即可看出。比如，质性研究中的一种主要方法——“民族志”（ethnography）一词的词根“ethno”就来自希腊文中的“ethnos”，意指“一个民族”“一群人”或“一个文化群体”。早期民族志研究发源于一些西方国家的学者对世界上其他地区残存的“原始”文化所产生的兴趣。

3.1 质性研究方法在各学科领域的发展历程

在数学、统计学以及各种计量软件得到普及前，社会科学研究方法多半属于质性研究。早在 20 世纪初，质性研究方法就在美国“芝加哥学派”中得到广泛运用，社会学领域研究者运用参与观察、深度访谈和文本分析等方法，对一些社会现象进行研究，其中也包括与教育相关的课题。20 世纪 50 年代初，定量研究盛行，一些学者更多地重视用定量方法研究教育现象。60 年代起，研究者反思定量研究的局限性，重新认识到质性研究在社会科学研究中的重要作用，并在研究方法论、研究程序等方面做了较为系统的探索。

人类学中，“美国人类学之父”博厄斯（Boas）较早使用实地调查法。自 1886 年后，博厄斯及其学生便经常到美国西北海岸的印第安部落去做实地调查。此后，真正开创了长时期实地调查的是发迹于英国的波兰人类学家——马林诺夫斯基（Malinowski），其建构了以客观民族志记载田野调查研究成果的方式，并开设了最早的社会人类学课程。他不但是第一位亲自在当地开展长期研究，并以客观的民族志材料取代过往充满研究者主观论述的人类学家，也是首先提出完整的文化理论以取代以往社会达尔文主义与传播论观点，进而开启新研究方向的理论大师，故有人称其为“民族志之父”。博厄斯和马林诺夫斯基各自在非洲、太平洋岛国、美国本土以及世界上其他地区就自己所研究的问题进行了长期的实地研究，对人类学实地调查方法的实施和传播起到重要的作用。

质性研究中的实地调查还可以追溯到社会学领域。社会学中的实地调查开始于 19 世纪末和 20 世纪初西方国家的社会改革运动，当时一些西方国家的社会学家非常重视对城市里的劳动人民进行细致的实地研究。比如，美国的杜·波依斯（Du Bois）在对费城的黑人社区进行研究时，除了进行大规模的统计调查外，还进行了约 5000 例访谈，其著作《费城的黑人》是早期城市民族志研究的优秀典范。德国的共产主义者恩格斯（Engels）长期深入到工厂和工人居住区，在自然情境下使用实地调查和解释的手法对英国工人阶级的现状进行了细致的描写和分析，其《英国工人阶级的状况》（*The Condition of the Working Class in England*）也被视为实地研究的佳作。布思（Booth）的《伦敦人民的生活和劳动》（*Life and Labour of People in London*）是20世纪上半叶一个著名的社会调查，揭示了一个尚未被研究界所知的伦敦劳动人民的生活世界。除了使用统计数据以外，布思还广泛地开展了访谈和观察，深入到普通劳动人民家庭中，对他们的日常生活进行系统、详细考察。

除了人类学或社会学领域，质性研究也逐渐变成诸如教育学、社会学、管理学、政治学及心理学等领域的重要研究方法。霍桑实验（Hawthorne studies）就是管理学中使用质性研究方法的一个经典例子。20世纪20年代中期至30年代初期，研究人员在美国西方电气公司设在伊利诺伊州西塞罗市的霍桑工厂进行了有关职工行为的一系列实验。研究人员挑选了具有相同经验和产量的绕线室的工人，并将之分成两组，将其中一组设定为实验组（照明条件不断变化），另一组为对照组（照明条件保持不变）。然而实验得到了匪夷所思的结果——产量的上下浮动与照明度没有关系，这导致不同的研究人员不断重复这一实验，但仍没有得出明确的结论。之后哈佛大学梅奥（Mayo）教授通过深入的实地观察，意识到必须进行深度的情景化研究，因此他采用深度访谈法，鼓励工人任意发表意见。梅奥惊奇地发现，脱离个人或社会情境进行的探索可能完全不是真实情况。例如，一位工人诉说他所在工作部门存在噪声大、烟尘浓度高等问题，而进一步的考察表明，这是因为他的兄弟不久前死于肺炎，所以他担心自己的健康；在另一个例子中，受访者抱怨计件工资太低，但事实上他在为妻子的医药费担忧。

从传统思辨式研究向实证研究范式转化的教育学研究，经历了定量研究、质性研究与混合研究的发展阶段。质性研究已有100多年的历史，广泛应用到教育领域也已约有半个世纪。在教育学研究领域，现在的质性研究技术最早萌芽于人们对个案研究方法的关注。早在1980年，曹小宁就在文章《介绍几种主要的幼儿教育研究方法》中回顾了福禄贝尔（Frobel）、蒙台梭利（Montessori）、德可乐利（Decroly）轻教育重遗传、用生物学观点解释教育现象，阿·彼·乌索娃的感官训练新体系，以及我国最早把幼儿教育当作一门学问来研究的陈鹤琴先生对儿童的研究，发现谈话法、个案研究法、作品分析法等的价值很早已被发现。虽然这些方法还停留在技术层面，研究者的视野仍然聚焦于实验和统计方法，但也毫无疑问地让世人注意到了质性资料收集方式具有不可替代的作用。

我国的教育质性研究在过去几十年经历了从无到有的发展。早先的教育质性研究较为封闭，追求事实描述、论证理论、“科学”“客观性”“写语言”、宏大理论、价值无涉等，现在呈现出开放多元的态势，通过与研究对象互动，对其行为和意义建构获得解释性理解，注重对整体的理解，强调主观性、个体性、整体性、相对性，重视意义产生的背景、事实的自然活动性，以及现象间的相关性。

将质性研究直接应用到我国的教育环境中是相当晚近的事情。自20世纪90年代开始由陈向明介绍到中国以后，质性研究为我国教育领域带来一股研究新风。西方当代哲学思想的影响逐渐渗透到教育领域。教育研究者的实践探索以及学界对“系统三论”（系统论、信息论、控制论）的扬弃，为质性研究突破“定量—思辨”二元对立“话语牢笼”提供认识准备。一些需要研究者与研究对象产生共情来获得理解的概念很难用定量方法加以测量，这也预示着研究者需要接近研究对象，通过对话，使研究对象用其日常语言来描述教育现象。

到了 20 世纪 90 年代初，我国学者开始反思“归纳”式研究的重要性。随着经典范例的出现以及相关论争的展开，我国教育学界得以逐渐认识质性研究的具体内容，并对其合法性给予了初步认可。正如 2019 年杨帆和陈向明在《中国教育质性研究合法性初建的回顾与反思》中指出的那样：质性研究的生命力，不在其“新”，而在于其能扎根已有的学术实践土壤，创造性地回应教育研究的实质性论题，系统地为教育研究者提供“做”研究的范式、方法论和技术。

3.2　质性研究方法在教育研究中的具体应用

为更深入系统地了解国内外教育研究领域中质性研究方法的应用现状，我们试图梳理相关文献。

首先，确立资料搜索的范围与标准。目前，学术界对于质性研究这一概念有多种名称，如质性研究、定性研究、质的研究等，尤其在早期研究中互通使用这些概念名词；并逐渐聚焦于用质性研究的某一种形式（如民族志、案例研究等）。连丽霞在 2015 年出版的著作《形式逻辑教程（第 2 版）》中提到，语言是概念的物质化形式，对概念词语的使用应结合其具体的指向对象确定。为了更好地梳理教育领域应用质性研究方法的研究进展，本部分采用主题词检索方式，“质性”“定性”“质的”“扎根”“民族志”“案例”“访谈”“混合研究”分别与“教育”“学校”“学生”“教师”“教学”排列组合设定中英文检索主题词。这种搜索词策略基于质性研究的多种名称，以及教育主题的多种阐释，以保证对已发表教育领域论文中质性研究的“全覆盖”。

为了达到文献可视化软件对数据“广度广”“精度高”的要求，本章首先使用中国知网（China National Knowledge Infrastructure，CNKI）的跨库检索和高级检索，在中国学术期刊网络出版总库、中国博士学位论文全文数据库、中国优秀硕士学位论文全文数据库、中国重要会议论文全文数据库、中国重要报纸学术文献数据库中进行主题检索。我们发现，教育质性研究的文献较多且质量良莠不齐，学术研究内容重复较多，高质量文献所占比例较小。大量庞杂的数据会造成在图谱表达中研究重点不突出，“噪声”的干扰难以反映教育领域高水平、高相关度的质性研究方法应用状况。因此，本部分选用中国知网与科学网（Web of Science，WOS）数据库中，《中文社会科学引文索引》（Chinese Social Sciences Citation Index，CSSCI）（2021～2022 年）中的 37 本教育类期刊、《社会科学引文索引》（Social Science Citation Index，SSCI）中 66 本教育类期刊①的高质量论文进行检索。经人工剔除无效及不相关的书评、会议述评等文献数据后，得到的 2000 年 1 月至 2022 年 10 月 2852 篇中文文献、10 778 篇英文文献②。

① 2021《期刊引用报告》（Journal Citation Reports，JCR）中“教育与教育研究”（education & educational research）领域一区期刊。

② 本书第三章、第四章的检索时间为 2022 年 11 月 3 日，相关的被引量、下载量也均为此日数据。

3.2.1　教育质性研究文献的基本特征

1. 文献数量特征

文献数量的变化情况是考量教育质性研究成果的直接指标，发表文献的年度数量及变化趋势在总体上反映了质性研究方法在教育研究领域的重要性和关注度。图 3.1 显示了 2000～2022 年教育质性研究文献的总体时间分布，从中可以看出整体呈现增长的态势。

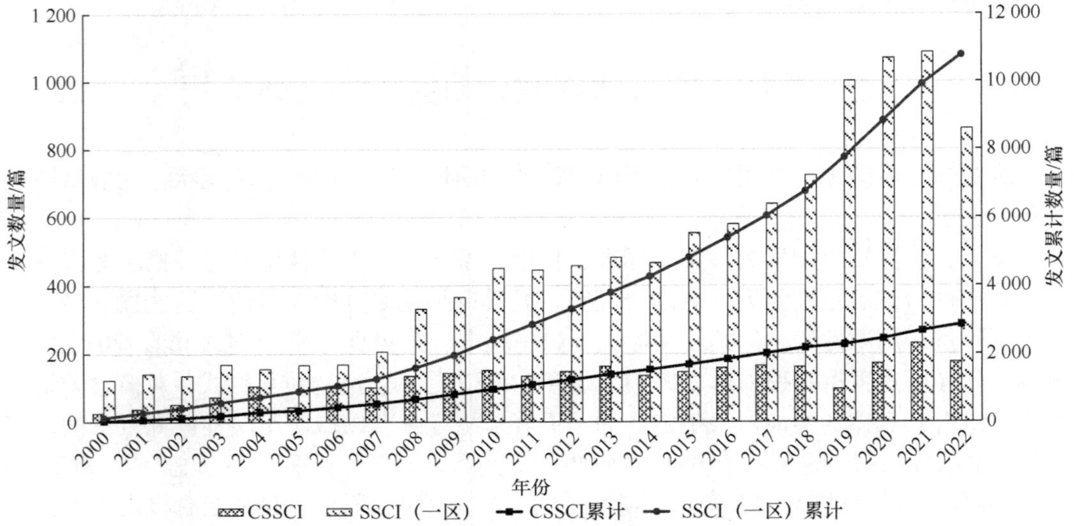

图 3.1　教育质性研究文献数量变化趋势

我国教育质性研究成果量与重大事件具有高度的重叠性：20 世纪 90 年代中期，北京大学陈向明教授引介质性研究方法，使得中国教育领域的质性研究开始起步。陈向明的《质的研究方法与社会科学研究》是国内第一部系统评介质性研究方法的专著，此后涌现出大量质性研究成果，这为我国系统规范的学术研究奠定了稳固的理论基础。到 2006 年，我国教育质性研究迎来快速增长的时期。2013 年，北京大学教育学院举办首届“实践—反思教育质性研究”学术研讨会，对近 20 年教育质性研究做了一个阶段性总结与展望，为教育质性研究的发展和深入推进奠定了良好基础。2015 年，华东师范大学教育学部、北京师范大学教育学部等联合发起“全国教育实证研究论坛”，质性研究方法获得了研究者更广泛的理解与认可，成为中国教育实证研究中不可或缺的一部分。一系列高质量的研讨会议、书籍、论文，让我国教育质性研究发展方兴未艾。

2. 发文国别特征

图 3.2 展示了国际期刊发文中，国家/地区分布图谱及发文量前 9 名的国家，其中美国、英国、中国及澳大利亚的发文数量较多。

3. 论文关注度

2000 年来，在教育领域中，质性研究方法得到了广泛运用，产生了大量有影响力的

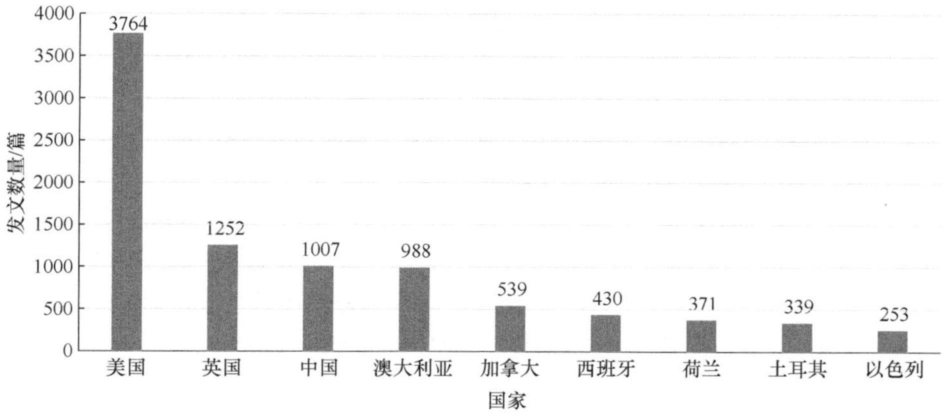

图 3.2　教育质性研究发文的典型国家

科研论文。Kolb 和 Kolb 于 2005 年在《美国管理学会学习与教育》（*Academy of Management Learning & Education*）发表的《学习风格和学习空间：加强高等教育中的体验式学习》（“Learning Styles and Learning Spaces: Enhancing Experiential Learning in Higher Education”）的被引量高达 1968 次。该研究借鉴杜威和库尔特・勒温的研究理论，引入学习空间的概念，深入阐释学生学习风格和学习环境之间的关系并以三个案例研究说明学习空间框架的使用方式。

在我国，由东北师范大学赵蔚教授团队 2013 年发表的《翻转课堂教学模型的设计——基于国内外典型案例分析》被引量最高，达到 1419 次。该研究对探索翻转课堂教育模式具有里程碑意义，为我国教学改革提供了有益参考。其采用案例对比研究法，先基于 1 个加拿大学校、2 个美国学校的案例，总结翻转课堂的独到教育思想、新颖的学习环境、丰富的学习资源，其后分析重庆聚奎中学的“三四五六”模式、深圳南山实验学校的翻转课堂教学两个国内翻转课堂典型案例，并在罗伯特・塔尔伯特（Robert Talbert）的翻转课堂结构图的基础上构建出更加完善的本土化翻转课堂教学模型。

被引量排名第二的文献是靳玉乐教授团队 2004 年发表的《论案例教学的本质与特点》，这是案例教学领域影响力最大的文献。我们将在 3.2.3 我国教育质性研究主题演变和阶段划分中，对案例教学法进行归纳与解释。

由华南师范大学焦建利教授团队 2020 年发表的《疫情防控背景下“停课不停学”在线教学案例研究》，被引量达到 678 次，近期关注度显著。“停课不停学”是教育部为应对疫情防控带来的延期开学而提出的举措，该文是为帮助国内大中小学在疫情特殊时期，快速部署、实施在线教学有效落到实处的高影响力文献。作者系统梳理了延学期间国内一些典型的在线教学方案及案例。该文作者通过对清华大学雨课堂、华南师范大学“砺儒云课堂”、南方科技大学教育集团（南山）第二实验学校网络直播预案、课外辅导机构推出的公益直播课、温州市瞿溪第二小学的“任务驱动式”自主学习指南、广西教育厅组织开设的数字电视“课中课堂”专用频道等案例的分析和总结，归纳网络在线课程、网络直播教学、学生自主学习、电视空中课堂等四种典型的“停课不停学”的在线教学形式，为学校管理者、教师、学生及家长等实践主体提出针对性的实施建议。

3.2.2 教育质性研究的领域热点

1. 教师发展

现实中，师资队伍建设遭遇瓶颈，亟待从研究层面探寻解决路径。2008 年 Lin 等发表在《计算机与教育》（*Computers & Education*）上的文章《教师专业虚拟社区中的知识共享与创造》（"Knowledge Sharing and Creation in a Teachers Professional Virtual Community"）基于扎根理论，对教师虚拟社区进行了三阶段研究，以了解来自不同组织的社区成员之间的知识流动，并描绘了教师参与虚拟教师团队建设的知识共享和创造过程。2020 年 Fortsch 等发表在《科学教育研究》（*Research in Science Education*）上的文章《德国国家教育标准下学生生物概念知识的培养》（"Fostering Students' Conceptual Knowledge in Biology in the Context of German National Education Standards"）介绍了一种教学方法的理论框架，以按照德国生物学国家教育标准的要求培养学生的概念性知识，并使用主题分析的质性研究方法比较四位教师的教学，揭示培养概念性知识的五种主要特征，展示如何在教学中培养概念性知识。

此外，教师教育也是一个不容忽视的关键问题，且相关研究多聚焦于职前教师群体。职前培养是教师发展的关键环节，是教师发展链条中的起始端，更是影响教学质量的关键。2020 年 Tondeur 等发表在《教育技术研究与发展》（*Educational Technology Research and Development*）上的文章《提升职前教师技术教学内容知识：一项混合方法研究》（"Enhancing Pre-service Teachers' Technological Pedagogical Content Knowledge（TPACK）: A Mixed-method Study"）通过对比利时职前教师的问卷调查，以及 16 次电话采访和 6 次深度采访，深入了解以教师教育者为榜样、反思技术在教育中的作用、学习如何使用技术设计、与同行合作、形成真实的技术体验、提供持续的反馈六种策略的性质及其对技术教学内容知识的影响，结果表明教师承认六种策略的重要性，然而某些策略未被充分利用。2009 年 Cheng 等发表在《教学与教师教育》（*Teaching and Teacher Education*）上的文章《职前师范生的认识论信念及教学观》（"Pre-service Teacher Education Students' Epistemological Beliefs and Their Conceptions of Teaching"）为探究职前师范生的认识论信念与教学观，在教育学士课程的最后一年运用混合研究方法，洞悉学生-教师的认识论信念和教学观念，结果表明大多数师生坚信努力比先天能力更重要，并倾向于质疑知识的权威性。2017 年 Herold 和 Waring 发表在《体育教育和体育教育学》（*Physical Education and Sport Pedagogy*）上的文章《实践学科知识还重要吗？对体育教师教育中内容知识作用的西登托普观点的审视》（"Is Practical Subject Matter Knowledge Still Important? Examining the Siedentop Perspective on the Role of Content Knowledge in Physical Education Teacher Education"）采用半结构化访谈、课程观察和课后反思方式，考察英国大学为期一年的体育教师教育课程，基于扎根理论追踪 12 名职前体育教师，证实了内容知识在体育教师教育中的促进作用。

2. 学生发展

1）学生参与

第一，学校为学生参与提供服务现状情况。2018 年 Xulu-Gama 等发表在《高等教育研究与发展》(*Higher Education Research & Development*)上的文章《以学生为中心的方法：学生如何在南非科技大学获得成功的质性研究》("A Student-centred Approach: A Qualitative Exploration of How Students Experience Access and Success in a South African University of Technology")调查了南非一所大学的学生在高等教育机构获得成功的经历，该研究对本科生进行了 45 次访谈，发现该校已经在提供促进学生成功所需的服务，但是需要进行进一步扩展以便覆盖整个学生群体。

第二，学生学业参与情况。学生对数学和科学的参与情况对学生的学业成就至关重要，2016 年 Fredricks 等发表在《学习与指导》(*Learning and Instruction*)上的文章《采用质性方法制定数学和科学参与的调查措施》("Using Qualitative Methods to Develop a Survey Measure of Math and Science Engagement")对 106 名六年级到十二年级的学生以及 34 名初中和高中教师进行深入访谈，并制定学生自我报告及数学和科学参与度的衡量标准。

第三，学生就业参与情况。毕业生主动发展、适应和重新包装自己是就业能力的体现，2018 年 de St Jorre 和 Oliver 发表在《高等教育研究与发展》(*Higher Education Research & Development*)上的文章《想让学生参与吗？将毕业生学习成果置于情境中并评估就业能力》("Want Students to Engage? Contextualise Graduate Learning Outcomes and Assess for Employability")访谈了澳大利亚迪肯大学 10 个焦点小组的 45 名学生，表明以学生为中心的沟通利于学生参与，且雇主、专业人士和其他毕业生的建议，以及接触与行业相关的经验，可以帮助毕业生提升就业能力。

第四，学生参与度提升原因分析。学生应答系统的使用在高等教育中变得越来越普遍。2009 年，Salemi 发表在《经济教育杂志》(*Journal of Economic Education*)上的文章《点击经济学：使用课堂响应系统来提高学生在大规模招生的经济学原理课程中的参与度》("Clickenomics: Using a Classroom Response System to Increase Student Engagement in a Large-Enrollment Principles of Economics Course")认为，学生应答系统可以增强学生在课堂中的参与度，但很少有研究调查为什么会这样。2014 年 Heaslip 等发表在《高等教育主动学习》(*Active Learning in Higher Education*)上的文章《大班教学中的学生反应系统与学习者参与》("Student Response Systems and Learner Engagement in Large Classes")使用混合研究法，探讨大规模班级中学生应答系统对学生参与的影响，设计前测、中测、后测以检验学生应答系统对交互性的影响，通过半结构化访谈研究学生应答系统增强课堂互动的优势和劣势，调查为什么利用学生应答系统的学习课程变得更具互动性和学生参与度更高。

第五，学生参与度提升策略。2011 年 Matthews 等发表在《高等教育研究与发展》(*Higher Education Research & Development*)上的文章《社会学习空间和学生参与》("Social Learning Spaces and Student Engagement")使用学生参与框架探索社会学习空间对学生体验的影响，作者在社交学习空间内对 103 名学生进行非正式访谈，结果表明，社交学习空间可以通过促进大学生的主动学习与社交互动、提升归属感来提高学生参与度。2014 年，Turner 等发表在《美国教育研究杂志》(*American Educational Research Journal*)上的文章《提高学生参与度：中学教师 3 年干预研究报告》("Enhancing Students'

Engagement: Report of a 3-Year Intervention with Middle School Teachers"）每年观察老师 4 次（1 月、4 月、9 月与 11 月），为期 3 年，获取 6 名教师及其学生完整的观察数据，将师生互动分成提升组与稳定组两种不同的模式，并比较两组教学差异，提出学生的参与度提升策略。

此外，图像在后现代知识生产中扮演着重要角色，为学生的即时情绪反应研究提供了新机会，也为教育学研究提供了新机会。2019 年 Jackson 发表在《学习、媒体和技术》（*Learning，Media and Technology*）上的文章《自我反思实践：通过自拍表现揭示学生参与》（"Self-reflective Practice: Revealing Student Engagement Through the Photographic Performance of the Self"）借助学生自拍开展民族志研究。其将自拍定位为学生学习行为的反思性指标，收集了 33 名学生一学期中发布的在学习环境中的 105 张自拍照，通过自拍构图方式、图片处理方式、图片注释文本信息等诊断学生情绪。

2）合作学习

首先，基于工具的合作学习。在课堂上，使用交互式白板的研究主要聚焦于师生互动，很少考虑将其用作学生合作的工具。针对这一问题，2010 年 Warwick 等发表在《计算机与教育》（*Computers & Education*）上的文章《思想与技术：教师在交互式白板小组合作活动中对学生科学学习的替代存在》（"In the Mind and in the Technology: The Vicarious Presence of the Teacher in Pupil's Learning of Science in Collaborative Group Activity at the Interactive Whiteboard"）探究了英国小学生在进行与科学相关的活动时如何使用交互式白板，研究表明交互式白板可以提供一个共同知识构建的空间，然而只有当教师积极支持课堂上的协作、对话活动时，才会发生这种情况。

不仅基础教育注重合作探究式学习，职业教育领域也尤为重视通过合作探究式学习提升学习体验。2013 年 Inayat 等发表在《计算机与教育》（*Computers & Education*）上的文章《基于协同网络的职业教育与培训对学习成果的影响》（"Effects of Collaborative Web Based Vocational Education and Training（VET）on Learning Outcomes"）调查数字化职业教育中合作学习对学习成果和学生学习体验的影响。研究表明，小组工作、团队努力、及时的教师反馈和充足的课程材料可以增强学生的学习体验，提升学习效果。

此外，教育信息化与数字化的发展催生了在线合作的研究。2022 年 Johnson 等发表在《计算机与教育》（*Computers & Education*）上的文章《虚拟学习团队的团队发展与团队过程》（"Team Development and Group Processes of Virtual Learning Teams"）使用混合研究法研究了虚拟学习团队的建设过程，包括团队规范的建立与冲突的处理等，结果表明虚拟学习小组通过协作可以远距离有效完成小组任务，且与面对面团队相比，其领导角色由团队成员共享。随着在线直播课程的广泛应用，如何有效开展同步在线讨论成为研究者的关注点。2011 年 Hou 和 Wu 发表在《计算机与教育》（*Computers & Education*）上的文章《基于即时通信工具的在线同步协作讨论教学活动的社会知识建构行为模式：一项案例研究》（"Analyzing the Social Knowledge Construction Behavioral Patterns of an Online Synchronous Collaborative Discussion Instructional Activity Using an Instant Messaging Tool: A Case Study"）对学生在线协作时的讨论内容进行编码，探讨大学生"即时讨论"的局限性和特点，以及学生使用即时通信工具时高质量和低质量讨论组的行为模式之间的差异。同年，Hou 发表在《计算机与教育》（*Computers & Education*）上的文章《利用情境解决问题的在线教学协作讨论活动的案例研究：内容和行为聚类分析的检验》（“A Case Study of Online Instructional Collaborative Discussion Activities for Problem-Solving Using Situated Scenarios: An Examination of Content and Behavior Cluster Analysis”）以 32 名大学生在论坛上针对案例场景和老师布置的解题任务开展的解题活动为例，探讨了高等教育教学中采用协作式线上教学讨论活动来解决问题的学习过程，通过分析讨论质量、认知结构模式和讨论行为模式，发现涉及角色扮演活动时的讨论质量更好。

3）认知转变

学生的认知变化是学习的结果，揭示认知变化如何发生一直是科学教育者关注的焦点。针对此问题，2009 年 Yuruk 等发表在《科学教育研究》（*Research in Science Education*）上的文章《元认知教学实践对学生理解力和运动概念的影响分析》（“Analyzing the Effect of Metaconceptual Teaching Practices on Students' Understanding of Force and Motion Concepts”）采用准实验设计和案例研究方法，以美国 45 名高中生参加由同一位科学老师指导的两门物理课程为契机，设计准实验，比较元认知教学活动和传统教学活动对学生理解力和运动概念的影响，研究表明海报绘制、写作、小组辩论、概念映射以及课堂讨论等元概念教学活动促进了学生对知识的理解。

此外，学生会将先入为主的科学概念带入学习情境中，而这些先入之见常常是错误的科学观念，然而，学生的先入之见，通常被称为替代概念（alternative conceptions）或预设，有时与科学解释不一致，因此教师需要纠正学生对概念的理解，促使其认知的转变。针对这一现象，2012 年 Cartrette 和 Melroe-Lehrman 发表在《科学教育研究》（*Research in Science Education*）上的文章《描述大学生对科研活动先入为主观念的变化》（“Describing Changes in Undergraduate Students' Preconceptions of Research Activities”）以现象学为指导，以对 17 名本科化学学生每人进行四次的访谈文本记录以及学生日记文本为研究资料，描述他们对研究的先入之见以及如何因参与研究活动而发生变化，表明影响学生对研究活动的先入之见变化的最重要因素是以前的实验课程与教师。

讨论与论证是学生认知转变的重要途径。2008 年 von Aufschnaiter 等发表在《科学教学研究杂志》（*Journal of Research in Science Teaching*）上的文章《为学习而辩论与为辩论而学习：学生辩论与科学知识关系的案例研究》（Arguing to Learn and Learning to Argue: Case Studies of How Students' Argumentation Relates to Their Scientific Knowledge）使用小组讨论和课堂讨论的视频、音频文件分析学生辩论的质量和频率，发现利用先前的经验和知识进行辩论，可以让学生在相对较高的层次上抽象地阐述他们对科学的理解，能否获得高质量论证的重要影响因素是学生对任务内容的熟悉程度和理解程度。

学界对教师认知转变的研究多聚焦于职前教师，职前教师教育的研究大量使用案例分析、自传反思、合作反思等方法来改变职前教师对教与学的认知，期望通过活动让职前教师分析和反思自己的认知及其局限性。2010 年 Tanase 和 Wang 发表在《教学和教师教育》（*Teaching and Teacher Education*）上的文章《教师教育课堂中最初的认识论信念转换：四位职前教师的案例研究》（Initial Epistemological Beliefs Transformation in One Teacher Education Classroom: Case Study of Four Preservice Teachers）选取二元学习者（将知识视为对或错）、多元学习者（将知识视为绝对的或不确定的）各两名职前教师为研究对象，追踪每个参与者在接受短期干预后的认知变化程度，阐释职前教师的教与学信念在课程环境中的多维变化。2020 年 Adadan 发表在《科学教学研究杂志》（*Journal of Research in Science Teaching*）上的文章《多元表征教学环境中元认知意识对职前化学教师理解气体行为的作用分析》（“Analyzing the Role of Metacognitive Awareness in Preservice Chemistry Teachers’ Understanding of Gas Behavior in a Multirepresentational Instruction Setting”）以 34 名职前化学教师为研究对象，探讨多元表征（multiple representations，MR，即教师在宏观、亚微观和符号层面，多元地向学生阐释化学知识）的教学背景下，元认知意识水平如何影响职前化学教师在完成 MR 教学前后，对气体行为的理解程度，研究表明参与者在 MR 教学后对科学概念的理解方面取得了实质性进展，且高元认知意识的参与者在经过 MR 教学后，对气体行为的理解比低元认知意识的参与者更为科学。

3. 宏观教育发展

1）教育改革

教育改革是一项系统性工程，是对教育系统进行的全面深刻的革新，其不仅包括相关主体自身的改革，也包括相关主体之间的协同改革，任何一个领域的改革都会“牵一发而动全身”。

第一，教师教学改革。教学改革的转型是一项艰巨的任务，Hufferd-Ackles 等 2004 年发表在《数学教育研究杂志》（*Journal for Research in Mathematics Education*）上的文章《描述数学对话学习社区的层次和组成部分》（“Describing Levels and Components of a Math-Talk Learning Community”）对一名老师进行了为期一年的密集研究，探索她与学生如何改进教学实践活动，描述了一个通过参与有意义的数学讨论来帮助师生顺利开展教学活动的过程。教师参与课程改革，特别是建构主义理论指导下的改革，有望带来教学方式的改变，然而课程改革通常是一个复杂的过程，师生协商也会对教育改革产生深远影响。2019 年 Overman 等发表在《科学教学研究杂志》（*Journal of Research in Science Teaching*）上的文章《基于情境的化学改革中的师生协商：案例研究》（“Teacher-Student Negotiations During Context-Based Chemistry Reform: A Case Study”）用一年时间专注研究两位参与化学课程改革的教师，围绕“学习的动力”“脆弱性”和“关怀”主题解释为什么要课程改革以及如何成功实现课程改革。

第二，改革对教师的影响。2005 年，Veen 等发表在《教学与教师教育》（*Teaching and Teacher Education*）上的文章《一位教师的身份、情感和对变革的承诺：改革背景下中学教师认知—情感过程的案例研究》（“One Teacher’s Identity，Emotions，and Commitment to Change: A Case Study into the Cognitive-Affective Processes of a Secondary School Teacher in the Context of Reforms”）提出了一个关于情绪的认知社会心理理论框架，以了解教师的身份如何受到改革的影响，为了说明分析框架的有用性，研究者以一位热衷于改革的荷兰中学教师为例，描述其对改革的热情，以及在参与改革过程中所呈现出来的焦虑、愤怒、内疚和羞愧等情绪。

第三，改革手段。2009 年 Olsen 和 Sexton 发表在《美国教育研究杂志》（*American Educational Research Journal*）上的文章《威胁僵化、学校改革以及教师在当前教育政策背景下如何看待他们的工作》（“Threat Rigidity，School Reform，and How Teachers View Their Work Inside Current Education Policy Contexts”）将调查置于《不让一个孩子掉队法案》的政策背景下，通过威胁僵化的组织行为视角分析联邦和州政策环境影响学校的方式，以及受影响的学校如何采取相应的改革来影响教师工作，研究表明这两个过程以相似的方式发生：通过集中和限制信息流动、对学校施压等使其遵守。

第四，环境对教学改革的影响。2005 年 Datnow 发表在《教育管理季刊》（*Educational Administration Quarterly*）上的文章《综合学校改革模式在不断变化的地区和州背景下的可持续性》（“The Sustainability of Comprehensive School Reform Models in Changing District and State Contexts”）讨论了不断变化的地区和州环境下综合学校改革模式的可持续性，1996～2000 年，作者针对美国 Sunland 的 13 所小学进行纵向案例研究后，发现 6 所学校停止了改革，另外 2 所学校在实施水平较低的改革，只有 5 所学校继续以中高力度实施改革，表明地区和州环境的变化对学校—企业—社会责任模式的可持续性影响因学校而异。2010 年，Penuel 等发表在《教育管理季刊》（*Educational Administration Quarterly*）上的文章《非正式和正式组织支持改革的一致性：对改善学校教学的启示》（“The Alignment of the Informal and Formal Organizational Supports for Reform: Implications for Improving Teaching in Schools”）通过对两所小学进行为期两年多的调查，将社交网络分析与访谈数据相结合，分析学校社会背景的正式和非正式方面的一致性，所拟合的社会选择模型揭示了两所学校的不同运行模式，解释了为什么一所学校成功地实现了变革愿景而另一所学校却没有。

除了以访谈的方式进行，还有学者基于比较民族志，以及政策文件文本进行分析。针对研究人员经常将知识和技能作为科学教育的主要成果，而忽略了其他更微妙且关键性成果的情况，2011 年 Carlone 等发表在《科学教学研究杂志》（*Journal of Research in Science Teaching*）上的文章《评估基于知识和技能的结果之外的公平：两个四年级基于改革的科学课堂的比较民族志》（“Assessing Equity Beyond Knowledge and Skills-Based Outcomes: A Comparative Ethnography of Two Fourth-Grade Reform-Based Science Classrooms”）基于四年级改革的科学课堂的民族志进行比较研究，强调分享科学思想的规范实践是如何促进科学调查成为一种协作的、生成性的努力。美国健康与体育教育工作者协会（The Society of Health and Physical Education，SHAPE）指导美国的体育课程、教学和评估已有上百年的历史，2020 年 Walton-Fisette 和 Sutherland 发表在《体育教育和体育教育学》（*Physical Education and Sport Pedagogy*）上的文章《是时候完善美国健康与体育教育工作者协会了：制定社会公正的政策、标准和实践》（“Time to SHAPE Up: Developing Policies，Standards and Practices That are Socially Just”）通过政策文本分析，指导制定美国体育教师教育（physical education teachers’ education，PETE）K-12 体育项目的标准，并从社会正义的角度，探讨社会公正的标准与做法。

2）计算机辅助下的师生互动

随着知识时代的到来，互动的学习环境成为教学和学习过程的基础，这对传统教学方式提出了新的挑战，同时也为学生提供了更多的学习机会。早在 2001 年 Soong 等发表在《计算机与教育》（*Computers & Education*）上的文章《在线课程资源的关键成功因素》（“Critical Success Factors for On-Line Course Resources”）基于案例研究了高等教育中影响在线课程资源使用的重要因素，并简要讨论了使用在线课程资源的原因，结果表明教师和学生的技术能力、教师和学生的学习心态、课程的协作水平、相关技术支持水平等，是高等教育中影响在线课程资源使用的重要因素。2020 年，Bolmsten 和 Manuel 发表在《教育技术研究与发展》（*Educational Technology Research and Development*）上的文章《教育技术发展的可持续参与过程》（“Sustainable Participatory Processes of Education Technology Development”）以三个使用电子学习技术的可持续教育的案例——由国际海事大学协会开发的电子学习“教育交流”系统、缅甸开发的学生信息系统、由越南海事专业人士社区开发的终身学习和网络通信的新闻和教育门户网站，重点分析可持续和参与性发展过程的需求，这有助于更好地理解可持续性教育与教育可持续性之间的关系。

2015 年，美国《每个学生都成功法案》开启计算机科学教育改革，在基础教育阶段强化以人工智能为依托的教育。在此之前，已有通过质性研究方法研究依托计算机开展教育活动的探讨，且主要集中在高等教育研究领域。

第一，在线师生互动方面。2004 年 Pena-Shaff 等发表在《计算机与教育》（*Computers & Education*）上的文章《分析学生在电脑公告栏讨论中的互动与意义建构》（“Analyzing Student Interactions and Meaning Construction in Computer Bulletin Board Discussions”）基于社会建构主义学习理论，调查了学生使用电子公告栏系统（bulletin board system，BBS）的情况，收集 BBS 帖子大纲及相关消息内容，结合检查参与率和互动率数据来讨论相关交流模式和知识构建的过程，结果表明学生从事以澄清、阐述和解释为主要特征的知识构建，产生的反思性独白多于对话式互动。2006 年 Schrire 发表在《计算机与教育》（*Computers & Education*）上的文章《异步讨论组中的知识构建：超越定量分析》（Knowledge Building in Asynchronous Discussion Groups: Going Beyond Quantitative Analysis）使用混合研究方法，通过对三个案例的深入研究，提出了分析网络延时讨论中协作知识构建的模型，整合了计算机支持的协作学习（computer supported collaborative learning，CSCL）中的交互、认知和话语维度。2010 年 Donnelly 发表在《计算机与教育》（*Computers & Education*）上的文章《在基于问题的混合式学习中协调技术与互动》（“Harmonizing Technology with Interaction in Blended Problem-Based Learning”）通过对 3 组高校教师开展焦点团体访谈，结果表明 PBL 和学习技术的交叉可以提供不同的教学和学习方式，需要师生对教学法和技术进行探索与反思。

第二，计算机辅助教育的影响方面。Davies 等 2013 年在《教育技术研究与发展》（*Educational Technology Research and Development*）上发表的文章《大学信息系统电子表格课程中翻转课堂和教学技术的集成》（“Flipping the Classroom and Instructional Technology Integration in a College-Level Information Systems Spreadsheet Course”）通过成绩测试与观察，探究教学类型（常规课堂、翻转课堂等）和时间（前测和后测）对考试成绩的影响，并评估了每种方法的可扩展性以及学生对这些方法的看法，以确定每种干预措施对学生学习动机产生的影响。

第三，无处不在的社交媒体改变着学习和教学的方式，不少学者基于社交平台，通过问卷调查与访谈，同时分析日志文件、反思文本等，对与社交媒体相关的教学方法开展研究。例如 2017 年 Tur 等发表在《交流》(*Comunicar*) 上的文章《在西班牙和美国的高等教育中使用 Twitter》("Using Twitter in Higher Education in Spain and the USA") 分析了美国与西班牙高等教育中师生使用 Twitter 的意义、应用及其面对的挑战。能否恰当使用自我调节学习策略影响着学习者在学业上和毕业能否取得成功，2009 年 Vighnarajah 等发表在《计算机与教育》(*Computers & Education*) 的文章《学生对在线社区讨论中自我调节策略实践感知的质性研究》("Qualitative Findings of Students' Perception on Practice of Self-Regulated Strategies in Online Community Discussion") 以马来西亚 50 位参与交互式电子学习社区的中学生为研究对象，测试了 Moodle 作为基于开源开发的具有成本效益的软件的使用情况。

3.2.3　我国教育质性研究主题演变和阶段划分

当我国的教育质性研究处于萌芽阶段时，案例教学、案例教学法、教学案例及案例分析开始被引入到教育质性研究中，具体方法的关键词统计，如表 3.1 所示。

表 3.1　我国教育质性研究方法演进

关键词	首次出现年份	词频
案例研究	2000	115
实证研究	2003	16
行动研究	2003	16
扎根理论	2007	95
定量研究	2010	2
民族志	2011	3
深度访谈	2014	7
混合研究	2019	11

1. 案例教学法

教育质性研究较早使用的是案例研究方法。该方法具有培育学生的创新精神、提高问题解决能力，缩小教学情境与实际生活情境之间的差距，让学生获得的知识真正内化于心的独特优势，因此颇受关注。

1870 年，哈佛大学法学院院长克里斯托弗·哥伦姆布斯·朗道尔（Christopher Columbus Langdell）教授创立案例教学法，并被众多国家使用。20 世纪 80 年代初，我国各级各类学校也开始引入案例教学法，该方法对我国各学科教育教学的改革和发展起到了积极的促进作用，后来，教育实践工作者也开始对其进行学术探究。

案例教学法就是在教师的指导下，根据教学目的，组织学生通过对案例进行调查、阅读、思考、分析、讨论和交流等，教给他们分析问题和解决问题的方法或道理，进而提高他们分析问题和解决问题的能力，加深他们对基本原理和概念的理解的一种特定的教学方法。案例教学具有明确的目的性、客观真实性、较强的综合性、深刻的启发性、突出的实践性、学生主体性、过程动态性、结果多元性八大特点。如表 3.2 所示，案例教学与传统教学相比，主要存在以下九个方面的差异：①教学目的方面，案例教学主要强调培养学生发现问题、分析问题以及解决问题的能力，进而提高他们的素质；②教学载体方面，案例教学使用具体教学案例作为载体，这一案例会对某一实际情境中的教学现象与教学问题进行描述；③教学方式强调启发式，学生自主参与；④沟通渠道是多向流动的，既有师生沟通，又有生生互动；⑤教师地位方面，教师是指导者和推动者，在教学活动中居于从属地位；⑥学生地位方面，学生扮演积极参与者的角色，在教学活动中处于主动地位；⑦学习积极性方面，学生可以积极参与案例教学的各个环节；⑧学习效果方面，学生可以通过自主分析与交流，获得“第一手”知识；⑨教学效果方面，案例教学虽能更有效地培养学生分析与解决问题的能力，但传授系统知识的效率较低。

表 3.2　案例教学与传统教学的区别

类别	传统教学	案例教学
教学目的	传授知识	培养能力，提高素质
教学载体	教科书	案例
教学方式	讲授式	启发式
沟通渠道	单向流动	多向流动
教师地位	主要地位	从属地位
学生地位	被动地位	主动地位
学习积极性	积极性较低	积极性较高
学习效果	“第二手”知识	“第一手”知识
教学效果	能力培养效果差，传授系统知识的效率较高	能力培养效果好，传授系统知识的效率较低

资料来源：张家军，靳玉乐. 2004. 论案例教学的本质与特点. 中国教育学刊，(1)：48-50.

近年来，案例研究更偏向于多案例研究。多案例研究是指对两个或两个以上的案例进行对比和分析，以识别出各案例的相似性和异质性，从而实现理论构建。正如“历史总是惊人相似”，案例很可能会多次复现。这就需要我们思考案例是如何复现的。很多学位论文选择的案例毫无复现性，避开相似性，仅仅是在陈述案例的异质性，这是非常苍白的论述。

值得一提的是，有些时候我们不得不开展单一案例的研究。一方面，某些极端特例（如汶川地震、新冠疫情）在有生之年（或我们做研究的这几年）发生的概率很小；另一方面，对于某些关键性案例（或时间点），如中国改革开放等，我们不得不进行单案例研究。

2. 行动研究法

除“案例教学法”外，学界对于“行动研究法”的关注时间也比较长，从 2003 年一直持续到 2010 年。行动研究是指与问题有关的人员共同参与研究和实践，对问题情境进行全程干预，并在实践活动中找到有关理论依据及解决问题的研究方法。行动研究的实施步骤一般包括计划、行动、观察和反思四个阶段，且每个阶段相互联系、相互依赖。

教育质性研究具有很强的时代属性，随着计算机的发展和互联网的广泛应用，信息化的概念逐渐流行开来，同时代的教育质性研究也对此格外关注。与之相关的早期行动研究的主题主要集中于以下两个方面。一方面，信息化学习模式的研究，如张红波和赵文强 2009 年发表在《现代教育技术》上的文章《基于中学信息技术课的协作学习模式的应用研究》，以中学“信息技术”课程教学改革为例，通过行动研究进行探索，并构建了协作学习模式。研究发现，协作学习环境的设计、协作学习主题的选择与布置、协作学习活动过程的监督管理、协作学习结果评价标准的制定，对设计基于中学信息技术课的协作学习活动至关重要。另一方面，信息化教学效果的研究，如 2007 年钟日辉等发表在《现代教育技术》上的文章《基于 WebQuest 的课程教学效果的研究》，结合大学“数字影像技术”课程，运用行动研究、观察法、问卷调查法等研究方法，对基于 WebQuest 教学网站的教学效果进行研究，发现 WebQuest 教学能促进学生网络学习能力、主动实践意识的提高，以及高水平的思考与教育观念的改变等。

此后，相关学者对课程开展了更为深入的行动研究。例如，黄琰等 2014 年发表在《中国电化教育》上的文章《翻转课堂在“现代教育技术”实验教学中的应用研究》，以“多媒体教学平台的使用与维护”为实验研究对象，以两轮行动研究方法对翻转课堂的教学模式开展研究。研究发现，翻转课堂教学模式可以提高学生的学习效率与能力；2017 年李彦敏发表在《现代教育技术》上的文章《慕课与课堂教学融合的行动研究——以高校“现代教育技术”公共课为例》，以高校“现代教育技术”公共课为例，开展三轮行动研究，构建并实施基于慕课的混合式教学模式和基于慕课的融合式教学模式。

3. 扎根理论

影响力较大的应用扎根理论的中文文献是 2015 年陈向明教授发表在《北京大学教育评论》上的文章《扎根理论在中国教育研究中的运用探索》。该文提供了一个将其运用到中国教育研究的实例。1999 年，在作者开设的“教育质性研究方法”课上，一位同学提出了“人到中年为何还来北大读研”的问题，作者使用扎根理论方法对其中一位研究者的回答进行“微分析”，以此来示例扎根理论运用到我国教育研究领域的可能样态，以及后续研究思路与扎根理论的应用范围及本土化调适。近年来，关于扎根理论的研究主要可以分为三大研究主题。

第一，在线课程相关研究。一方面是在线课程质量的研究，如王璐等 2017 年发表在《中国远程教育》上的文章《基于扎根理论的在线开放课程质量评价指标体系构建研究——以国家精品资源共享课为例》选取爱课程网中 240 条与课程质量相关的用户评价作为原始分析资料，通过开放式编码和轴心编码，构建了 5 个一级指标（视频质量、教师队伍、教学内容及辅助性学习资料等）和17个二级指标的在线开放课程质量评价指标体系。另一方面是在线课程学习特征的研究。例如，吴斓和陈丽2019年发表在《中国远程教育》上的文章《基于扎根理论的cMOOC学习者学习过程的研究》对我国第一门cMOOC课程——“互联网+教育：理论与实践的对话”的6位结课者进行深度访谈，研究进一步验证了联通主义学习理论的核心观点——知识存在于多样化的连接中；张婧婧等学者于2019年发表在《中国远程教育》上的文章《微博视角下的MOOCs学习特征：自主性、社会性、多样性与开放性》选取新浪微博平台2010～2018年4000多条有关MOOCs话题的微博，通过编码与归纳演绎的方式发现其呈现出自主性、社会性、多样性与开放性四种较为显著的特征，并与联通主义抑或是心理学中人格理论与自我决定论的探讨有共通之处。

第二，教师发展的相关研究，具体包括以下几个方面。

（1）教师流动的研究。例如，2020年林松月等发表在《教师教育研究》上的文章《大学教师究竟因何流动——一种非接触式研究方法的引入》以2006～2019年小木虫“教师之家”板块上所有涉及大学教师流动的约3万字132条发帖为例，尝试引入“非接触式”研究方法，克服传统大学教师流动影响因素研究的失真失实等问题，提炼出职业保障与职业激励、学术声望与学术环境、工作压力与工作认同、个人关系与家庭关系四个影响大学教师流动的因素。2018年方建华等发表在《教师教育研究》上的文章《新疆兵团特岗教师去留意愿的影响因素模型——基于扎根理论的探索性研究》则选取较为具体的样本，分别通过深度访谈和焦点小组访谈方式，访谈51位新疆兵团特岗教师，构建出兵团特岗教师去留意愿的影响因素模型，并有针对性地提出特岗教师去留意愿转变的宏观—中观—微观措施。

（2）幼儿、中学、场馆和高校等的教师专业素养研究。幼儿教师方面，2019年蔡迎旗和孟会君发表在《教育研究与实验》上的文章《基于扎根理论的幼儿教师学习共同体影响因素研究》选取武汉市三所省级示范园的24名幼儿教师为研究对象，在扎根编码的基础上构建出幼儿教师学习共同体模型，包括个体自身因素、共同体社会资本因素、园区环境因素三大类属。中学教师方面，韦斯林等2017年发表在《教师教育研究》上的文章《教师学科教学能力模型的建构——基于扎根理论的10位特级教师的深度访谈》对10位中学特级教师进行深入访谈，建构包含六大要素集的学科教学能力的结构模型，以体现学科教学能力的本征性、结构性、生态性和发展性。场馆教师方面，宋娴等2019年发表在《教师教育研究》上的文章《基于扎根理论的场馆教师专业素质特征实证研究》对25位场馆教育部门负责人针对场馆教师专业素质进行半结构化访谈，再对比分析国外相关研究，总结出我国场馆教师的专业素质特征，包括专业知识、专业技能、专业理念三个维度。高校教师方面，马楠和陆国栋2020年发表在《高等工程教育研究》上的文章《高校教师教学发展的路径和优化策略研究——基于浙江省本科院校的实证分析》以浙江省本科高校校长教学述职报告为研究资料，围绕教学重心和人才培养根本任务明确高校教师教学发展的主要内容和路径，绘制高校教师教学发展路径与行为要素分析图。

第三，人才培养的相关研究。一方面是创新创业教育的研究。具体来看，在创新创业教育影响因素方面，赵超等2020年发表在《江苏高教》上的文章《基于扎根理论的创新创业教育影响因素研究——大学、企业的视角》对大学创新创业指导教师、科技型中小企业人员以及大学生进行访谈，最终确定了人才、资本、技术与信息、知识、政策五个影响大学创新创业教育与科技型中小企业创新发展的因素。在创业榜样方面，2019 年张慧等发表在《高校教育管理》上的文章《高职学生需要何种创业榜样？——基于学生视角的质性分析》选择 6 所较典型的高职院校进行研究，访谈 21 名学生，研究发现榜样身份、榜样成就和榜样人格是高职学生创业榜样特征的三个核心维度。另一方面是师范生的培养，如宋璞和李祥 2017 年发表在《学前教育研究》上的文章《学前教育师范生实践性知识的构成要素及生成路径》选取某大学学前教育专业 36 名实习生，通过个体访谈、焦点团体访谈、观察记录、实物分析等方式收集数据，发现学前教育师范生的实践性知识由信念、情境体验、课程实践、人际关系、元认知成长等要素构成，进而构建学前教育师范生实践性知识的生成路径。

4. 民族志

教育研究者常会运用人类学田野调查、民族志方法，帮助自己进入与自己生活世界有一定社会距离与心理距离的环境与人群。田野中的相遇是走近他人，并对之进行了解的过程。例如，于汝霜 2019 年发表在《外国教育研究》上的文章《高校内部人事制度与教师学术生活——基于西东大学的民族志个案研究》以美国西东大学为研究案例，在一年的民族志田野工作中，作者站在中美两种文化立场上，在“局内人—局外人”的视角间来回切换，相互对比审视，试图回应高校内人事制度如何影响教师学术生活。研究发现，美国大学教师之所以具有较强的学术激情与活力，主要原因是其组织制度设计的合理性。

由于民族志的研究较为复杂，我们再以 2023 年 Ma 的《在华韩国人：教育、欲望和暂时性的民族志》研究为例，讲解如何选择研究问题、如何找到田野、如何与研究伙伴建立信任关系以及回访的必要性。

（1）如何选择研究问题。作者主要聚焦于研究韩国父母如何帮助子女选择学校（国际学校、中英双语学校、韩国学校、中国本土学校），韩国家庭为了子女的教育留在中国，为什么子女高中毕业后却回国上大学，为什么中国一流高校有数量庞大的韩国学生。

（2）如何找到田野。韩国人在中国是一个比较庞大的外国人群体，2002 年中韩建交 10 周年之际，北京望京地区开始作为“韩国城”出现在公众视野中，望京地区韩国人社区的韩国妈妈主要是家庭主妇，她们是跟随来华工作的丈夫一同来到中国的，她们闲暇时间较多，因此有作为研究伙伴的可能。但是，案例的选取不应仅仅考虑获取的便利性，而且要基于证据链获取的完整性，以保障研究资料来源的可信性。

（3）如何与研究伙伴建立信任关系。田野调查期间，作者继续加强韩语的学习，寻找各种机会接触和参与韩国人等的日常社会和经济生活。她曾长期租住朝鲜族人开设的民宿，给韩商和韩国企业做过翻译，在韩国人开设的补习班里当过兼职汉语教师，还担任过韩国主妇汉语学习小组的志愿教师。当然，我们的研究伙伴大多还是讲汉语的，但是也应该注重有效沟通，不要直接使用专业术语，访谈提纲避免歧义表达。

（4）有必要进行回访吗？案例不是一次性餐具，要通过回访进行深层次研究的挖掘。质性研究的数据收集是一个过程，不是一个节点，可以长期观察、多次访谈，来呈现一个动态的变化。作者在 2014～2015 年开展了将近 1 年的田野调查，并分别在 2016、2018、2020 年进行了三次短期回访，在参与观察的基础上，研究者又对经营者、被雇佣者和消费者三个群体进行了深度访谈。

5. 混合研究

2018 年 Creswell 在书籍《设计和开展混合研究》（*Design and Conducting Mixed Method Research*）中提到，混合研究通常有三种核心的基础设计方式：聚敛式设计、探索性序列设计和解释性序列设计。其一，采用聚敛式设计，并运用“三角互证”策略，即定量研究和质性研究相对独立且同步收集数据，在结论分析中两种研究途径聚合分析，相互补充和印证。例如，陆一和于海琴 2016 年发表在《高等教育研究》上的文章《“拔尖计划”学生的学习有何不同——基于生命科学学生调查和科学家访谈的混合研究》认为拔尖计划学生与其他学生多项学习情况存在显著差异，并结合 15 名一流科学家和“拔尖计划”实施负责人的深入访谈，解读两组学生的学习差异，这一研究对一流科学家养成具有重要意义。其二，采用探索性序列设计，先通过质性研究形成理论假设模型，包括理论框架、各因素之间的关系等，再运用定量研究进行模型探索与检验。例如，2018 年张哲等发表在《中国电化教育》上的文章《教师信息技术应用行为影响因素模型构建研究》对教师信息技术应用行为形成及其影响因素进行探讨，基于相关理论，采用观察与访谈相结合的质性研究方法构建教师信息技术应用行为影响因素理论假设模型，之后通过定量研究进行模型探索与检验。研究结果表明，群体影响、应用意向和态度对教师在教学中应用信息技术行为会产生较大影响。高考改革在浙沪试点地区有序推进，也为科学评估改革成效提供了可观测性契机。其三，解释性序列设计，即注重利用质性研究解释定量研究结论。例如，2022 年金红昊等发表在《高等工程教育研究》上的文章《何以失效：新高考改革对理工科新生大学学业表现的影响》利用北京大学教育学院开展的“全国高校教学质量与学生发展监测调查”数据，并结合研究型大学师生访谈资料的分析结果，研究发现新高考改革未能有效推动高中教学模式发生深度变革。

6. 其他方法

在实地观察中，课堂一直以来都是教学研究最重要的对象之一，课堂教学的分析、反思和评价是教师专业发展的重要促进因素，通过对课堂的观察与分析，可以最直接地发现教学中存在的问题从而改进教学内容与方法。近几年来，课堂观察的内容、方法、工具也与时俱进，其观察维度也在不断丰富。在 20 世纪的传统教学时代，较早用于观察传统课堂的权威工具主要是弗兰德斯互动分析系统（Flanders interaction analysis system，FIAS），以及常用于语言类传统课堂的交际法教学观察（communicative orientation of language teaching，COLT）量表。21 世纪后，课堂观察工具大多面向技术介入的新型课堂，张海等 2010 年发表在《中国电化教育》上的文章《基于课堂视频分析对信息技术深层整合教学结构的研究》基于传统的课堂行为分析方法、课堂视频分析方法和教学媒体分类法，提出了基于课堂视频分析对信息技术深层整合教学结构的研究框架，以及基于此框架对学科教育技术及相关潜在研究领域进行研究的可能性。

另外，出于产生某种社会现象的原因是相互依赖的，并以组合的形式对结果产生复杂影响的考量，社会学家拉金（Ragin）20 世纪 80 年代基于系统科学整体论思想提出了一种集合分析法，即定性比较分析法（qualitative comparative analysis，QCA）。QCA 是一种案例导向的研究方法，将传统质性研究和定量研究的优点进行结合和发展，并将案例作为条件变量的不同组合方式（组态），以集合的视角对不同组态进行统计分析。近年来，其在我国教育学研究中的应用初见端倪。例如，王雪等 2019 年发表在《中国高教研究》上的文章《“双一流”建设高校面向新兴交叉领域跨学科培养人才研究——基于定性比较分析法（QCA）的实证分析》聚焦于人工智能领域，以全国 21 所“双一流”建设高校为研究样本，构建跨学科培养人才影响因素模型。何霞 2020 年发表在《中国远程教育》上的文章《共同体视角下教师跨界学习行动——基于定性比较分析方法》通过研究 3 个教师学习共同体中 30 名教师的学习行为，对教师跨界学习类型及其与学习共同体模式的匹配关系进行研究。陈向东和刘冠群 2020 年发表在《远程教育杂志》上的文章《共享调节学习中的教师干预：QCA 的视角》基于上海市某小学三年级两个班级的综合实践活动，了解共享调节学习中教师干预作用路径与影响机制，在微观层面挖掘作用于共享调节学习的多重并发路径，发现和检验其因果结构。

7. 2018～2022 年研究前沿主题

第一，人工智能研究。大数据技术的突破与广泛应用驱动了人工智能的快速进步，人工智能在教育中的应用成为热议的话题。其一，教师角色方面，2018 年余胜泉发表在《开放教育研究》上的文章《人工智能教师的未来角色》介绍了人工智能的三大学派及其典型案例，并具体阐述了人工智能教师在未来可能扮演的 12 个角色。其二，人工智能教与学方面，张学军和董晓辉 2019 年发表在《电化教育研究》上的文章《高中人工智能课程项目案例资源设计与开发》构建了基于高中信息技术课程的人工智能应用设计框架，并使用 Python 语言开发了有声小说、教育故事文本分析、人脸检测与人脸识别三个人工智能应用项目案例。此外，由于视频是教育领域重要的学习资源形式，因此有学者对教学视频进行质性研究。例如，王萍 2020 年发表在《电化教育研究》上的文章《人工智能在教育视频中的应用分析与设计》分析了人工智能对教育视频的支持效用，构建了基于人工智能的教育视频应用设计原则与框架，并进行具体的案例设计。

第二，产学融合和科教融合研究。产学融合方面，陈滢等 2019 年发表在《高等工程教育研究》上的文章《产学融合 2.0 模式下的人才能力提升探索——基于三实 APEX 方法的案例分析》基于三实（APEX）方法，即实例分析（analyze the real case）、实境训练（practice in real scenario）、实战检验（evaluate based on industry standard）进行案例分析，探究产学融合 2.0 模式下的能力提升方式。工科建设方面，郭汉丁等 2018 年发表在《现代教育技术》上的文章《面向工程的“三维度六环节”案例教学模式与实施路径》以案例教学为核心，构建工程管理人才实践能力培养立体化体系，提出面向工程的“三维度六环节”案例教学模式。科教融合方面，刘继安和盛晓光 2020 年发表在《中国高教研究》

上的文章《科教融合的动力机制、治理困境与突破路径——基于中国科学院大学案例的分析》以中国科学院大学为案例，分析了科教融合的动力机制以及导致治理困境的原因，揭示了组织变革是突破科教融合治理困境的有效路径。质性研究方法主张“一切皆是数据”，视频也是一大数据来源。例如，祁占勇和任雪园 2018 年发表在《教育研究》上的文章《扎根理论视域下工匠核心素养的理论模型与实践逻辑》，对央视《大国工匠》2015～2016 年共四期节目的视频转录资料进行编码及分析，通过对 39 位工匠日常工作和生活情况进行编码分析，提取了工匠的核心素养，并具体细化为高超技术、严于律己等 18 个基本要点。

第三，STEM①教育研究。在 STEM 教育模式方面，傅骞和刘鹏飞 2016 年发表在《中国电化教育》上的文章《从验证到创造——中小学 STEM 教育应用模式研究》描述了美国内布拉斯加大学奥马哈分校、美国科罗拉多大学博德分校、麻省理工学院、澳大利亚昆士兰科技大学等高校开设的经典 STEM 课程案例，以及美国国防部资助的“明尼苏达星战”项目的课程案例；秦瑾若和傅钢善 2018 年发表在《电化教育研究》上的文章《面向 STEM 教育的设计型学习研究：模式构建与案例分析》构建了 STEM 教育的设计型学习模式，并以美国斯坦福大学 Kim 及其团队开展的科学项目“空气动力”为案例进行深入分析。STEM 教育评估方面，江丰光和蔡瑞衡 2017 年发表在《中国电化教育》上的文章《国内外 STEM 教育评估设计的内容分析》汇总了 2004 年以来有案例研究的文献并进行整理，分析发现国内外对 STEM 教育评估设计的探究是多元而非单一的，且主要集中在对学生学习成果的评估；王楠等 2019 年发表在《现代教育技术》上的文章《美国 STEM 教育项目评价机制分析及其启示——基于美国典型 STEM 教育项目的案例分析》以美国 8 个典型的 STEM 教育项目为案例样本，对美国 STEM 教育的评价主体、评价对象、评价内容/指标、监督反馈进行分析。随着研究的深入，STEM 教育的研究开始出现本土化趋势，如彭敏和朱德全 2020 年发表在《教育发展研究》上的文章《STEM 教育的本土理解——基于 NVivo11 对 52 位 STEM 教师的质性分析》通过对我国 52 位 STEM 教师的质性分析，最终确定了对 STEM 教育进行本土化理解的 4 个“核心类属”，即 STEM 教育的本质、STEM 学科关系、STEM 教育的价值、实施 STEM 面临的挑战。

第四，导生关系研究。例如，2020 年欧阳硕等发表在《高等教育研究》上的文章《从“相安的疏离”到“理性的亲密”——基于扎根理论的研究生导学关系探析》通过访谈 24 名教育类硕士，最终确定导学关系的四大核心范畴，分别为“表现”“因素”“后果”和“理想”；2020 年许祥云发表在《研究生教育研究》上的文章《研究生与导师互动：影响因素及其作用机制模型——基于扎根理论的研究》选取了 16 名硕、博士研究生进行一对一访谈，同时选取 20 名硕、博士研究生分成四组进行焦点小组访谈，研究发现导生互动意愿、导师特征、学生特征、互动情境、学术氛围及管理服务是影响导生互动行为的关键要素；刘志 2020 年发表在《教育研究》上的文章《研究生导师和学生关系问题何在——

① STEM 是科学（science）、技术（technology）、工程（engineering）、数学（mathematics）四门学科英文首字母的缩写，其中科学在于认识世界、解释自然界的客观规律；技术和工程则是在尊重自然规律的基础上改造世界、实现与自然界的和谐共处、解决社会发展过程中遇到的难题；数学则作为技术与工程学科的基础工具。

基于深度访谈的分析》访谈了 55 位导师、研究生，构建出导师和学生关系问题的生成机理模型；熊慧和杨钋 2020 年发表在《学位与研究生教育》上的文章《基于自我主导理论的导生互动关系研究：质性分析视角》把自我主导理论引入导师和学生互动情境，开展了成对师生访谈，构建了导生互动影响自我主导力发展模型并阐释其相关影响因素。

第五，计算思维研究。计算思维是信息时代必备的心智素养，主要指向学生的问题解决能力。罗海风等 2019 年发表在《现代教育技术》上的文章《人工智能时代的必备心智素养：计算思维》剖析了典型的计算思维在教育领域应用的案例，发现在不使用计算机的情况下，适当的教学活动也可以有效促进学生对计算思维的理解和掌握。2018 年李锋发表在《中国远程教育》上的文章《中小学计算思维教育：STEM 课程的视角》通过概念分析法界定计算思维的应用特征，以案例的形式对指向计算思维的 STEM 课程设计策略与结构框架进行解释和说明。

第六，在线教育研究。能否合理并持续推进在线教学，有赖于校长的远见卓识，2022 年赵晓伟等发表于《电化教育研究》上的文章《促进还是抑制：哪些因素影响校长的在线教学持续意愿？》基于“认知—行为”视角构建影响校长在线教学持续意愿的分析框架，作者对 17 名中小学校长进行深度访谈，识别出校长在线教学持续意愿可分为理念先行型、文化浸润型、愿景牵引型与综合施策型四类。直播教学在新冠疫情期间成为教学的重要形式，其所具有的师生对话互动的特征是在线教学研究的重要议题。2022 年，李爽等发表在《现代远程教育研究》上的文章《直播教学中师生对话互动模式与特征分析》基于互动模式、知识建构与课堂文化的三维师生对话互动分析框架，利用教学视频与对话文本数据，针对一门少儿英语直播课（共 16 个课时）中的师生互动进行了研究，从中总结出无技术参与、技术辅助反馈、技术操作回应以及被中断的对话等 12 种互动模式。

第 4 章

教育实践中质性研究的文献特征与领域热点

陈向明教授 2015 年发表在《北京大学教育评论》上的文章《扎根理论在中国教育研究中的运用探索》提到，相比其他社会科学研究领域，教育学面对的是教育现象，而教育现象具有情境性、独特性、不确定性、价值性等特征。本书把教育实践中的质性研究应用界定为：中小学和中等职业学校一线教育者与管理者运用质性研究解决教育实践问题的研究论文。

为进一步详细梳理教育实践中质性研究方法的研究和应用进展，本章聚焦于一线教育者与管理者的研究成果，在第一章文献检索的基础上，将作者单位限定为中小学或中等职业学校，共检索到 2000 年 1 月至 2022 年 10 月的 162 篇中文文献、55 篇英文文献。

4.1 教育实践中质性研究的文献特征

4.1.1 文献数量特征

所有含有教育的论文都是本书研究的直接客体，对论文发文量进行分析，可体现教育实践中一线教育者和管理者应用质性研究方法的走势。为考察教育实践中教育质性研究的学术成果，本章统计了 2000 年 1 月至 2022 年 10 月发表的文献数量（图 4.1）。图 4.1 显示，近年来应用质性研究方法的文献激增，研究成果丰富、发展迅速，质性研究在教育实践中的应用被推向了“快车道”。

文献数量的年度变化情况是衡量该领域研究进展情况的重要指标。我国教育实践中质性研究的成果与重大事件亦具有高度的重叠性。如前所述，北京大学陈向明教授于 20 世纪 90 年代中期引介质性研究方法，中国教育领域的质性研究开始起步。2005～2017 年，中国教育领域的质性研究处于艰难的探索阶段，陈向明和理查德·布瑞德利教授 2015 年发表的文章《扎根理论在中国教育研究中的运用探索》为教育实践者提供了重要的质性研究应用思路，激发了后期研究的快速开展。

4.1.2 发文国别特征

如图 4.2 所示，目前教育实践领域质性研究的主要贡献者是美国学者，虽然我国发文数量紧随其后，但研究能力与美国相比还有不小差距，国际影响力也较小，未来还需要不断加强。

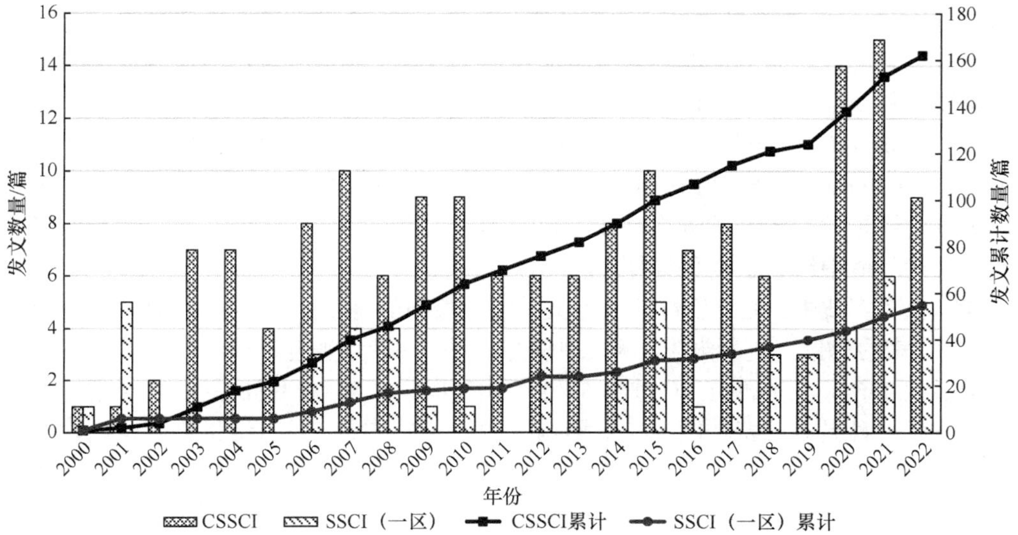

图 4.1　教育实践中质性研究文献数量变化趋势

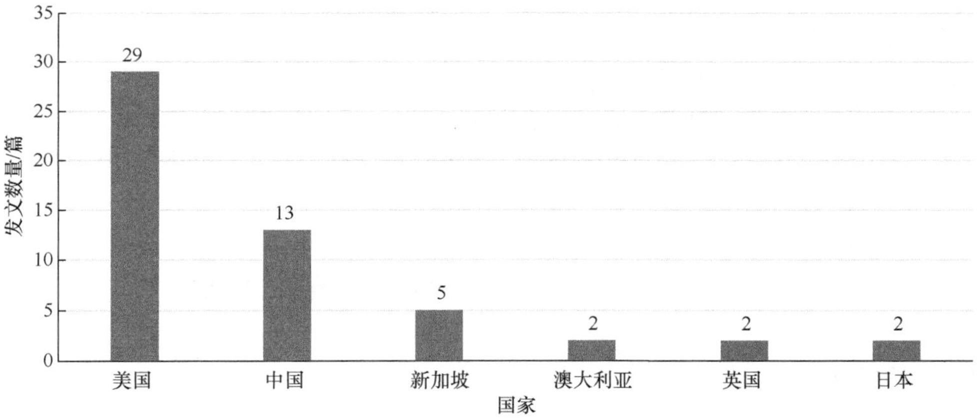

图 4.2　教育实践领域质性研究发文的典型国家

4.1.3　论文关注度

一个研究领域内高被引文献是该领域发展的稳固根基，反映着相关研究者的关注动向，可作为该研究领域的理论基础。教育实践领域的质性研究文章中，被引量最高的是 Isenbarger 和 Zembylas 2006 年发表在《教学和教师教育》（*Teaching and Teacher Education*）上的文章《教学中的情感关怀劳动》（“The Emotional Labour of Caring in Teaching”）。该文基于两个学年的行动研究，将研究重点放在一位教师（Lynn）和一位学生（Reed）之间的关怀关系上，数据来源是 Lynn 的反思电子日志、学生的活页夹、课堂笔记和录音、学生作业文件以及 Lynn 的教学计划。研究结果表明，教师情绪劳动的表现与其在教学中的哲学立场有关，且教师的情绪劳动对其承诺、自尊等有重要影响。被引量居第二位的是 Lu 于 2008 年发表在《计算机辅助学习杂志》（*Journal of Computer Assisted Learning*）上的文章《手机词汇学习的有效性》（“Effectiveness of Vocabulary Learning Via Mobile

Phone”)。该文发表在手机进入亚洲市场的背景下，以 30 名职高学生为样本，运用访谈结合问卷调查的混合研究，考察短信服务在第二语言学习中的应用，探索学生的词汇学习过程以及移动学习的优点和局限性。近年来，McLeskey 等于 2014 年发表在《特殊教育杂志》(*Journal of Special Education*)上的文章《一个高效、包容性小学的案例研究》(“A Case Study of a Highly Effective，Inclusive Elementary School”)也受到广泛关注。作者以美国佛罗里达州的一所较为高效、包容的典型小学为例，说明一所小学是如何在包容、正向的环境中给予学生和教师高度支持的。

我国教育实践中，教育质性研究论文关注度最高的是宁虹和武金红 2003 年在《教育研究》上发表的《建立数量结构与意义理解的联系——弗兰德互动分析技术的改进运用》，被引量达到 456 次。FIAS 是 20 世纪 60 年代由美国学者弗兰德提出的一种课堂行为分析技术。它是一种具有独特功能和广泛影响的课堂分析技术，具有结构化、定量化研究的特点，但在课堂分析中的应用也具有一定的局限性。该研究中，研究者试图改变观察编码的赋值方式，把分析过程计算机化，并把其与描述性观察、访谈等质性研究手段结合使用，结合定量的结构性分析，为质性研究提供丰富的情景化细节。

被引量排名第二的是周东岱等 2017 年发表于《电化教育研究》的《基于 STEAM① 教育理念的小学课程体系重构研究》。2014 年以来，深圳市教育信息技术中心依托东北师范大学进行“智慧校园”案例建设，该文设计了基于 STEAM 教育理念的小学课程体系重构流程，对重构后的知识类型进行了分析与阐释，并以宝民小学设计并实施的“3D 建模与打印口哨”为案例，重构课程体系，展示了该课程体系重构流程在小学课程中的应用。

4.2 教育实践中质性研究的领域热点

4.2.1 学科教育

学科教育方面的研究主要包含科学教育、语言教育、体育与艺术教育、数学与信息素养教育等方面。

1. 科学教育

其一，解决问题与学习信心方面。2014 年 Byun 和 Lee 发表在《美国物理杂志》(*American Journal of Physics*)上的文章《为什么解决 2000 多个问题后学生仍然不能解决物理问题》(“Why Students Still Can’t Solve Physics Problems After Solving Over 2000 Problems”)运用访谈法、案例法研究了 49 名韩国理科天才高中生物理问题解决数量与解决问题的信心、学习成绩和物理认知水平之间的关系，研究发现解决大量物理问题有助于学生提升学习物理的信心，然而解决的物理问题数量和学习成绩之间没有统计相关

---

① STEAM 代表科学(science)、技术(technology)、工程(engineering)、艺术(arts)、数学(mathematics)。STEAM 教育是科学、技术、工程、艺术、数学多领域融合的综合教育。

性，该文还详细分析了样本学生的物理学习策略，以及他们对大量练习的看法。2007 年 Reigosa 和 Jimenez-Aleixandre 发表在《国际科学教育杂志》（*International Journal of Science Education*）上的文章《物理和化学实验室中的支架式问题解决：阻碍学生承担责任的困难》（"Scaffolded Problem-Solving in the Physics and Chemistry Laboratory: Difficulties Hindering Students' Assumption of Responsibility"）收集了 18 名 10 年级学生在物理和化学实验室执行任务过程中的表现录像，分析在教师协助学生自主解决问题背景下，将教师责任转移给学生的过程及学生在这一过程中所遇到的难点。

其二，学生知识学习方面。Song 和 Carheden 于 2014 年发表在《化学教育研究与实践》（*Chemistry Education Research and Practice*）上的文章《化学学习中的双重意义词汇》["Dual Meaning Vocabulary（DMV）Words in Learning Chemistry"]访谈了 13 名化学背景有限的文科专业大学生，利用扎根理论方法和恒定比较方法，调查其在接受化学教学前后如何理解 11 个双重意义词汇（dual meaning vocabulary，DMV，即同时具有科学和日常意义的化学词汇），以及学习 DMV 词汇时遇到的挑战，研究发现 DMV 的日常意义不断扎根于学生思维中，而学生难以记住 DMV 的科学内涵，其原因是学生死记硬背及缺乏对科学词汇的事先了解。Mallya 等 2012 年发表在《科学教学研究杂志》（*Journal of Research in Science Teaching*）上的文章《将科学扩展到课堂之外：从学生的选择、控制和改变课程中学习经验》["Extending Science Beyond the Classroom Door: Learning from Students' Experiences with the Choice，Control and Change（C3）Curriculum"]通过对 8 名学生进行个人访谈、课堂观察和学生作品收集的形式获取质性研究资料，描述了生活在纽约贫困地区的七年级学生参加 C3 课程的经历，并发现学生能够通过参与 C3 课程想出改变自己和他人生活状况的方法。钟士军等 2013 年发表在《中国电化教育》上的文章《高中物理机械波工具软件设计与应用研究》针对机械波这一高中物理教材中的重要内容及高考的重要考点，试图解决其内容抽象、常规教学手段往往难以形象地展现其动态过程的问题，根据教学的实际需求设计高中物理机械波平台，提供了平台实际应用案例，并通过实验验证新课标的有效性，学生利用机械波工具软件后掌握知识的速度有了快速提升，形成较稳定的学习能力。为让学生史论结合，提高创新意识和实践能力，蒋碧勇 2005 年发表在《历史教学》上的文章《鸦片战争可否称为商业战争——一个研究性学习的案例及教学反思》以"鸦片战争"研究性学习课为例，记录了课堂中"鸦片战争可否称为商业战争"这一探究课题的研究过程，并进一步探讨了以教材为"蓝本"（强调教材是"独断型"解释）还是"文本"（注重教材的"理解型"解释）的问题。2015 年张彦顺发表在《课程·教材·教法》上的文章《区域地理教学三要素：图解、体验和建构》基于对初中区域地理学习目标的分析，提出"图解、体验和建构"是区域地理教学的基本要素，为区域地理"到底教什么"提供了一种简洁的评价模式。

其三，教学探究方面。Treagust 等 2001 年发表在《科学教育》（*Science Education*）上的文章《在理解教学中使用评估：以中学科学课上学习声音为例》（"Using Assessment As a Guide in Teaching for Understanding: A Case Study of a Middle School Science Class Learning About Sound"）研究了一位老师面向八年级学生教授声音主题的物理课程的案例，表明音乐作为一种教学资源不仅是一种记忆手段，更以新颖的方式吸引学生，并有助于学生将概念理解作为一种意义构建活动。Campbell 等 2012 年发表在《国际科学教育杂志》（*International Journal of Science Education*）上的文章《基于模型探究课堂中的话语模式及其教学功能》[“Discursive Modes and Their Pedagogical Functions in Model-Based Inquiry（MBI）Classrooms”]对四个高中物理教室进行了视频录制，从中识别出最显著的话语模式类型和序列，结果表明探索是 MBI 课堂中最常用的话语模式之一。Liu 等 2009 年发表在《教育技术与社会》（*Educational Technology & Society*）上的文章《基于 5E 教学模型的移动自然科学学习效果：一个案例研究》（“The Effects of Mobile Natural-Science Learning Based on the 5E Learning Cycle: A Case Study”）设计基于“参与（engagement）、探究（exploration）、解释（explanation）、迁移（elaboration）、评价（evaluation）”的 5E 教学模型，以包含 46 名四年级学生的科学俱乐部为研究对象，收集定量和质性数据，研究移动自然科学学习活动对学生学习水生植物知识的影响，以及学生对该学习活动的看法，并讨论影响学习效果和学生看法的潜在因素。结果表明，移动自然科学学习活动可以改进学生的科学表现，学生在科学探究过程中进行“移动技术支持”的观察与操作是影响其科学表现的两个重要因素。考虑到爱因斯坦所提出的物理学的相关概念大多要到学生上大学时才会教授，青少年难以理解其中的空间、时间和重力等理论。Pitts 等 2014 年发表在《科学教育研究》（*Research in Science Education*）上的文章《一项调查强化计划对六年级学生的爱因斯坦物理学方面影响的探索性研究》（“An Exploratory Study to Investigate the Impact of an Enrichment Program on Aspects of Einsteinian Physics on Year 6 Students”）运用问卷调查法（前测/后测）及访谈法，对一个班级的 26 名学生展开案例研究，研究发现在强化课程、参观学习等的干预后，学生能够更好地理解弯曲空间，且大多学生不觉得他们年龄太小而无法理解爱因斯坦所提出的物理学方面的概念。

北京市第四中学改革生物学教学，1985 年从运用探究式实验教学模式做起，取得了突出成效。郑春和 2001 年发表在《课程·教材·教法》上的文章《中学生物学探究教学模式的研讨》以北京市第四中学为案例，把探究式实验分为观察或鉴别性实验、验证性实验、教师设计的探究性实验、学生独立完成的探究性实验或调查、模拟性实验五级，进而设计实验教学目标和实验方案。作者发现，时政案例教学、课堂“对话”教学、课题探究教学等关注现实生活和时代精神的教学方法，有利于提高思想政治课的教学效率。黄日暖 2007 年发表在《中国教育学刊》上的文章《思想政治新课程教学的实践与思考》记录了在教授“唯物主义和唯心主义”一课时，引述 18 世纪英国哲学家贝克莱“存在即被感知”哲学命题的授课过程，并指出思想政治课教学应与时俱进，适应素质教育和新课程改革的发展趋势。王立新等 2018 年发表在《远程教育杂志》上的文章《手持技术数字化实验与化学教学的深度融合：从“研究案例”到“认知模型”——TQVC 概念认知模型的建构》根据认知-建构主义学习理论，提出了基于手持技术的 TQVC 概念认知模型，即转化（transformation）、量化感知（quantitative perception）、视觉感知（visual perception）、比较（compare）概念认知模型，采用自编的由 8 道开放性问答题构成的概念学习过程问卷，结合访谈进一步获取学习过程信息，发现其将有助于教育工作者从心理学角度认识学生认知规律，有效地开展信息化概念教学。

2. 语言教育

写作是一项复杂的技能，需要有目的地协调各种认知资源（包括主题知识，语音、语义、句法和语用知识，阅读能力，专业知识等），以及注意力、执行力等关键能力。学习写作是一项具有挑战性的任务，特别是对于正在学习第二语言的孩子来说则更加困难。Camping 等 2020 年发表在《阅读与写作》（*Reading and Writing*）上的文章《中学新兴双语学生的动机激励》（“Writing Motivational Incentives of Middle School Emergent Bilingual Students”）基于“社群中的作家”（writer（s）-within-community，WWC）理论模型，比较初中双语学生与母语为英语的学生的写作动机。研究聚焦英语学习学生、英语熟练学生、母语为英语的学生群体，以 570 名六至八年级的学生为研究对象，采用问卷调查和访谈研究的方法，探究写作动机是否因学生群体、年级和性别的不同而存在差异，以及不同激励措施的重要性对每组学生是否存在差异，写作的动机是否可以预测学生写作表现。此外，高考无疑是高中教学的重要“指挥棒”，陈艳君等 2018 年发表在《外语学刊》上的文章《外语高考改革新模式的反拨效应研究》通过调查问卷与访谈法，发现浙江省高考外语“一年两考”改革新模式让师生更加注重写作技能，且有利于降低学生的考试焦虑，即产生积极反拨效应；然而，改革也对教学进度产生了冲击，如教师对时间安排有明显的不适应感与抱怨情绪。

阅读在学生的学习过程中同样起着重要的作用，在瞬息万变的世界中，读书有助于培养学生的世界观、价值观，并能提高其适应性和创造力，以实现可持续发展。Roehrig 等 2008 年发表在《补救教育和特殊教育》（*Remedial and Special Education*）上的文章《当教师努力使用进度监测数据为扫盲教学提供信息并且确定潜在的支持和挑战》（“When Teachers Work to Use Progress Monitoring Data to Inform Literacy Instruction Identifying Potential Supports and Challenges”）在实施“阅读优先”的第二年开展研究，基于 10 名幼儿园和一年级教师的开放式访谈和调查，通过轴向编码构建了 K-1 教师如何与阅读教练合作的教学模型。Turner 等 2020 年发表在《阅读研究季刊》（*Reading Research Quarterly*）上的文章《互联阅读：了解青少年在数字时代如何接触、评估和参与文本的框架》（“Connected Reading: A Framework for Understanding How Adolescents Encounter，Evaluate，and Engage with Texts in the Digital Age”）对加利福尼亚州、密歇根州、新泽西州和纽约州的 12 个班级的 800 余份学生问卷调查数据，以及来自美国 12 所城乡学校的 7～12 年级 23 位青少年的访谈内容进行编码分析，探索青少年阅读的内容、地点和方式，构建了“接触—评估—参与”阅读框架。2009 年张筱琳发表在《上海教育科研》上的文章《小学语文阅读教学中课堂观察例谈》通过观察、记录四年级课程“哥伦布竖立鸡蛋”的片段，提炼课题交流的有效方式。

口语交际能力同样已成为学生在社会生活中谋求发展空间的重要能力之一，因此针对口语交际能力也涌现了大量的相关质性研究。例如，新加坡政府 2002 年发起了“讲好英语运动”（speak good English movement，SGEM），旨在促进新加坡人使用标准英语，阻止英语水平的降低。2008 年 Farrell 和 Kun 发表在《应用语言学》（*Applied Linguistics*）上的文章《语言政策、语言教师信念和课堂实践》（“Language Policy，Language Teachers

Beliefs，and Classroom Practices”）概述了自上而下的语言政策对三名小学教师在课堂上使用新加坡式英语的影响，研究学生在英语课程中对使用新加坡英语的看法，以及学生在英语课程中使用新加坡式英语时教师的反馈情况，以窥探政策与实践的联系。

3. 体育与艺术教育

第一，体育教学方面。创新运动项目是新一轮基础教育体育课程改革所大力倡导的，是开发体育课程内容资源的重要途径之一。2003 年，Suomi 等发表在《体育教学学报》（*Journal of Teaching in Physical Education*）上的文章《影响小学体育课学生社会体验的因素》（“Factors Affecting the Social Experiences of Students in Elementary Physical Education Classes”）通过观察和访谈师生，确定了影响学生参加综合体育教育的四个因素，分别是体育教师、活动性质、文化、学生社交技能。2020 年 Jeong 和 So 发表在《国际环境研究与公共卫生杂志》（*International Journal of Environmental Research and Public Health*）上的文章《初高中在线体育课难点及有效解决方案》（“Difficulties of Online Physical Education Classes in Middle and High School and an Efficient Operation Plan to Address Them”）通过分析韩国 6 名初高中体育教师日记及在线体育课视频，进行 5 次持续 50～70 分钟的深度个人访谈，以及 5 次持续 60～90 分钟的焦点团体访谈，从各个角度交叉验证数据，探讨新冠疫情背景下开设在线体育课的困难，并利用调查结果制定实施计划。

第二，艺术教育方面。有学者聚焦于交互式白板在幼儿教育中的应用，如 Chou 等 2017 年发表在《教育技术与社会》（*Educational Technology & Society*）上的文章《画：用互动白板支持幼儿园幼儿视觉艺术学习实践》（Let’s Draw: Utilizing Interactive White Board to Support Kindergarten Children’s Visual Art Learning Practice）通过对我国台湾地区一所公立幼儿园的 25 名 5～6 岁儿童进行为期 4 个月的质性研究，作者发现，交互式白板可以促进关于学习的讨论，特别是能够有效支持有特殊学习需求的学生。

4. 数学与信息素养教育

第一，数学方面。王瑾等 2011 年发表在《课程·教材·教法》上的文章《中小学数学中的归纳推理：教育价值、教材设计与教学实施——数学教育热点问题系列访谈之六》对中小学数学的归纳推理的重要性、含义，以及如何实施归纳推理的教学进行了深度访谈；钟柏昌和夏莉颖 2020 年发表在《电化教育研究》上的文章《“人工智能+教育”背景下机器人支持数学学习的国际案例研究》在“人工智能+教育”背景下，以 20 篇国际论文为依托，最终确定四个典型机器人支持数学学习的国际案例，总结出了机器人与数学学科整合的四种方式。

第二，信息素养教育方面。2008 年 Churchill 和 Churchill 发表在《计算机与教育》（*Computers & Education*）上的文章《掌上电脑的教育意义：一项教师对该技术的探索研究》（“Educational Affordances of PDAs: A Study of a Teacher’s Exploration of This Technology”）通过对一位技术教育教师的访谈，探索了掌上电脑教育的可行性。夏秦等 2009 年发表在《中国大学教学》上的文章《浅析“大学计算机基础”课程中的案例设计》以四个典型案例为例，阐释在课程设计阶段如何选择案例的内容、组织案例的结构以及设计案例的呈现形式。

4.2.2　师生发展

1. 教师发展

百年大计，教育为本。教育大计，教师为本。教师发展是教育质性研究的重要研究对象，其主要聚焦于教师教育、教师职业认同与信念、教学方法综合运用、教师合作、校本研究、备课与反思、教研组发展等。

高水平的教师是教育获得高质量发展的重要基础，而教师教育是教师发展的基础。Lin 等 2012 年发表在《英国教育技术杂志》(*British Journal of Educational Technology*)上的文章《教学技术：教师信息通信技术整合的二维模型》("Pedagogy * Technology: A Two-Dimensional Model for Teachers' ICT Integration")提出了用于衡量教师在信息通信技术整合方面的进展的二维模型，旨在引导教师提升信息通信技术整合水平，并通过对三位教师进行案例研究，结果发现该模型有较强的适用性和实用性。

教师职业认同与信念方面，开展职业认同感提升策略的研究，有利于增强教师对教育事业所抱有的积极情感，提高自我效能感。Moss 等 2014 年发表在《咨询与发展杂志》(*Journal of Counseling and Development*)上的文章《职业认同发展：辅导员转型任务的扎根理论》("Professional Identity Development: A Grounded Theory of Transformational Tasks of Counselors")通过对 6 组 26 名参与者进行焦点团体访谈，基于扎根理论调查辅导员的职业认同发展，构建职业认同发展的转型任务理论，描述了辅导员从理想主义走向现实主义、从倦怠走向复兴、从分歧走向一致性过程中所遇到的问题。Herrington 等 2011 年发表在《化学教育研究与实践》(*Chemistry Education Research and Practice*)上的文章《目标探究：高中化学教师课堂实践与探究教学知识信念的变化》("Target Inquiry: Changing Chemistry High School Teachers' Classroom Practices and Knowledge and Beliefs About Inquiry Instruction")通过课堂观察探究基于教学信念工具的半结构化教师访谈，考察 8 名高中化学教师课堂教学实践的变化，并探究教学知识信念的相应变化等。

教学是实现教学目标、完成教学任务的重要手段，采用合适的教学方法能更好地促进"教"与"学"。de los Rios 等 2015 年发表在《种族与社会问题》(*Race and Social Problems*)上的文章《种族批判教学法：高中课堂中的种族研究和权力素养》("Toward a Critical Pedagogy of Race: Ethnic Studies and Literacies of Power in High School Classrooms")聚焦于高中课堂中种族批判教学法在促进公民参与和学术发展方面的潜力，通过分析美国高中课程、暑期和课后计划三个案例，探讨了种族研究教学法与权力、社会意识、公民参与和学术成就之间的联系。

小学、高中和高校教师一起合作开展研究，有利于增强研究的实践性与理论性。例如，van Zee 等学者 2001 年发表在《科学教学研究杂志》(*Journal of Research in Science Teaching*)上的文章《学生和老师在科学对话中的提问》("Student and Teacher Questioning During Conversations About Science")研究了学生就科学主题提出有见地的问题，以及在反思性讨论中表达想法的说话方式，呈现教师引导式讨论、学生发起的探究式讨论和同伴合作讨论的过程。

校本研究在促进一线教育者教学行为转化方面发挥了重要作用，一些研究者致力于探索如何开展高质量的校本研究。例如，刘晓莉和刘芳2015年发表在《教育理论与实践》上的文章《立足校本教研 助推课堂转型——基于“1-3-3”体验式课堂评价系统的观察分析》，立足校本教研助推课堂转型，在教师自我反思、互评的基础上引入量表工具，并对课堂进行观察，对课堂教学过程中的相关数据进行统计、归纳、对比和总结，提出课堂评价要注重教师的以学定教、自评与互评相结合、培训评教观察员等工作。

如何使教师合作达到一定深度，也是研究者重点关注的问题。例如，孙世梅和张新慧2014年发表在《东北师大学报（哲学社会科学版）》上的文章《基于“UAS”合作的名师教学风格的塑造与提升》，以低年段和高年段的两位优秀教师为研究对象，开展行走课堂观察研究，结合5年教学录像，并通过面对面访谈、远程访谈以期深度、多元了解名师教学风格。

教师备课与反思直接关乎课堂教学效果与课程开发深度，集体备课等课前准备与二次备课等课后反思是教师专业实践活动的重要环节。例如，王强和陈亚玲2010年发表在《全球教育展望》上的文章《一线教师备课反思中的问题调查与对策研究》，通过对360名来自6个省（市）重点与普通中小学的教师进行问卷调查，作者发现教师专业实践活动中存在教案检评流于形式、教学提纲利用率较低等备课问题，进而通过对6名教师进行焦点团体访谈制定了“备课与二次备课模板”及“集体备课活动指南”。

最后，教研组的功能逐渐弱化，亟待变革和转型。为了应对教研组所面临的生存危机，孙焱和孙朝仁2011年发表在《教育科学研究》上的文章《教研组生存危机及知识管理——以数学教研组为例》针对教研组的生存现状、教研组工作存在的困难以及对教研组建设的有关思考，对辖区内20所中小学的30位数学教研组长、骨干教师等进行访谈，发现教师“被教研”现象比较普遍，教研组存在生存危机，而教研组长的无力感和挫败感是造成当前教研组工作糟糕局面的主要原因。

2. 学生发展

第一，学生理解力、学习动力与学业情绪方面。学生如何理解辩论性话语的价值可能会影响辩论的有效性，Kuhn等2011年发表在《话语过程》（*Discourse Processes*）上的文章《为什么要争论？培养对辩论目的和价值的理解》（“Why Argue? Developing Understanding of the Purposes and Values of Argumentive Discourse”）通过3项涉及美国和中国初中生、高中生和大学生的研究，发现美国许多学生对辩论的价值和目的认识有限。学业情绪方面，薛辉和程思傲2013年发表在《教育科学研究》上的文章《初中语文学困生的学业情绪研究》采用测验法、问卷法、观察法和访谈法，考查初中语文学困生的学业情绪特点，并与学优生进行比较分析，研究发现初中语文学困生的学业情绪具有情境关联性和任务关联性的特点，初中二年级是语文学困生学业情绪变化的转折点，等等。

第二，新学习场域方面，更健康、更快乐的儿童往往受教育程度会比较高，户外学习是一种有利于改进学习体验、提高学校参与度和改善学生健康和福祉的教学方法，然而其作为一种非传统的教学方式，认可度较低。Marchant等2019年发表在《公共科学图书馆・综合》(*PLoS One*)的文章《基于课程的 9—11 岁儿童户外学习：学生和教师观点的质性分析》("Curriculum-based Outdoor Learning for Children Aged 9—11: A Qualitative Analysis of Pupils' and Teachers' Views")通过个人访谈、焦点团体访谈，分析校长、教师和学生对英国南威尔士第二阶段关键课程（针对 9～11 岁儿童）户外学习计划的看法和经验，以提供相关研究证据。

第三，我国新课改研究方面。一方面，课程整合方面，窦桂梅 2014 年发表在《教育研究》上的文章《新课改背景下课程整合的实践探索——清华大学附属小学"1+X 课程"育人体系建构的案例研究》对新课改背景下课程整合的实践进行了探索，以清华大学附属小学"1+X 课程"育人体系建构的案例为依托，分析"1+X 课程"的课程观与发展观，以及课程整合、管理整合的具体策略；叶延武 2006 年发表在《课程・教材・教法》上的文章《高中课程改革：实验、问题与对策——基于一所样本学校的案例研究》以深圳市育才中学为案例，对高中新课改的实验方案、实验过程中所采取的举措以及遇到的问题等进行了分析。另一方面，"寓教于乐"的教育理念方面，张露等 2020 年发表在《中国远程教育》上的文章《游戏化学习体验的质性分析研究》对学生的游戏行为进行观察并进行视频记录，运用焦点团体访谈法将 11 名学生分为三组进行访谈，并归纳出游戏化学习认知体验的过程性内容，包括知识迁移、学习探究及知识成果。

4.2.3　家校支持

教育不应只依靠学校，家庭也是学生人格全面发展的重要场所，尤其是对于残疾儿童来说，他们的语言习得并不容易，部分残疾儿童存在语言延迟或语言障碍问题，这既是一个教学问题，也是一个社会问题，需要多方协助才能得到解决。Lan 等 2018 年发表在《教育技术与社会》(*Educational Technology & Society*)上的文章《基于游戏的特殊教育学生三维虚拟语言学习环境的有效学习设计》("Effective Learning Design of Game-Based 3D Virtual Language Learning Environments for Special Education Students")面向特殊教育学生，针对基于游戏的三维虚拟语言学习环境进行了有效学习设计。4 名 8～9 岁先天残疾、语言发育迟缓的学生参与了这项研究，作者通过观察课堂表现、分析学习视频片段、对 4 名残疾儿童进行访谈，以及关注父母对孩子在家中口头表达能力的评价等，进行了两个周期的调查，提出了六项人机界面设计原则。

学生行为的养成需要家校合作。例如，Reynolds 等 2015 年发表在《城市教育》(*Urban Education*)上的文章《一项服务于少数族裔学生的城市高中家长参与的混合方法案例研究》("A Mixed-Methods Case Study of Parent Involvement in an Urban High School Serving Minority Students")通过家长焦点小组访谈、教师访谈、问卷调查相结合的方式，研究了角色构建和自我效能（心理激励因素）、邀请（情境激励因素）和生活情境是如何影响少数族裔学生家长参与学校教育的，调查结果强调了学校邀请和吸引家长时考虑家庭文化的重要性。

学校文化是影响学校发展的重要因素，故学校特色研究大多基于文化角度展开研究。以学校建设为例，学校发展与学校文化密不可分，但是已有的中小学学校文化研究主要以理性思辨和经验总结为主，缺乏具体有效的方法和技术指导，导致学校文化建设多仅是以理论为支撑，只是凭着感觉走，这在一定程度上影响了学校文化建设的成效。借助质性研究方法，学校文化建设相关研究的科学性有了保障。例如，项红专和李燕 2014 年发表在《中国教育学刊》上的文章《学校文化诊断框架构建与应用案例分析》基于访谈构建出的学校文化诊断框架，包含价值认同、物质基础、组织氛围、领导管理等方面；徐志勇和赵志红 2020 年发表在《首都师范大学学报（社会科学版）》上的文章《象征性教育政策执行的案例研究——基于学校文化建设政策的探讨》尝试从北京的一所学校的案例出发，基于学校文化建设政策，采用人类学“深描”的方法，深入剖析学校政策执行的背景、行动选择与背后的行为机理，总结出象征性政策在微观层面得以有效执行的经验，包括校长对政策内涵与实施路径的清晰把握、校长坚定的价值观念以及能够化解政策执行难点的能力。王勇和周兴国 2014 年发表在《教育研究》上的文章《特色学校建设的实践探索——合肥一中的案例研究》立足于特色学校建设实践，以合肥一中为案例，阐述特色学校建设的条件与基础，以及依势而为、知行合一、表里一致等实践探索过程。

值得一提的是，有时从反面案例得到的收获比从正面案例得到的收获更多，因为知道为什么失败，也就进一步接近了成功。正反案例对比则会使读者学会全面看待问题、全面分析问题。阐释、分析反面案例，其意义并不亚于正面案例。例如，姚静等学者 2003 年发表在《课程·教材·教法》上的文章《他们为什么在应用题上失败了——课堂观察与诊断案例一则》介绍了一个反面教学案例，作者从中发现，教师存在任务指向不明确、教师包办任务、座位偏好与学生偏好等问题；熊万曦 2014 年发表在《高校教育管理》上的文章《美国大学校长遴选失败的案例研究——以波士顿大学 2003 年校长遴选为例》认为，相较于正面案例，反面案例更利于全面了解美国大学校长遴选制度，因此作者以波士顿大学 2003 年校长遴选失败为案例，揭示大学治理中“人治”的弊端，规则在权力面前形同虚设，同时也凸显出共同治理的重要性，并指出我国特色校长遴选制度需引以为戒，防止权力滥用。

4.2.4 在线教育

第一，信息化教学的互动方面。齐华和张豪锋 2006 年发表在《中国电化教育》上的文章《网络环境下多向互动学习的行动研究》通过网络环境下多项互动学习的行动研究，发现学生利用网络获取信息、运用信息的能力得到了提高。

第二，信息技术推动教学转型发展方面。姚佳佳等 2019 年发表在《中国电化教育》上的文章《信息技术融入课堂的教师教学转型发展研究》以某中学特级教师的生物课为例，应用课堂观察法，由两位研究人员共同对 6 次课堂录像进行编码分析，发现传统专家型教师会经历保守期、适应期、突变期、熟练期四个基本的教学转型发展阶段。为应对疫情期间的教学，有学者对疫情这一特定环境开展了混合研究。例如，郑勤华等 2020 年发表在《中国电化教育》上的文章《疫情期间在线教学实施现状、问题与对策建议》主要采用问卷调查法，通过教育行政部门文件形式，大范围调研疫情期间在线教学过程中师生的适应度、满意度和教学效果等，并在问卷调查的基础上选取了部分师生进行访谈，以期能更好地为疫情期间开展在线教学指明方向。

第三，信息技术课程的学习方面。计算机科学对当今世界至关重要，然而其高要求的课程内容让学习者产生较低的自我效能感。Sun 和 Hsu 2019 年发表在《人类行为计算》（*Computers in Human Behavior*）上的文章《提高学生学习自我效能感的智能眼动反馈支架法在 C 语言编程课程中的应用》（“A Smart Eye-Tracking Feedback Scaffolding Approach to Improving Students’ Learning Self-Efficacy and Performance in a C Programming Course”）应用眼动追踪设备即时识别学习者困难，通过自我效能量表、学习测试和开放式问卷进行研究，结果发现眼球追踪支架式教学和同伴支架式教学显著提高了学习者的自我效能感。

总之，质性研究是一种态度决定行动、艺术大于技术的活动，教育研究者的整体素质决定了教育质性研究的质量。通过梳理高质量的教育质性研究成果，笔者发现，相关学者对教育质性研究方法的熟悉程度及运用能力令人赞叹。以敬畏之心品味这些论文的奥妙，有助于提升质性研究鉴赏能力，并能加以借鉴。曾有学者使用矿工和旅行者两个生动的比喻来指代质性研究者的职责，前者是知识探究者（后实证主义者），后者是知识建构者（建构主义者）。教育质性研究的学习者应顺应趋势、新旧互补，在自己的研究中深入反思，掌握质性研究的奥妙和精髓。

第三部分　质性研究设计

我们进行研究之前，需要对该项研究进行正式或非正式的计划，也就是进行研究设计。研究设计是指在研究工作开展之前，为保证研究顺利进行，对研究工作的整体设想和计划，包括研究背景阐述、研究目的与意义的概述、研究问题的提出、研究方法的选择和运用设想、研究进度安排，以及研究重点和难点的澄清等。在学位论文的创作过程中，研究设计通常以开题报告的形式呈现。

研究设计是研究的源头，它决定了研究的水平和品质，一份好的研究设计意味着论文成功了一半，这就是我们在学位论文写作过程中要先进行研究设计，并组织专家论证的原因。

首先，研究设计明确了研究缘起。研究缘起也就是研究问题从何而来，研究者在何处发现了问题，激起了想要解决问题的意愿，从而提出要通过研究以解决问题的设想。对于硕士研究生，我们一般建议其研究应该从问题出发，明确问题以后，再设计解决问题的方案，进而采取科学的方法去解决问题。所以，问题的提出是研究的开端，决定了研究方法的选择和思路的确定。

在研究设计中，我们要明确自己的研究问题从何而来。研究问题产生于何种社会、政治、经济和文化背景之下，问题发生的教育背景，教育实践中对解决该问题是否有迫切需求，等等，这些都从不同角度说明研究者为什么要开展此项研究，弄清了这些问题，也就明确了研究缘起。

其次，研究设计使研究目的和价值清晰化。在研究设计中，我们要明确研究目的与意义，以及研究能产生何种价值。

再次，研究设计让我们弄清楚自己的研究在国内外相关研究领域中处于什么位置，我们的研究是基于哪些研究开展的，有哪些经验可遵循，需要如何创新地看待和解决研究问题。

最后，研究设计决定了学位论文的研究思路和流程。研究设计明确我们要研究的问题，促使我们在研究过程中始终为解决预设问题而努力。同时，在研究设计中，我们还要基于问题，预设解决问题的方法与工具，明确问题解决的方法和思路；我们解决问题的技术路线在研究设计中也应该初步完成，这就意味着论文的整体思路和研究步骤在整个研究设计中都要进行论证，后续研究只要沿着研究设计的思路进行即可。

此外，研究设计决定了学术论文的逻辑结构和框架体系。在研究设计中我们还要列举拟研究的内容，这就意味着研究设计中我们已基本构想出论文的研究框架和结构。

由此可见，研究设计是研究生撰写论文的“导航仪”。研究设计明确了研究问题、指明了研究方向、构建了研究内容、设想了研究方法和技术手段、设计了研究技术路线和框架结构，我们完成学位论文的开题论证后只需启动“导航”按钮，按照开题报告的设计思路撰写学位论文，再根据研究的实际情况变化做出适当调整即可。因此，我们应该高度重视研究设计在论文写作过程中的重要性。

然而，研究生不重视学位论文开题报告的情况普遍存在，而开题报告中也经常出现诸如研究选题范围界定不清晰、题目过大过小、研究问题不清晰以及研究方法和技术不明确等问题。

这些问题直接导致研究者在后期研究中没有路径可循，不知道如何开展研究，有的学生甚至因为开题没有考虑清楚研究问题的意义所在和可行性，在进入研究阶段后才发现研究无法推进，只好更换研究选题，重新回到研究设计阶段。

第 5 章

研究问题的确定与表述

在教育研究中，采用何种研究方法开展研究，一般是根据解决研究问题的需要而确定的，所以无论是在定性研究还是定量研究中，我们都需要确定所要研究的问题，这是研究的起点。

5.1 研究问题的来源

开题报告是研究生学位论文写作过程中十分重要的环节，如果说一份好的开题报告是学位论文成功的一半，那么一个好的论文选题就是开题报告关键的第一步。

每到开题季，一些教育硕士研究生就提出，希望导师能帮助他们确定一个选题。但笔者一般要求学生必须自己确定研究选题。这主要有三个方面的原因。

一是选题一定要能符合你的研究兴趣。自己选择的研究问题一定是引起了你的关注和探究兴趣的话题，相比外界强加给你的研究选题更容易让你产生研究的热情和动力。

二是确定选题的过程就是研究的开端。在你确定研究选题之前，必定会要去了解相关研究问题产生的背景，阅读相关领域的研究成果，思考自己到底要不要选择这个问题开展研究，在此过程中你的研究其实已经开始了，也就是说对选题的思考能使你快速进入研究状态。

三是研究论文选题是学术研究不可或缺的组成部分。我们在培养专业硕士过程中需要培养他什么能力呢？笔者认为，硕士研究生必须掌握从选题—研究—结题这样一个完整研究过程中要具备的各种方法和技巧。这有利于他们把研究的思路和科学规范的研究方法带到他们的工作场域中，使其懂得用科学研究的思路和方法去解决教育教学过程中所遇到的现实问题。学术硕士在校读研期间除了学位论文的写作，可能还会通过撰写小论文和参与导师的课题研究等方式经历一次次比较完整的学术研究训练。相比而言，专业硕士在校期间接受的比较完整的学术研究训练可能就是学位论文的撰写了，所以不能忽视选题这个环节，否则他们在实际工作中依旧会遇到不知道研究从何处着手的问题。例如，在课题申报的时候，到底什么问题值得我们关注，多大的问题适合开展课题研究，这些问题能否通过研究来解决，等等。

在自主选题的过程中，很多研究生总会为这样的一些问题而苦恼，即哪些问题可以成为我的研究选题？我的问题应该从何而来？等等。选题可以来自以下几个方面。

首先，自己感兴趣的教育话题。例如，我觉得具备不同领导力的校长，其学校的发展建设会有很大差异，因此校长领导力对学校发展建设的影响是一个很有意思的话题，那么我就可以选择与这个话题相关的问题去开展研究，如哪些领导力会影响学校发展建设，有什么影响以及如何影响，等等。

其次，当前教育领域的前沿和热门话题，可以从这些热点问题中选择你认为最有价值的问题开展研究。

再次，自身工作中遇到的亟待解决的问题。例如，有学生发现课堂小组合作学习的效果不太明显，他想开展探究有效的小组合作学习方式的研究；有学生发现，中小学编外教师群体的组织归属感和工作满意度较低，他希望探究影响他们归属感和满意度的因素；等等。这些都是比较好的选题。

最后，当前自己承担或参与的课题中存在的问题等。例如，有一位研究生作为校领导在学校负责一个关于中学生职业规划教育的省级教育科学规划课题，她就从中选择如何通过职业体验教育以提升学生的职业规划能力作为研究课题进行研究。我们通常强调教育硕士的论文选题要源于自己的工作实践，论文研究为解决实践中所遇到的问题服务，所以我们建议教育硕士的选题更多地考虑后两个方面的问题，即自己工作中所遇亟待解决的问题和自己承担或参与的课题中存在的问题，使选题与自己的工作实践紧密结合。

相较于哪些问题可以成为选题而言，可能更重要且更困扰我们的是从哪里获得选题灵感。一般来说，进入选题阶段的研究生，笔者会给他们这样几点建议。一是关注近两年的国家政策和教育政策方针，每天抽空去阅读每年的政府工作报告、教育政策文件，以及《人民日报》《光明日报》《中国教育报》等报纸上的教育评论类文章；二是坚持阅读近两年教育类中英文期刊上的论文，大部分的文章可以略读，浏览标题和摘要即可，如果碰到感兴趣的话题可以详读；三是反思自己在教育教学及管理实践过程中正在遭遇或者曾经遇到的一些困难和问题；四是了解学校正在实施的教学与管理改革；五是读研修课期间，及时记录教师课堂讲授过程中能够引发你思考和感兴趣的内容；等等。这些角度涉及的教育问题和内容都可能成为选题灵感的源泉。

5.2　适合做质性研究的问题

质性研究与定量研究因其遵循的方法论体系迥异，所以它们采用的收集和分析资料的方法与手段也会存在较大差异，而方法上的差异也就直接决定了它们在研究问题类型上的选择不尽相同。哪些问题适合成为质性研究的选题呢？

一是对特殊个案进行探讨的“特殊性问题”。也就是说，我的研究就是为了探讨我所关注的个案，目的是了解个案本身，而不在乎它是否具有代表性，也不在乎其与其他个案之间的异同。例如，我所在的农村中学辍学率较高，我希望研究影响这个学校学生辍学率的因素，在此基础上提出解决方案。这些因素不能代表其他学校的辍学缘由，提出的解决方案也非普适性方案；又如某小学是某省综合实践活动课程的特色学校，我希望深入了解其课程开发的过程，挖掘其特色之处，这个案例也是具有特殊性的。

二是探讨事情发生、发展、变化的“过程性问题”，主要考察事物发生、发展的动态过程。例如，“家长在小学生阅读能力培养过程中发挥了哪些作用”就是一个过程性问题，主要是探讨家长在培养小学生阅读能力的过程中做了什么，是怎么做的，发挥了什么作用。又如“社会在基础教育过程中履行了哪些教育职责”重在探讨在家校社协同育人过程中，社会这一责任主体发挥了哪些作用。

三是探讨研究对象如何理解和解释社会现象的“意义类问题”，主要考察研究对象是如何解释现象和建构意义的。例如，“班主任如何看待自己的职责”“小学生如何评价父母的教养方式”“职称评定对教师来说意味着什么”“某中学的教师继续教育措施对教师来说有何意义”等等，都属于此类问题。

四是探究自然情境下研究对象的经历和境遇，主要解读研究对象经历的特殊性和复杂性。这类问题包括“小学班主任每天如何履行自己的职责”“小学生如何应对父母对自己的日常教育”“‘双减’之后，学校的课后服务是怎样推进的”等等。

五是以“如何”和“什么”开头描述社会现象及其内部复杂关系的问题。我们在教育研究中大多会涉及对复杂教育现象的描述，并会对其中原因进行探讨，如“北京市中学教师继续教育状况如何”“乡村教师流失是一种什么状况”“校园欺凌是如何发生的”等等。利用质性研究探讨因果关系问题时，建议注意以下几个方面。首先，探讨变量之间因果关系建议采用定量研究；其次，执着于寻求因果关系可能忽视事物发生情境的复杂性、动态性与整体性，而仅探寻一些显而易见的原因。例如，校园欺凌是如何发生的这一问题，可能会涉及多种复杂因素，简单地用“为什么”去探讨可能只能得到诸如欺凌者家庭不健全、缺乏教育和关爱，被欺凌者怯懦胆小等简单的“因”。另外，用质性研究方法探讨“如何”和“什么”开头的问题时，其实并未忽视因果关系，而是在探究事物发展的具体情境和过程中间接推导其中的原因。

5.3　研究问题的界定和表述

研究问题一般来自某些研究现象，很多时候学生提出来的研究问题其实多源于某种现象。研究现象与研究问题之间有何差异，有何联系，如何从研究现象中细化出研究问题呢？这就涉及对研究问题的界定，也就是选题如何命名的问题。

社会现象是社会科学研究的主要对象，教育研究者关注的现象是指研究者希望了解的教育中人的语言、行为，以及教育事件的起因、经过与结果、事件的意义等。相比研究问题，研究现象的范围更宽泛，研究现象决定了研究问题的边界，研究问题产生于研究现象之中，是从研究现象中提升出来的人、事、物的焦点。在质性研究设计中，我们有时候可能无法直接明确研究问题，而只是选择和确定自己的研究现象，在后续研究过程中，再不断缩小研究范围，最后聚焦研究问题。

如何选择和确定我们需要研究的现象呢？前文提到的研究问题及选题灵感的来源，都可以是我们所关注的研究现象产生的途径。当我们有自己比较关注的现象时，我们可以进一步思考，或者与导师及同行交流：我为什么会对这个教育现象感兴趣？这个现象中哪个点激发了我的兴趣？我很迫切地在这个教育现象中发现什么结果，寻求什么规律，找到什么答案和方法等？我关注的这些问题是否与其他问题有关系，有何关系？在研究现象之外是否有我更关注的问题，我的终极关怀是什么，也就是我最终希望通过研究解决的问题是什么？通过对这些问题的思考和交流，我们不断聚焦研究范围，凝练出研究问题。例如，我在走访一所小学的时候，恰好遇到他们组织参与省级综合实践活动课程特色学校的评选活动，因此有幸听了几节综合实践活动汇报课，这些活动课程与学科课程差距较大，且学生在各个活动中的行为表现非常出色，这使我对此次活动课程产生了浓厚的兴趣，决定以此作为自己博士论文的选题范围，我关注的研究现象就此产生。在之后的研究中，我进一步思考，我为什么会关注这个课程，是什么刺激了我的感官让我对它产生了兴趣？我到底希望通过对课程的研究解决什么问题？最初我看到此处活动课程与传统的学科课程差距较大，课程的设计很巧妙，所以希望了解这些活动课程是如何开发出来的。但是我进一步反思，我难道只是为了了解课程开发的流程吗？我为什么要知道呢？答案是我觉得这个课程很好，值得作为典型个案推介给其他学校和老师。我为什么觉得它好呢？因为我在整个活动过程中，看到了学生对课程浓厚的兴趣、积极地参与、鲜活的行为表现、显而易见的收获，因此我认为课程非常有价值。这时候我研究的终极关怀基本显露，我想要探索该学校这门活动课程的价值所在。

又如有位学生跟笔者聊她的选题，她说发现高校工科的女博士非常少，而且有数据表明，工科毕业的女博士的对口就业率比较低，很多工科女博士毕业以后都放弃了自己所学专业，她想了解自己所在学校工科女博士专业选择背后的故事。笔者问她，你为什么要了解她们背后的故事，想要替谁解决什么问题？她说希望知道工科女博士在求学过程中遭遇了什么，为什么很多人最后会放弃自己所学专业。因为她认为女性在工科研究中起着重要作用，她希望工科女博士意识到自己专业兴趣变化的外在影响因素，坚持自己的专业选择。笔者又问她，那你希望找到的这些背后的影响因素同样适用于男性工科博士，还是工科女博士特有的？她说是工科女博士特有的，是基于女性性别所带来的专业不公与歧视。通过对话，我们能感受到她是想从女性主义的角度，研究工科女博士在专业领域内发展的困境和遭遇的不公平，最后她决定研究“工科女博士的专业热情是如何产生，以及其性别对专业热情的影响”这一问题。

上文我们已经探讨过什么样的问题适合作为质性研究选题，而无论选择何种问题作为研究选题，我们首先要确保研究的问题是有意义的。

何为有意义的问题？一是研究或实践领域尚存疑问的问题；二是研究者希望通过研究进行深入探究的问题；三是通过研究可以对被研究者产生实际意义的问题。一般来说，有意义的问题应该同时满足上述三个条件。

有的问题可能确实是研究者希望探究的问题，但实际上已经有大量的研究讨论并解决了这个问题，只是研究者本人可能对相关问题的既有研究成果了解不够深入，才认为这是一个有待探究的问题。例如，有的学生想探讨教学过程中如何对待直接经验和间接经验传授的问题，但这是经过众多教育家讨论和论证，已经基本达成共识的问题，无须我们再去做进一步论证。

有的问题可能是研究者确实想了解，但是不符合研究现场实际情况的问题。例如，笔者在决定研究小学综合实践活动课程之初，把研究问题确定为“小学对综合实践活动课程是如何进行管理的”，后来在进入研究现场以后，学校的老师告诉笔者，这门课程也是近两年才在学校开设的，因此还处于探索开发阶段，虽然开发课程的过程中也有管理的因素，但是还没有形成完善的管理机制，也没有管理经验可谈，所以笔者提出的研究问题在当时的研究情境中是没有意义的。

还有的问题是研究者凭空杜撰出来的，或者早已经知道答案的问题。我们在开题论证的过程中，经常听到评委老师说“你这个问题不需要研究我就知道答案”，其指向的就是这类问题。例如，有学生研究城市小学大班额的形成原因有哪些，大班额对学生有什么不利影响等问题，这些要么是常识性问题，要么是已有研究结论的问题，不进行研究也基本能推测出答案。

我们确定了自己关注的研究现象有意义，研究问题是值得深入研究的，接下来就要确定一个合适的选题，即把研究问题界定和表述清楚。在界定和表述研究问题的过程中，我们主要考虑以下几个因素。

首先是研究的重点和边界的限制。我们对选题的表述应当尽量具体确切、边界清晰。例如，一位研究生在一所中学担任德育主任，负责学生管理工作，他计划对“X 中学学生管理工作”进行研究，但是“学生管理”包含的范围比较宽泛，是一个边界不太清楚的概念，既包括学生日常德育方面的管理（如德育教学和德育活动等），也包括学生日常生活的管理（如课间管理、午托管理、课后服务管理等），还包括学生中突发事件的管理等。可以说，管理工作既包括管理意识和态度、管理制度，又包括管理的行为等。从另一个层面来说，管理工作可分为全校学生的集体管理和班级学生管理等。如果没有明确自己研究的重点和界限，那么他的这项研究就没有聚焦，研究将无从下手。实际上，他可以聚焦到“学校如何管理学生的德育活动”，或者“德育主任在学生日常生活管理中如何发挥作用”，这样的问题相对来说边界就会清楚很多。

其次是现有研究条件的限制。研究受现有条件的限制，使得研究问题的表述不宜太宽或太窄。研究条件主要包括研究的时间、地点、研究者与研究对象的人数、研究事件、研究资金，以及研究方法和技术等。例如，一位担任农村高中教师的研究生，关注的教育现象是中学新任教师如何适应教师职业。这时候他的研究选题就要充分考虑自身的研究条件了。一是从研究对象的数量考虑，全国有数百万名中学教师，不可能都成为研究对象，研究者本人作为一名农村高中教师，一般是在自己工作单位或周边教育环境中发现新任教师存在工作适应性问题，才会展开这项研究，所以其研究对象完全可以确定为“农村高中新任教师”。二是从研究的人力、物力和财力等方面考虑，一篇硕士或博士学位论文一般都由研究生本人独立完成，收集数据时间大概是一年，且大多没有研究资金资助。受时间、精力和资金限制，研究者不太可能在全国范围内的农村中学收集数据。同时，研究者开展研究的目的一般也是为了解决当地、当校、当时的问题，且工作适应性这一问题也具有一定的地域性，因此研究范围可进一步限定在其工作的某学校或某乡镇等一定的地域范围之内。三是从研究方法和技术层面考虑，这位研究生表示，自己不太擅长定量研究方法，所以他更希望通过深度访谈等质性研究方法来解决研究问题。因为深度访谈需要较长时间的多次访谈，耗费在数据收集和处理上的时间、精力会比问卷调查等定量方法更多；同时，考虑到新任老师的工作适应过程具有一定共性，因此，他可以将研究范围进一步缩小到“某农村高中五位（可根据自己的研究条件适当增加人数）新任教师是如何适应教师职业的”。

最后是研究数据资料来源的限制。很多时候我们选择的研究主题是有意义的问题，但是由于研究数据的不可获取性，我们不得不放弃该选题。例如，有一位硕士研究生想把“农村幼儿园教师相对剥夺感的叙事研究”作为自己的硕士论文选题，相对剥夺感是我们认为自己应该拥有，而实际并不拥有的时候而产生的一种感知。比如幼儿园发放绩效工资的时候，我觉得自己和A老师付出的劳动一样，但是A老师的绩效工资却比我高，这时候我就会产生相对剥夺感，从而可能产生消极情绪。这名硕士研究生对这项研究很感兴趣，而且这个研究能深入挖掘促使相对剥夺感产生的各种因素，对幼儿园教师及其管理者来说也有一定价值，算是一个有意义的问题。但是笔者不得不问她，相对剥夺感是一种人性的弱点，在何种情况下人们会把自己人性的弱点毫无保留地暴露在一位研究者面前，也就是说，你如何能保证在做深度访谈的时候，你的研究对象会真实地向你诉说他的相对剥夺感，这个问题直接指向这项研究数据的可获取性及其信效度，如果无法解决这个问题，她就只能放弃这个研究主题。

因缺乏数据而不得不放弃研究选题的情况在做定量研究的过程中更是广泛存在。例如，我们要研究中小学科学教育对国家科技创新的影响，这是个很有意义的问题，但我们需要了解中小学科学教育投入的人力、物力、财力情况，以及我国科技创新成果产出方面的数据等，这些可能不太好获取，所以研究也就难以进行。

论文题目是学位论文的“门面”，在全面考虑选题的限定因素之后，我们还要掌握一些论文题目表述的基本要求和技巧。

首先，论文题目要新颖。一个陈旧的选题会使读者缺乏阅读兴趣，对研究内容没有过多期待。选题应当关注当前大众感兴趣的话题或者时下的教育难题，大家看到论文题目能发现看问题的独特视角或解决难题的方法，从而产生阅读论文的热情。

其次，论文题目设计要精练且准确。精练主要体现在题目不能太长，学位论文的题目都有一定的字数限制，在20个字左右比较合适。很多学位论文题目喜欢戴帽子，把研究的背景或者所使用的研究理论也掺杂其中，如比较常见的有“……视角/背景下的×××研究”“基于……理论/方法的×××研究”等，而在论文中，所谓的“视角”和“背景”仅仅是在选题背景中出现过，在问题解决过程中，该问题与此背景有何关联，此背景下看待问题和解决问题的方式与彼背景下有何不同，文中都未体现。而所谓的“理论”和“方法”更是形同虚设，在全文论述过程中，“理论”没有发挥应有的作用，“方法”也没有在研究中体现，大部分为了回应主题仅仅是在文中画蛇添足地增加一部分叫“理论基础”的内容，到底如何在研究中发挥理论的基础性作用，无从发现。

这两类情况最容易导致“两张皮”现象，也就是说视角/背景、理论/方法是一张皮，研究内容是另一张皮，两者之间没有关联，即没有紧扣“帽子”这一条主线去设计研究内容，导致研究的选题与具体研究内容脱节。例如，一篇硕士论文的题目是“基于00后小学生群体特征的班主任素质提升研究”，从题目来看，论文研究内容是比较明确的，作者假设的是00后小学生的群体特征有别于其他时代的小学生群体，00后小学生的群体特征包括哪些；而这些群体特征对班主任提出了新的素养要求，那么这些要求包括哪些内容；当前小学班主任的素质状况如何，哪些方面不能完全满足管理这一特殊群体的需求，该如何改变。但是在整个研究中，他没有厘清 00 后小学生群体特征与班主任素质提升是什么关系。最后的论文分为两个部分，一部分是 00 后小学生的群体特征，另一部分是当前小学班主任素质水平与提升对策，两部分内容没有任何关联性。

另外，研究者还应当避免将自我的前设带入题目当中。例如，有论文题目为“父母离异对学生学习习惯的不良影响研究”，这是一个带有前设的题目，也就是“父母离异”一定会对孩子的学习习惯产生不良影响。而在实际研究中我们可能发现，很多离异家庭的孩子会更懂事，其自我管理能力和学习习惯相对更好。因此，如果把题目换成“父母离异如何影响孩子学习习惯”，可能会更妥当一些。又如，“中小学课后服务的困境研究”也是一个带有一定前设的题目。实际上，中小学课后服务状况如何，学校是不是存在实际困难，课后服务的哪些方面存在困难，到底哪些情况称得上是困难，每个学校对困难的认识是否一致，等等，都需要进一步探究。显然，作者想当然地认为每个学校的课后服务都存在困难，这样的前设放在题目中是不太妥当的，或许换成“中小学课后服务工作的运行现状、问题与对策研究”会更好一些。

第 6 章

选题依据的陈述

选题依据是指研究的缘起，也就是要回答“我为什么要开展这项研究”。选题依据包括选题背景、研究目的与意义，一般情况下都会置于整个开题报告开头部分，同时也是研究生在开题报告设计过程中比较棘手且往往表述不当的部分。选题背景和研究目的与意义是紧密关联的两个部分，选题背景清楚了，知道自己是在何种环境下开展此项研究，也就明确了自己的研究会对当时、当地、当事、当人产生什么价值，即研究目的与意义也就基本明朗了。

6.1 选题背景的表述

选题背景的表述没有统一的规范和要求，不同学科或专业之间也存在较大的差异。在教育研究中，研究背景一般从三个方面进行阐述。

一是适应国家政治、经济及文化等发展需求。政治方面，如理解国内外政治格局的需求、解释国家政策和意愿的需求、培养国家合格公民的需求、国民思想政治教育的需求等；经济方面，如阐释国际国内经济发展态势的需求、探讨经济与人才培养等复杂关系以间接促进经济发展的需求等；文化方面，如传承中华优秀传统文化的需求、应对国际文化交流与融合的需要、深化理解与践行国家文化政策的需求；等等。

教育专业的硕士研究生，尤其是奋战在教育一线、致力于为国家建设培养人才的专业硕士，应该聚焦于国民经济和社会发展中迫切需要通过教育来解决的问题，并以此作为研究命题。比如，《中国共产党第十九届中央委员会第六次全体会议公报》提出，“增强‘四个意识’，坚定‘四个自信’，做到‘两个维护’，坚持系统观念，统筹推进‘五位一体’总体布局，协调推进‘四个全面’战略布局，立足新发展阶段、贯彻新发展理念、构建新发展格局、推动高质量发展，全面深化改革开放，促进共同富裕，推进科技自立自强”。党的二十大报告提出，“深入实施科教兴国战略、人才强国战略、创新驱动发展战略”“培育创新文化，弘扬科学家精神”“推进文化自信自强”“传承中华优秀传统文化”“促进人与自然和谐共生”等，这些都是我们推进教育发展，开展教育研究工作可以关注的视角。教育专业的研究生应根据当前国家提出的国民政治、经济、科技、文化等社会发展现实需求，结合自己的兴趣及研究条件，着手思考研究方向。例如，我们要研究“学校如何提升学生的科学技术素养”这一问题，就可以与“科技强国”“科教兴国战略”“推进高水平科技自立自强”等政策结合起来阐释选题背景和意义。

二是适应我国教育发展的需求，主要包括国家对教育发展的期待和要求、教育政策方针的相关规定、国家和地方的教育发展规划与举措等。近些年来，我国出台了诸多教育政策，内容涉及推进教育现代化、加强和改进新时代师德师风建设、加强教材管理、加大教育行政执法力度、深化新时代教育督导体制机制改革、加强新时代大中小学劳动教育、加强新时代乡村教师队伍建设、激发中小学办学活力、深化新时代教育评价改革、加强和改进新时代学校体育和美育工作、加快推进乡村人才振兴、减轻义务教育阶段学生作业负担和校外培训负担、规范校外培训机构从业人员的管理等，选题的背景都可以并应当与这些政策呼应。例如，我们研究“中小学是如何减轻学生作业负担的”，就正是在国家“双减”政策背景下展开的，与我国当前教育发展的政策方向是同向而行的。

三是解决教育教学实践领域中较为迫切较棘手的问题。教育是一门实践性很强的学科，注重研究对实践的价值。教育研究问题一般应当来源于实践，从实践中发现问题，而教育研究的结果也应当为指导和改进教育实践工作服务。一些教育硕士来自教育实践领域，其在教育实践中体验和感悟到的教育现实问题是选题的重要来源。例如，有一位教育硕士在担任中职学校班主任期间发现，中职学校推行的工学结合的培养模式对班主任提出了很多新的要求和挑战，班主任的工作内容和性质都发生了较大改变，但由于大部分班主任仍坚持原有的带班模式，从意识和行为上都不能适应工学结合培养模式的要求，因此学校班级管理效能较低。在这样的教育实践背景下，她就以“中职班主任如何在工学结合模式下进行班级管理”作为她的学位论文选题。

一般来说，陈述选题背景可以从上述三个方面入手，研究的选题可以同时满足上述三个条件，也可以满足其中一两个条件，这可根据具体的研究问题来确定。但无论选题背景是什么，对选题背景的阐述都一定要紧扣研究问题。在一些教育硕士学位论文中，我们发现，他们的选题背景的表述或长或短，但内容往往都与选题无关。例如，一位教育硕士研究小学教师如何进行时间管理，她的选题背景阐述如下（因篇幅太长，部分文字用“……”代替，下同）：

基础教育课程改革的核心目标是改变课程过于注重知识传授的倾向，强调形成积极主动的学习态度，使获得基础知识与基本技能的过程同时成为学会学习和形成正确价值观的过程，……因此，叶澜教授指出，“没有教师的生命质量的提升，就很难有高的教育质量；没有教师精神的解放，就很难有学生精神的解放；没有教师的主动发展，就很难有学生的主动发展；没有教师的教育创造，就很难有学生的创造精神”。在《教育——财富蕴藏其中》这份重要报告中也指出：“教师作为变革的因素……决定意义。”

因此，小学教师被重新赋予了多重角色。在角色目标定位方面……在师生关系方面……在与教材的关系方面……在与学校、社区的联动方面……

社会对学校教学效果的高期待、家长对学生学习效果的高期待都会通过不同的形式加到小学教师身上，由此引发了许多学校教师管理的问题，特别是小学教师的时间管理问题显得尤为突出……

要改变小学教师忙而低效的工作、生活和生存状态，就不得不研究时间管理的问题。时间管理理论指出……只有最大限度地开发和利用时间资源，才能保证实现教育教学的高效能，从而促进教师身心健康发展。

从上述选题背景我们发现，前两段文字与时间管理基本没有关系，第三段讲到社会对教师的期待过高，很牵强地把它带到教师时间管理上，最后一段才真正讲到时间管理，整个阐述没有切中选题且过于累赘，教师时间管理问题是当前教育实践中迫切需要解决的问题，尤其是随着学生减负，学校课后服务体系的不断完善，教师的工作时间更饱和，自主时间变少，如何有效管理时间，同时使非工作时间得以适当延长，这个问题来源于实践，也应该服务于实践，她可以直接开门见山地提出当前教育实践中教师时间管理所面临的困境、带来的危害、解决教师时间管理问题的迫切性，在此背景下提出自己的选题。

6.2　研究目的与意义的表述

选题背景如果是从国家政策、教育方针以及教育实践实际需求出发，体现了一定的高度和新意，且与研究问题紧密相扣，那么研究目的与意义相对容易概括。

研究目的指的是研究者从事某项研究的动机、原因和期望。研究一般包含三个目的。

一是从事研究的动机和意愿。一般在定量研究中，研究者很少表露自己研究的目的，研究基本采用客观、中立的态度，不表明自己的研究目的对研究过程和结果的影响，但是在质性研究中，研究者的研究目的是从事研究活动的动机和灵感来源，不仅不能忽视，还应当积极且充分地利用它。大部分硕士研究生开展学位论文研究的主要目的是完成学位论文，进而获得学历学位，这也是激励他们推进研究工作的主要动力。当然，个人目的还包括满足自己的研究兴趣、实现自我的研究价值、积累研究成果等。例如，有位硕士研究生希望通过研究达到培养自己孩子的目的，她带领一队小学生开展职业体验教育研究，这个小队中的一名学生是她的孩子，她就是希望带着孩子参与各种职业体验及其行动研究过程，培养孩子的职业规划素养及研究能力。这是研究的个人目的，她不回避这一目的，在研究中提到孩子因为喜欢职业体验，会不定期催促她设计和实施下一轮职业体验行动，这是她研究的动力来源。

二是研究者通过研究可以完成某些具有实际价值的任务，也就是说，研究的完成是为了解决某人、某事、某物所面临的危机。在教育研究领域，我们的研究主要是为教育管理者、教师等解决各类教育教学及其管理方面的问题，但无论我们是为了实现何种实用价值，都应当尽力使研究工作服务于教育相关者的需求，尤其是被教育者的需求。进行研究的目的一般包括改变教育领域中一些不良现象、解决教师或家长等在教育教学中面临的困难、完成教育组织或机构安排的工作任务、为教育管理者提供决策指南等。例如，有很多研究者研究中小学的校园欺凌现象，希望通过研究发现其深层次的原因，进而提出有效缓解和消除校园欺凌的对策建议；又如作为一名语文教师，研究者希望探讨家校协同提升学生阅读能力的合作模式；再如一名中学的团支部书记受团省委委托进行中学团员的思想道德修养评估指标的研究；等等。这些都属于研究的实用目的。无论我们的教育目的是满足何种需求，我们在确定研究的实用目的时，都要同时考虑我国教育政策的导向、教育相关者的需求以及教育的科学发展规律，并从中找到一个平衡点。

三是科学的目的，即开展纯粹的科学研究，为人类发展提供新信息、新知识、新理论和新方法。有的研究者在教育领域的影响较大，且有较深的理论造诣，其研究就是为了纯粹的科学探究，通过自身的研究验证自己的某些理论假设，或者批驳一些自我不太认同的假设。例如，有的教育研究者反对在教育领域应用跨学科的定性或定量研究方法，推崇思辨研究方法在教育领域中的作用和价值，通过其研究论证思辨研究方法在教育领域的不可或缺性，这属于纯科学的研究目的。

在研究设计中，研究目的要聚焦科学问题，紧扣研究内容，不可泛泛而谈，一般一篇学位论文主要解决 1～3 个科学问题，所以也无须陈述过多的研究目的。同时，研究目的陈述要主次分明、言简意赅，不要长篇大论、过于繁杂。研究目的可表述为“本研究可以厘清……规律，揭示……机理，解决……问题”等，不能与研究内容和问题混淆。

研究意义指的是研究结果对相关人员、社会发展等的作用。研究意义一般包含理论意义和现实意义，理论意义是研究工作对相关领域的理论、知识和方法有何补充和改进价值，或产生了哪些新的理论、知识和方法，或对学科发展有何理论价值等；现实意义是研究工作对现实问题的解决和应对能提供哪些对策、指导和帮助，对人的成长和发展有何价值，对国民经济和社会发展有何促进作用等。一般来说，研究意义要根据选题背景和研究目的来阐述，不可主观臆断，人云亦云。

第 7 章

现有相关研究成果概述

我们在进行任何一项研究之前，都需要对已有研究成果进行文献综述，这是开展研究工作的基础，也是后续研究设计的指引。什么是已有研究成果？它是指在研究者所要探讨的问题范围之内，当前学术界的研究者们已经完成的相关研究工作及其所得出结论。文献综述就是对已有研究成果进行查找、阅读和分析，并对相关文献进行归纳、总结和评论的过程。

文献综述要梳理归纳出已有研究的主要研究现状，包括研究的主要内容、研究的对象、主要采用的研究方法和技术工具、研究的结论等，以及各项研究的相关关系，这是文献综述中“综”的部分。同时，文献综述还应该对已有研究成果的优点和不足、有待研究的空白领域、各项研究的矛盾之处等进行“述”，明确自己在已有研究成果中得到的启发，从而提出自己的见解和研究论题。因此，文献综述应该尝试回答这样一些问题：前人在这个领域已经做过哪些研究？前人的研究在研究对象、内容、方法和结论等方面大体情况如何，有何优点和不足；我要进行的研究在这个领域处于什么位置？通过这项研究我可以做出哪些新的贡献？例如，我的研究涉及前人未曾研究的内容，开辟了一个新的研究领域；我的研究虽然延续了前人已探讨过的问题，但是我用新的方法和技术对其重新进行研究，并得出了新的结论；我的研究从新的角度来探讨前人已经讨论过的问题；我的研究弥补了前人研究中存在的不足；等等。

7.1　文献综述的意义

文献综述为我们在前人研究的基础上进入更深层次的创新性研究提供了有力的支撑依据，在学术论文写作中起着重要作用。

第一，文献综述是研究选题的基础。一方面，我们只有通过系统的文献回顾，才能全方位把握领域内的整体研究概况，了解开展所做研究的知识背景；另一方面，文献综述可以帮助我们定位所做研究在该领域的位置，是补充前人研究的空白，还是为旧话题提供新方法和思路，抑或是为前人的研究填缺补漏。梅里亚姆（Merriam）1998 年在其著作《质性研究与案例研究在教育中的运用》（*Qualitative Research and Case Study Applications in Education*）中指出，文献综述可以给选题提供启示和支撑，降低探索无意义的问题、重复别人做过的研究、重复别人的研究错误等风险。因此，文献综述是进入学术研究的第一道门槛，不做文献综述就无法进入到学术殿堂。

第二，文献综述为核心概念的建构提供参考要素。在人文社科类研究中，每项研究都会涉及核心概念，这是研究理论框架的重要组成部分。我们通过文献综述，在前人对研究所涉及概念进行界定过程中，可以找出构成此概念内涵和外延的一些基本要素，然后根据我们的观点和研究需要进行取舍，最后形成研究工作中的核心概念。

第三，文献综述可以提供研究思路和方法借鉴。研究者在阅读文献过程中，通过比较已有文献的研究视角、研究方法、研究数据获取途径、研究工具与技术等，并从中可以找到解决研究问题的方法与思路。

第四，已有文献中相关结论和观点可以为我们的研究提供比较的素材。我们无论是采用新方法研究旧话题，还是采用旧方法解决新问题，研究的结论都可以与前人相关研究结果进行比较，以突出新研究在方法运用或问题解决方面的创新之处、优势。

由此可见，文献综述在我们的研究中具有不可替代的价值，我们在开展研究之前都要广泛阅读已有相关文献，并进行详尽综述，确保顺利开展有意义的研究。

然而，在当前很多研究生的开题报告中，文献综述存在的问题比较多，主要包括以下几个方面。

一是部分文献选取过于随意。这个问题对于新手来说更容易出现，因为他们对文献数据库及其文献检索方式还不太熟悉，且未掌握文献检索的方法，以为只要是与研究主题相关的文献都要纳入综述当中，结果挑选出来的文献要么不权威，缺少经典文献，要么文献陈旧，难以了解最新进展。

二是文献综述中“综”的部分主要是堆砌文献，缺乏分析。例如，我们经常看到文献综述的表述如下：

关于×××问题的研究，×××学者在其论文《×××》中提出……，×××学者在论文《×××》中研究了……，×××学者在《×××》一文中分析了……。

这就是采用简单粗暴的方式把文献堆砌在一起，没有甄别和选择，也没有分析和归纳，无法把握文献之间的内在相关性及其特点，更无法发现和分析文献对自己研究的意义和价值所在，而且对文献的阐述也缺乏逻辑性。

三是文献综述中的“述”过于简单，或者缺少“述”的部分。部分开题报告中的文献综述都没有文献述评部分，即使有述评部分，也是寥寥几笔，从整体上概括已有研究对自己所做研究的帮助，类似于“为本研究提供了理论基础”“给本研究提供了方法上的指引”等。这种方式既不能客观科学地评析已有研究的优缺点，也不能客观分析已有研究在研究内容、理论基础、研究方法与技术手段、研究思路与结论建议等方面的借鉴意义，更不能提出自己研究可以如何弥补已有研究的不足，具有何种价值。

还有的研究者刻意规避文献中与自己的研究内容相似的成果，以此来凸显自己研究的创新性，这不仅会让专家认为研究者在文献综述过程中没有做足功课，搜索文献不全面，该种行为还可能关乎剽窃等学术道德问题。

7.2　挑选和阅读文献的方法

文献综述如此重要，且综述过程中或多或少会存在一些问题，那么我们如何才能做好文献综述？进行文献综述的第一步自然是挑选文献。各类文献库中都储存了大量文献，如果不能从中挑选出优质文献，那么文献综述的价值就会大打折扣，对研究也不会起到真正的参考和指导作用。挑选文献的过程中，我们要遵循一些基本原则。

首先是要挑选权威期刊论文。我们进行文献综述时一定要选择研究领域内高水平的文献，判断文献水平的重要标准就是其来源期刊是否权威。例如，教育领域内公认的权威期刊如下，英文期刊主要有《教育研究述评》（*Review of Educational Research*）、《教育研究评论》（*Educational Research Review*）等，中文期刊主要有《教育研究》《高等教育研究》《教育学报》《课程·教材·教法》等。当然教育也会有与其他学科交叉的领域，如教育心理学、教育管理学、教育经济学、教育社会学和教育技术学等，交叉领域内的权威期刊也要关注，如《教育与经济》、《教育心理学家》（*Educational Psychologist*）、《计算机与教育》（*Computers & Education*）等。同时，心理学、管理学、经济学、社会学和信息技术等领域内的中英文权威期刊，也可以作为我们挑选论文的重要源头。作为一名研究生，应当尽快知晓本领域内的高水平期刊，从而清楚从何处挑选期刊，这是开展研究工作的基础。

其次是要挑选最新的文献。进行文献综述的主要目的是了解研究领域内最新的研究动态和进展情况，通过对前沿研究动态的掌握，明确自己研究的创新空间，所以，我们建议综述的文献最好是近 5 年的研究成果，如果挑选出来的文献比较少，或者本身研究的话题比较老，也可以视情况适当将搜索范围扩展到近 10 年。

最后是要挑选领域内的经典文献。我们在论文开题或毕业答辩现场经常会听到有评委老师说“×××是研究这方面的权威专家，为什么在你的参考文献中都没有看到他的论文”，也就是说，该名研究者对研究领域内的经典和权威了解得不够。针对这个问题，笔者一般建议学生抓住线索，寻踪追迹。一篇经典的文献，在相关的研究中不可能只被引用一次，所以那种下载量和引用率很高的论文，我们一定要去读。同时，在文献查找过程中可以采用“滚雪球”的方式，即我们读到一篇经典论文时，去看他参考了哪些文献，循着他的参考文献踪迹，也可能找到其他的经典文献。此外，当你发现一位作者发表过 3 篇以上的相关论文时，你就要意识到，这位学者可能在该领域内有一定影响力，可以单独去查找这位学者的研究成果，找出相关经典文献。需要注意的是，我们在阅读非一手的经典文献或中文译本时，最好能找到原著本身，避免因翻译或转引不当造成文献误解。

挑选研究领域内最新的、高水平的经典文献是我们做文献综述的最基本要求。同时，在进行文献搜集时，我们还要注意把握文献检索的范围、文献检索的时间等。我们到底应该在多大范围内检索文献？笔者的建议是，文献检索的范围应当比研究选题更宽泛一点。

我们在检索文献时，不仅要关注自己的研究领域，同时还要检索一些相关领域的研究成果。例如，研究“我国中小学学校课后服务问题”时，主要检索的文献包括课后服务的内容和方式、中小学课后服务的实施现状和效果，课后服务中的问题及其产生的原因等相关研究成果。课后服务有其自身产生的原因，所以范围要适当拓展一下，了解课后服务产生和发展的历程，课后服务相关的政策规定、国内外课后服务典型学校的做法等。同时，对相关领域也要有所观照，诸如我国中小学学校的人力、物力和财力的基本情况、课后服务所需的支撑条件、中小学教师的工作压力和负担等。

在质性研究中，针对研究过程中我们应该何时检索文献的问题，不同质性研究者有不同的看法。有的人认为应该是在研究开始之前，为研究问题的选择和研究设计做准备；也有人认为是在研究过程中，遇到研究难题的时候与前人进行对话，找到解决的办法，也能随时将前人的研究成果与我们自己研究的阶段性结论进行对比分析；还有人认为在我们构建完自己的理论以后再查阅文献，以免我们的理论构建被前人的研究成果左右。根据笔者研究的经验，文献的检索和阅读应当贯穿于整个研究过程中，文献阅读和检索是一个动态往复的过程，两个阶段并行不悖、相互促进。

挑选好文献以后，我们就要开始阅读文献，阅读文献有哪些技巧和方法呢？一般来说，我们建议在不同研究阶段采用不同的方法阅读文献。

在质性研究的不同阶段，文献阅读的方式和深入程度应当有一定差异。一般来说，在研究设计阶段，我们尽量采取“宽泛阅读”和“粗略阅读”的方法。因为在研究设计时，我们的研究问题还不明确，需要全方位了解前人是如何开展研究的，所以应当尽可能多地阅读文献，粗略了解相关文献的研究方法和研究结论，只有这样才能使自己更准确地把握相关研究的情况。

如何在这一阶段用较短的时间尽可能浏览更多文献，笔者的建议是大部分文献可以只浏览论文题目、摘要、各级小标题和每个段落的关键句，并标注好文献可能对自己研究选题的参考价值与重要等级。例如，我们关注的教育现象是学校的课后服务问题，刚好搜索到有一篇文章采取深度访谈的方式研究教师对课后服务的态度，我们认为这篇文章在标题命名和研究方法上可能对我们后续的研究有很大的参考价值，就可以在文章标题处进行标注。如果我们阅读的是电子版文献，就可以在文献存储的文件夹中修改此论文的标题，在其标题后加上所用方法与重要等级，这样我们就可以对文献的重要性有一个排序，我们对文献的价值可以一目了然。

在具体研究阶段，我们应该采取“选择阅读”和“精细阅读”的方法。在这一阶段，我们的研究问题或选题方向基本确定，阅读文献就应当是有选择的，选取与我们研究主题特别相关的文献，或者选取在研究设计阶段标注的重要等级较高的文献进行阅读，以便为我们的研究寻求思路和方法技术上的借鉴。而且，这一阶段选择阅读的文献大都与我们的研究密切相关，且符合权威和经典的标准，对这样的文献我们要精读，弄清楚其研究问题、研究方法和技术、解决问题的思路和过程、研究结论的适用性等。在这个阶段，我们建议撰写文献阅读笔记，可以在文档中记录下所阅读文献的名称、内容、所使用的研究方法或技术、思路等。

在质性研究理论建构阶段，我们应当对文献进行“比较阅读”和“批判阅读”。在该阶段，我们一般是基于数据构建理论，但是为了使理论分析更深刻，研究能得到更多人的共鸣，我们可以将研究构建的理论与类似研究的理论进行比较分析。比较分析应该是多层面、多角度的，可以是内容、方法、思路和结论之间的比较阅读，找出异同，为自己的理论建构寻找理论支撑，同时还可以比较自己研究和前人研究之间的异同，反思自己研究的创新之处和存在的缺陷。通过批判性地阅读文献，我们才能融会贯通，在相关领域形成自己的思想、判断和观点。

总的来说，文献阅读是一个由浅到深、由表及里、循序渐进的过程，我们要充分重视文献在研究过程中的重要性，在不同阶段，发挥文献对研究的价值。

7.3　撰写文献综述的方法与步骤

撰写文献综述是以大量文献阅读为基础的，但是阅读文献后，我们要把前人相关研究成果梳理清楚，撰写成文献综述文本，这也是很多研究生碰到的难题，因为这需要一定的技巧和方法。

文献综述的撰写一般可以分为主题分析、文献归类、寻找文献关联、将文献串联成章等步骤。

首先是分析文献综述的主题。文献综述的主题应该围绕研究问题来确定，以问题为中心，避免综述一些与研究毫无关系的文献。一般来说，我们可以通过分析研究选题来确定主题，也就是分析选题中的关键词是什么、变量有几个。

研究选题中如果只包含一个关键词（变量），那么我们文献综述的主题就只有一个。例如，研究“小学课后服务体系的构建问题”，我们的文献综述就主要围绕“课后服务”主题展开，包括“课后服务体系”　“课后服务体系构建”等，无须过多铺垫和分析。

如果研究选题中包含两个及以上的关键词（变量），我们文献综述的主题就应该按照不同的关键词（变量）以及关键词（变量）两两之间或三者之间的关系来确定。例如，我们研究“综合实践活动课程的价值取向问题”时，有“综合实践活动课程”与“课程的价值取向”两个关键词，因此我们的文献综述要分别介绍“综合实践活动课程”“课程的价值取向”以及“综合实践活动课程的价值取向”三个方面的研究。又如我们研究“小学生父母教养方式如何基于学习习惯影响学业成绩”时，不仅要以“（小学生）父母教养方式”“（小学生）学习习惯”“（小学生）学业成绩”三个变量为主题进行综述，还要把“父母教养方式对学习成绩的影响”“父母教养对学习习惯的影响”“学习习惯对学业成绩的影响”作为综述的主题，同时还要关注前人研究中“以学习习惯（或其他变量）为中介变量探讨父母教养方式对学习成绩影响”的相关文献。

其次是文献归类。文献综述需要对文献进行阐述，而不是把查找到与研究问题相关的文献堆砌在一起，所以我们运用前文所介绍的方式挑选出文献后，需要按上述主题对文献进行整理和分类。不同主题下的文献以什么作为归类依据呢？我们一般建议以研究内容进行归类，也可根据研究需要，按照其他方式进行归类。例如，我们如果开展历史研究，可能需要梳理相关研究发展的时代脉络，则可以按照时间顺序进行归类；如果我们的研究主要是进行方法的革新，主要关注相关研究中方法的应用，则可以按照研究方法进行归类；如果与所做研究在内容和方法上类似的文献较多，我们主要想参照相关文献的结论，则可以按照结论进行分类；如果相关文献已经比较成熟，形成了流派观点，我们也可以按照流派进行综述；等等。

分类方式确定以后，我们也要给每个类别进行命名，也就是确定文献综述每个主题下的小标题。例如，有人研究“我国古代书院教学思想发展史”，他按照学者对不同时期书院教育思想的研究进行文献归类，可以将文献类别命名为“宋代以前的书院教育思想”“宋代书院教育思想”“元明清书院教育思想”“晚清书院教育思想”等；又如我们要研究“质性研究方法在教育领域的应用现状”，可以以教育领域中不同的质性研究流派所做的研究作为文献分类的主线，分别以后实证主义、女性主义、建构主义等在教育领域的应用作为文献分类的小标题。

再次是寻找各类文献之间的关联。我们可以从四个方面着手。

一是从事物的系统结构寻找关联性。例如，我们要对“综合实践活动课程管理的研究”这类文献进行综述，可以从“课程管理”行为的系统结构入手，“课程管理”是指学校在推进课程内容的设计、编制、实施、评价过程中所有的组织行为及为此创造的条件，所以我们可以尝试以此为线索寻找已有研究的内在逻辑，总结阐述学者们在“学校如何确定综合实践活动课程计划、学校选择和编排课程内容的方式、学校对课程评价的管理”，以及“学校综合实践活动课程管理的目的、管理的效果”等方面的研究内容、方法与结论。

二是以研究者关注事物的视角作为关联点。人们可以按照一定的视角来看待事物，如面—点视角、整体—局部视角、地域或方位视角，也可以以宏观—中观—微观视角为主线，还可以以事物“起因—经过—结果”演进的顺序为视角进行研究，我们可以以研究者们研究事物的视角来阐述其研究内容，分析“面—点”“整体—局部”“宏观—中观—微观”等不同研究视角的研究特点，并探寻他们彼此间是孤立并行的关系，还是交替推进的关系。例如，我们要综述学者们研究“基础教育对经济发展的影响”，可以根据文献的内部逻辑，从“整体—局部”视角分析研究者如何研究基础教育对整体国民经济发展的影响，或基础教育对某一类经济形态发展的影响，也可以从方位地域视角分析研究者如何研究我国东、中、西部地区基础教育对经济发展的影响，或者不同省（区、市）基础教育对地域经济发展的影响，等等。

三是以研究发生发展的时间轴为线索寻找关联。有的研究的时代性和阶段性特征特别明显，不同时期的研究在内容上有一定的相似之处和内在联系，对这类研究我们就可以按照研究的时间演替来划分阶段，分析相关研究在不同阶段的特点，以及探寻各阶段间存在的关联性。例如，我们研究“我国中小学思想政治教育主题思想的特点”，这类研究成果可能具有较强的时代性。因为随着社会的发展，不同时期我们可能面临不同的思想政治教育任务和难题，相关研究就需要针对时代问题进行研究，所以我们寻找文献关联的时候，也可以循着时代脉络去进行。

四是依托研究的技术手段去寻找关联。学术研究都需要运用具体的研究方法和手段，如果我们希望全面了解与本人研究主题相关的已有文献在研究方法与技术方面的特点，可以比较学者们运用不同方法与技术手段，在解决研究问题时的贡献或不足。例如，我们要通过综述了解学者们主要采用什么方法评估“‘双减’政策对学生素质的影响”，就可以按照研究的技术手段关联相关研究。有的学者采用调查研究的方式，用一手数据进行论证；有的学者采用深度访谈的方法，让教师、学生和家长来判定；也有的学者从个人经验角度，自行判断；还有的学者从制定政策的初衷出发，分析应然的影响等，通过分类比较，既关联了相关文献，又明确了不同研究方法的优劣势。

最后是将文献串联成章，即撰写文献综述。文献综述主要包括文献阐述和文献述评两个部分。通常在前三步文献处理的基础上进行文献阐述，就是将每个类别下的文献按照内在逻辑串联成篇，运用并列、转折或递进等过渡性连接词语，将需要阐述的文献内容串联起来。这部分可以归纳出一定的表述句型。例如，我们对“中小学课后服务体系构建方式”的相关文献进行阐述，可以这样表述。

关于中小学课后服务系统构建方式的研究，研究者主要运用思辨研究、经验总结、问卷调查及深度访谈（参照上述关联视角）等方式展开讨论。比如，×××（2021），×××（2020）和×××（2020）运用思辨的方法，依照政策要求及学生发展需求，探讨了课后服务系统应当如何构建的问题，得出了……结论。×××（2019）运用问卷调查的方法，探讨了我国当前中小学课后服务系统的构建现状，得出了……结论，明确了当前课后服务系统构建中存在……问题。×××（2021）采用深度访谈的方法，研究了不同群体对待课后服务体系构建的需求……从这些研究中可以看出，对于中小学课后服务系统构建的研究，研究者们主要关注了……，忽略了……（对……关注不够），而这个问题又在……方面具有重要价值。

对已有研究进行综合、系统的阐述分析，客观展示其贡献与不足，将前人研究“从哪里来、到哪里去”说明白，这是文献综述中“综”的部分。

文献综述中要有“综”有“述”，“述”就是对文献进行述评。文献述评的作用就是要从现有研究的评析出发，评价前人研究的长处和不足，分析本领域内研究的热点与发展趋势，引出对自己研究内容及价值的思考和阐释。一般来说，文献述评主要回答以下问题：前人在研究内容、方法、技术手段和结论建议等方面所做的研究大体情况如何？现有研究在领域内的突出贡献是什么？现有研究存在哪些不足？领域内还有哪些方面可以继续研究？我的研究准备解决什么问题？我的研究在这个领域中处于什么位置？通过这项研究我可以做出哪些新的贡献？总结起来就是客观评析前人研究的贡献与不足，发现进一步研究的突破口，体现自己研究的学术价值和创新目标。

归结起来，文献综述就是在确定研究选题后，对选题所涉及的研究领域或相关领域的文献进行广泛阅读和分析。文献综述需要系统的文献回顾、思考、总结和评述以及建立完整的知识框架，而不是单纯地进行已有文献描述分析，应该在系统进行“综”的基础上展开“述”，切忌“综”而不“述”或无“综”而“述”。

第 8 章

关键概念的界定

8.1　界定关键概念的目的

赫尔巴特（Herbart）和李其龙在 1989 年出版的《普通教育学·教育学讲授纲要》中强调基本概念是普通教育学论述的基础。概念是反映事物本质属性的思维方式，是理论思维和理论表达的基本单位。在科学研究中，概念是研究大厦的基石，科学研究本质上是由概念搭建起来的体系，人们学习、研究一种新的事物，其实就是在探讨它的关键概念体系。

通常一项研究会涉及许多概念，如果对所有概念都进行界定，那么就会模糊研究的重点，所以，研究者需要把握最关键的概念，即核心概念。例如，在“父母教养方式如何影响农村小学生的学业成绩：基于学习习惯的中介与调节作用”这个研究中，包含的概念有父母教养方式、农村、小学生、学业成绩、学习习惯、中介作用、调节作用等，但是其中的关键概念主要有三个，即父母教养方式、学习习惯及学业成绩。

关键概念在学位论文中的作用重大，它既是我们研究过程的一部分，也是我们理解研究过程的重要部分。

首先，关键概念是研究的起点和终点。在我们开始研究之前，必须弄清楚自己研究中涉及的关键概念的内涵和外延，只有这样才能界定清楚研究问题的范围和界限，让读者清楚研究所针对的对象和问题。例如，我们要研究“小学课堂中的师生互动”，首先就要明白“师生互动”指什么，它包含哪些内容，其指向的就是我们对“师生互动”这个关键概念的内涵和外延的界定。界定师生互动概念就是限定了研究的范围，明确我们研究师生互动问题可以或应该在多大范围内取材，避免把不属于师生互动概念范畴的研究内容混淆进来。

我们开展教育研究的过程，很多时候就是对一些关键教育概念（或关键概念所包含的变量）进行分析的过程，研究的终点一般指向的是对关键概念（或变量）的厘清和解释，对其作用或影响因素的讨论，或对研究中概念与概念（或变量与变量）之间复杂关系的探析。也就是说，我们判断研究是否达到了预期目的，主要看我们是否厘清了研究中所涉及的关键概念，对预设的与关键概念相关的研究问题是否已经解决。例如，还以“小学课堂中的师生互动”为例，我们在研究的最后对承载研究成果的论文进行评判时，主要看论文是否对“师生互动”概念进行了补充和更替，新界定的概念的内涵和外延是什么，解决了师生互动概念范畴中的什么问题，如师生互动目的、方式、符号、行为还是效果等。换言之，判断研究有效与否的标准不可能脱离研究的关键概念而确定。

其次，关键概念决定我们研究的逻辑和思路。研究的逻辑和思路就是我的研究该从哪里开始，分几步走，每一步做什么，研究要探讨的问题有哪些，各自之间的关系是什么，研究的最后落脚在何处，要达成什么效果，等等。如果你不清楚自己的研究该从何处开始，不知道循着怎样的路线进行下去，那么笔者的建议是再次回到研究的关键概念。从关键概念出发，我们可以寻找到一条研究的技术路线。例如，我们研究“父母的教养方式如何基于学习习惯影响学生学业成绩”时，可以从三个关键概念（即父母教养方式、学习习惯和学习成绩）出发去寻找。要探讨三者之间的复杂关系，我们要先弄清楚三个概念分别是指什么，它们包含哪些内容。例如教养方式指什么，父母的教养方式是不是要进行区分，如何测量父母的教养方式；学习习惯指什么，包含哪些内容，这些内容是不是可以测量，如何测量；学业成绩是指什么，用什么来表征学生的学业成绩，这种表征方式是否客观合理；等等。先从概念出发，弄清概念以及与概念相关的问题，明确研究逻辑和思路的起点，解决了与概念相关的问题，我们的逻辑就会愈发清晰，接下来我们就可以进一步探究三者之间的复杂关系了。

再次，关键概念是设计研究工具的出发点。我们在研究中应用的很多研究方法都需要用到相应的研究工具，而研究工具主要是为了搜集研究所需要的数据或论据，为说明或解决研究问题服务，而研究问题又基于关键概念而产生，其实研究工具也就是为厘清关键概念以及概念之间的复杂关系服务的。例如，我们采用实地观察方法探讨中小学课堂中的师生交往行为，需要用到的研究工具就是实地观察记录表，而这个表中需要记录哪些内容，就要根据“师生交往行为”这个概念来确定。我们要先确定师生交往行为指什么，课堂中师生的哪些行为属于交往行为，只有这样才能确定课堂应该观察什么，记录表中需要记录什么。又如，在问卷调查法中，研究工具（即调查问卷）的设计更需要从关键概念出发。我们要通过问卷调查了解小学生学习习惯的现状，在设计小学生学习习惯调查问卷时，一般要先确定问卷的维度，也就是我们从哪几个方面测量学习习惯。这就需要我们去解读“学习习惯”这一关键概念，尤其是弄清楚概念的外延，也就是学习习惯包括哪些习惯，如情境选择习惯、学习内容选择习惯偏好、学习方法策略习惯及学习卫生习惯等。可见，在研究工具的设计中，关键概念起着举足轻重的作用。

最后，关键概念是确定论文主体章节框架的核心。学位论文中最重要的部分就是呈现研究过程和结果的部分，即研究的主体章节。主体章节的框架结构如何确定呢？这依然要回归到我们研究的关键概念。例如，我们的研究要解决“学校是如何进行校本课程管理的”这个问题，先要解构“课程管理”这一概念，厘清课程管理的外延。如果我们认为课程管理包括课程管理理念和目标的确定、管理组织机构建构、管理方式与方法的应用、保障机制的建立、管理效果的监测等行为活动，那么我们的研究就要分别明确学校管理理念和目标是什么，如何确定？管理组织机构是什么，如何建构？管理方式和方法有哪些，如何实施管理？保障机制如何？管理效果如何，效果如何监测？等等，也就是说，我们在分析研究结果时要一一回答从“课程管理”这一概念中分解出来的这一系列小问题，我们的章节结构也要根据对这些问题的分析来布局。又如部分学生在硕士学位论文中常用深度访谈法开展研究，访谈的设计类似于前面提到的调查研究设计，要根据关键概念的外延确定访谈提纲的维度，而我们在进行访谈结果分析的时候，也要紧扣访谈提纲进行分析。例如，我们认为学习习惯包括情境选择习惯、学习内容选择习惯偏好、学习方法策略习惯及学习卫生习惯等，那么在进行学习习惯研究结果分析时，就要构建一个问题分析框架，这个分析框架包括情境选择习惯如何，存在什么问题，原因何在，如何解决；学习内容选择习惯偏好如何，存在什么问题，原因何在，如何解决；学习方法策略习惯如何，存在什么问题，原因何在，如何解决；学习卫生习惯如何，存在什么问题，原因何在，如何解决；等等。这就是我们要呈现的研究结果的逻辑框架。

总之，关键概念是研究的重要组成部分，也是研究的灵魂，对关键概念的界定是开展教育研究的必要条件。在研究中，倘若关键概念界定不明确，那么就不能清楚地界定研究问题的界限和范围，也无法正确理解客观事物及其特性和本质，更无法正常推理事物之间的逻辑关系。如果研究者对研究中的关键概念界定不明确，那么他的研究思路就不会清晰，研究方向往往也会不明确。

8.2　概念的内涵与外延

内涵和外延是概念的两个主要逻辑。要对一个概念进行界定，首先要明确概念的内涵与外延。邓启光 1981 年在《天津师院学报》上发表的题为《第一讲 如何理解〈概念的内涵和外延〉》的文章指出：概念的内涵就是概念所反映的事物的特有属性，即事物的本质是什么；概念的外延就是具有概念所反映的特有属性的事物。通俗来讲，概念的内涵是人对事物的看法，概念的外延是世界中实际存在的东西。例如，《现代汉语词典》（第 7 版）把动物定义为："生物的一大类，这一类生物多以有机物为食料，有神经，有感觉，能运动。"这是动物这个概念的内涵。它的外延则包含了一切符合这个定义的事物，如猴子、老虎、兔子等。我们在界定概念内涵时应当注意以下几个方面。首先，概念的内涵是概念的必需物，没有任何一个概念是缺乏内涵的。杨树森 2005 年在其著作《普通逻辑学》中指出，不但真实概念有内涵，虚假概念也有内涵。例如，"月老"是一个虚假的概念，它的内涵就是主管世间姻缘的神仙。像"马克思""北京"等专有名词所表达的概念反映了对象在名称上的特有属性，也是有内涵的。例如，"马克思"这个概念内涵是一个名叫"马克思"的人，"北京"的内涵是一座名叫"北京"的城市。具体在研究中，我们也要认识到这一点，认真探寻关键概念的内涵。

其次，概念内涵应当尽可能反映事物的特有属性。杨树森 2005 年在其著作《普通逻辑学》中指出，概念内涵是主观性的意识，但事物的特有属性是物质性的客观存在，所以概念的内涵并不是事物本身固有的特有属性。换言之，主观意识和客观存在有时吻合、有时可能不吻合，事物的特有属性有的已经被认识、有的可能尚未被认识。因此，我们在研究中界定概念的内涵时要基于事物的特有属性，并且尽可能准确地反映事物的特有属性。例如，我们对"校园欺凌"这个概念内涵的理解，可能随着我们对校园欺凌现象的理解不断深入而逐渐接近概念的特有属性，最初我们的理解可能是一个学生欺负另一个学生的行为，这并没有真正把握这个概念的特有属性。我们只有真正了解校园欺凌现象的各种存在形式及其危害后，才能形成反映这些现象特有属性的概念。

另外，对同一事物，我们无须追求与他人概念的一致性。事物的特有属性往往呈现多样性，而一个概念通常只能解释和反映其中的一个或几个特有属性，且站在不同的角度理解事物，看到的是事物的不同属性，形成的概念也会有差别。由于个人的职业性质以及需求存在差异，人们会从不同的视角去理解同一类事物。这些概念的不同内涵就分别反映了同一类事物不同方面的特有属性。例如，对于同一种动物，屠夫只关注它能否进行商品买卖的特有属性，而生物学家留心它的细胞组织与生理方面的特有属性。从而屠夫与生物学家对同一类动物就形成了不同的概念，这些概念的内涵分别反映了这类动物不同的属性。

概念的外延指向的是概念内涵呈现出特有属性的事物，我们通常将之称为概念的适用范围。例如，我们把课程管理的内涵界定为学校教育管理者对课程各个运行环节所采取的规划、指导、决策、监督与协调等措施，那么所有具有这个属性的内容都属于课程管理的外延范畴，包括课程计划制定、课程监控与评价、课程管理中的权责分配、课程管理组织机构的构建与运行、课程资源配置等。

概念的外延是对概念进行操作化定义的重要参照。在我们开展定量研究时经常会涉及概念的操作化定义，即把抽象的概念转化为具体可测量的维度和指标。而这个可测量的指标体系一般就从概念的外延中延展而来。例如，“课程管理”是一个比较抽象的概念，如果我们要测量学校课程管理的状况和水平，就可以将课程管理分解为具体可测的维度，而这些维度都具备“课程管理”内涵所包含的属性特征，即它的外延，如课程计划的制定情况、课程监控与评价的情况等，它们共同组成了“课程管理”的度量指标。其实，在我们开展质性研究的过程中，同样存在概念的操作化问题。例如，我们通过深度访谈的形式探究学校课程管理的状况，在我们设置访谈提纲时，也需要明确从哪些方面向研究对象了解课程管理情况，而课程管理的度量指标也可以转化为我们访谈中的维度体系，也就是说，我们对研究对象的提问可以围绕这个体系来设置。

8.3 界定关键概念的方法

界定关键概念在我们的研究过程中作用重大，那么，我们应当如何界定研究中的关键概念呢？在论文的写作过程中进行关键概念界定并不容易，全面掌握关键概念的内涵与外延，不仅需要研究者厘清研究中的关键概念是什么，以及概念间的逻辑关系等，还需要研究者有较好的文字功底和语言修养。界定研究中的关键概念是一个严谨的过程，应当遵循一定的路径。

首先要界定关键概念的视域。王前 2011 年在《哲学研究》上发表的题为《“视域”的认识论意义》的文章指出，从认识论层面看，视域是指研究者把研究对象置于已知的认知基础之上，从已知探求未知，它可以把研究对象框定在一定的背景中，探究出研究对象与背景事物之间的关系，以此来厘清事物的属性。人们的视域不同，对事物的认识往往也不同，从而会对该事物做出不同的解释。例如，顾明远 1998 年在其专著《教育大辞典》中对“教育收益”这个关键概念进行界定时，从经济学、管理学、哲学、传播学等不同视角分析了其属性和内涵，最后运用各学科交叉的方式，把“教育收益”界定为“通过付出教育成本获得的回报”。我们的研究视域决定了界定关键概念的视域，从不同的研究视角，我们对事物的认识可能不同，对概念的界定也会存在较大差异。例如，同样是研究“教育公平”，社会学家看到的是教育的地域公平、性别公平等，而教育学家看到的可能是课程内容公平、课堂教学公平、教育评价公平等。

其次，关键概念的界定要从具体问题出发。在同一个视域中，由于研究者之间在价值取向和人生经历上存在差异，因此对同一事物的认识可能近似，也可能存在较大差别。具体到概念界定上，我们可能发现有的学者会延续或借鉴前人的概念，也有的学者会站在自己的角度界定出与前人差异较大的概念。

在课堂上经常会被学生问道：“研究过程中，我该沿用领域内权威专家的概念，还是应该界定自己的概念？”对于这个问题，一方面，我们应该明确，对概念的定义一般都暗含着定义者的“私心”，石中英 2009 年在《北京师范大学学报（社会科学版）》上发表的题为《教育学研究中的概念分析》的文章中指出，定义不能脱离定义者而单独存在，定义本身折射着研究者无法割舍的立场。所谓“私心”就是我们对某事物的界定，通常要根据自己的具体研究角度和问题来展开。我们所界定的关键概念，一定是能满足我们研究的需要，研究中应尽量避免简单借用他人概念的做法。当然，如果他人的概念刚好符合我们研究的需要，经过深入思考和解释，借用前人的概念也是可行的。另一方面，根据研究的需要界定关键概念并不意味着研究者在进行关键概念界定时可以天马行空，毫无根据地捏造概念，而是应当全面认识其他学者界定的相关概念，对其概念要素进行辨析和汇总，适当借鉴那些达成共识的概念要素，再根据研究的实际进行调整，使自己的关键概念兼具逻辑性和创新性。例如，我们要对“课程”进行定义，我们了解到从古至今，国内外学者对“课程”一词的理解形成了以下定义，如“课程即学习范围、进程、计划”“课程是教学科目（即学科内容）以及教授这些科目的顺序和时间”“课程指学习的进程”“课程即有计划的教学活动”“课程是育人方案”等，从前人的概念中我们可以提炼出学者对“课程”达成了一些基本共识，即课程是“育人目标、学习经验及序列、教学内容与顺序、教学计划、教学组织与规则、时间安排和进程、活动组织……”，在这些要素的基础上，我们再回归自己研究的需求。如果我们的研究要着力解决学校课程基于何种培养目标，遵循什么教育规律，提供哪些科目和内容，以及按照何种顺序和进度组织教学活动等问题，那么我们就可以结合前人的概念和自己研究的需要来确定课程的概念，即各级各类学校为引导学生获得各种经验，实现培养目标，遵循一定的教育方法论而选择的教学科目和内容，按照学科知识结构序列，有计划地组织师生按照既定的教学顺序和时间开展的所有活动的总和及其过程。

弄清了关键概念界定的方法后，就需要根据一定的路径界定概念。一般来说，关键概念界定的具体步骤主要包括以下内容。

第一步，在《现代汉语词典》（第 7 版）中找到这个概念的中文意思，如果是外来词，则要查找它的词根与词源，了解词语的起源。

第二步，从相关研究中挖掘不同学者对该概念的不同界定，分析这些概念所包含的要素。

第三步，分析自己所做研究的立场，参照以往研究成果，确定自己所做研究的概念“视域”。

第四步，结合自己所做研究的设计思路及需要解决的问题，确定关键概念所涉及的要素。

第五步，根据词语的中英文释义，借鉴学者们所提及的概念要素，结合自己确定的概念要素，界定自己所做研究的关键概念。

第六步，深入分析自己界定的关键概念与研究的关系，厘清两者的逻辑关系，避免产生内生的冲突和矛盾。

第七步，梳理该概念与研究中其他相关概念的关系，避免概念混淆，准确使用概念。

我们以“父母的教养方式如何影响小学生学习习惯”研究为例进行说明。

首先，我们研究学生学习习惯，先要对“学习习惯”进行界定，学习习惯是指学习的习惯，“习惯”是概念的核心，因此我们要先了解“习惯”的释义。“习惯”一词在《现代汉语词典》(第 7 版) 中意为“常常接触某种新的情况而逐渐适应”“在长时期里逐渐养成的、一时不容易改变的行为、倾向或社会风尚”。根据这一释义，学习习惯指在学习过程中经过反复练习形成并发展，不容易改变的自动化的学习行为、倾向或方式。

其次，通过搜集不同学者对学习习惯所做的界定，我们可以将这些概念界定概括为三种主要观点。

一是行为倾向说。该观点认为学习习惯一旦养成，就不需要外界的督促和自己的意志力，而是注重学习习惯的自动化行为倾向。比如，林崇德 1990 年在其著作《中国中学教学百科全书》中指出，学习习惯是学生为了达到良好的学习效果而形成的自动化行为倾向。吴增强 2003 年在其著作《中小学生心理教育》中将学习习惯界定为在一定情境下，学生通过反复练习并逐步养成的相对稳定的、不需要任何意志努力和监督的、自动化了的学习行为倾向，它是学习态度和学习方法经常化的行为表现。

二是行为模式说。该观点认为，当学习者处于一定的学习情境下，学习者无须思考而自动化地呈现出一种稳定的模式，侧重于学习习惯的稳定性。冯海英 2002 年发表在《四川师范学院学报（哲社版）》上的题为《对高中生学习习惯现状的调查分析》的文章认为，学习习惯是在学习情境中，学习者通过反复练习形成的相对稳定的自动化行为模式。田澜 2010 年发表在《心理学探新》上的题为《小学生学习习惯问卷的编制》的文章认为，从狭义上讲，学习习惯是学生在学习过程中反复出现的行为模式，反映学生学习态度对学业成绩有效性的影响。

三是学习行为方式说。该观点认为，学习者在学习活动中经常呈现出来的学习方式，侧重于学习习惯所涉及的学习行为的内容范畴。申仁洪 2007 年发表在《重庆师范大学学报（哲社版）》上的题为《学习习惯：概念、构成与生成》的文章将学习习惯界定为，儿童在学习过程中所形成的稳定的学习行为方式。龚婧等 2018 年发表在《上海教育科研》上的题为《父母期望越高，子女成绩越好吗——基于 CFPS（2016）数据的实证分析》的文章认为，学习习惯是指学生在学习活动中形成的一种自动化的学习行为方式，是一种持续稳定的行为。

再次，通过对相关概念的分析，研究者们主要从行为倾向、行为模式和学习行为方式三个不同角度界定学习习惯的概念。结合研究目的和研究内容，我们在研究过程中需要探究学生在不同的父母教养方式下，其学习习惯的行为表现，也就是学习习惯本质上是一种行为倾向的说法更符合我们的研究视域。

最后，综合学者对学习习惯概念的界定，可以看出学习习惯包括一些基本要素。一是情境性。个体一旦到了相同或者相似特定的情境，学习习惯就会表现出来。二是后天性。学习习惯属于非智力因素，它不是与生俱来的，而是个体通过后天不断努力练习而习得的。三是稳定性。学习习惯一经养成就不会轻易改变，具有稳定性和持久性，但并不意味着绝对不会改变，只要教育适当，经过长时间的强化训练，学习习惯仍然可以改变。四是自动性。学习习惯养成后，个体不需要外界的督促和提醒，也能进入学习状态，这是一种无意识状态下的自动行为方式。

此外，根据研究的视域、学习习惯的释义，以及学者们对概念的界定与概念要素的分析，我们可以界定自己所做研究的概念。我们可以直接采纳行为倾向说中的“学习习惯”概念，如吴增强（2003）在其著作《中小学生心理教育》中提出了“学习习惯”的概念，即在一定的情境下，学生通过反复练习并逐步养成的相对稳定的、不需要任何意志努力和监督的、自动化了的学习行为倾向，它是学习态度和学习方法经常化的行为表现。我们也可以根据自己的理解重新界定包含“情境性、后天性、稳定性、自动性、学习行为表现”等要素在内的“学习习惯”概念。

第 9 章

研究方法的选择与表述

质性研究在不同的研究阶段和时期涉及不同的方法，如进入现场的方法、收集资料的方法、整理和分析资料的方式、构建理论的方法以及成文的方式方法等。具体采用什么方法，主要是根据我们达成研究目的、解决研究问题的需要而定。

因此，我们在研究设计阶段对研究方法与工具的选择只能是初步的和预设性的，需要保留一定的修改余地，以便于在实际研究过程中进行调整。但这不代表在研究设计阶段不需要对研究方法进行设计，不考虑研究方法的研究设计是不完备的，可能会影响后期的研究进展，使研究无法推进。

9.1　根据研究问题选择研究方法

研究方法的选择由所研究的问题来决定，不同的研究问题需要采用不同的方法，所以我们选择研究方法要明确研究问题和研究方法之间的匹配关系。

我们在前文已经介绍过质性研究方法的种类，为了便于大家了解不同的研究方法适合解决什么类型的研究问题，我们大致介绍几种不同的研究方法的适用范围，也给大家提供一些相关的研究范例，帮助读者更好地选择适合自己的质性研究方法。

其一，民族志研究。陈向明 2000 年在其专著《质的研究方法与社会科学研究》中指出，这种方法试图从某一文化局内人的视角来描述文化或文化的各部分，运用民族志研究方法的研究人员一般采用参与式观察，以及对受访者进行深度访谈和实物收集等方式收集资料，目的是了解文化群体成员用以理解其日常生活经验的文化知识。具体到教育研究中，如果我们的研究关注的是教育现象的发生过程和具体细节，可以采用民族志方法进行研究。王莹等 2021 年发表在《教师教育研究》上的题为《普罗化：小学教师劳动过程中的新特点——基于 K 校的民族志研究》的文章采用民族志研究方法，作者进入 K 校实地，并以局内人的视角观察并深刻理解小学教师劳动过程中的新特点。刘铖和陈鹏 2022 年发表在《教育发展研究》上的题为《乡村定向师范生的多重身份冲突——基于社会学制度主义的教育民族志研究》的文章通过民族志研究方法，深描乡村定向师范生内在身份认知与外在身份预期之间的互动图景及内在逻辑，剖析其多重身份存在的冲突。

其二，常人方法学。这种方法坚持从日常生活视角出发，研究常人处理日常生活、人与人交往互动的方法。这种方法主要是采用观察和访谈等方法搜集资料，解释人们日常生活中被视为理所当然的事物（如人们在日常生活中如何完成工作、看电视、吃饭等）。在开展教育研究时，我们可以采用这种方法解释班主任、任课教师、校长等的日常教育教学工作和生活。例如，蔡永红等 2015 年发表在《教育学报》上的题为《小学教师教学专长的构成研究》的文章采用常人方法学等，对 25 名小学数学教师进行深度访谈，研究其教学专长的构成。

其三，教育叙事研究。这种方法主要收集并解释人们用以描述其生活的故事，通过故事来理解他们的生活。叙事研究的具体方法包括口述史、编年史、家庭故事、照片、实物分析、自传、日记及访谈等，这类研究强调从故事中引申出意义。我们在教育研究中可以通过被研究者的故事，解释和理解其生活。例如，我们要理解一位在大山里教了一辈子书的乡村教师的价值认知，可以通过他的口述故事来进行解释。范忠雄等 2016 年发表在《数学教育学报》上的题为《藏族地区数学教师角色认知的教育叙事研究》的文章，通过两位藏族双语数学教师的叙事，深入分析了藏族地区数学教师的角色认知。吴银银 2021 年发表在《教育发展研究》上的题为《“距城远近”会影响农村小规模学校发展吗——基于两所小学的叙事分析》的文章，通过两所与城市距离不同的农村学校校长、教师以及学生家长的叙事，探讨了距城远近是否会影响农村小规模学校发展这一问题，揭示其发展的复杂性，寻求摆脱其发展困境之道。

其四，现象学研究。哈奇（Hatch）2007 年出版的著作《如何做质的研究》指出，在教育领域的质性研究中，应用较为广泛的是被马克斯·范梅兰称为解释学的现象学研究，这种方法将解释学和现象学方法相结合，主要是对研究对象的生活经验或生活世界进行研究。这类研究试图探寻现象的本质是什么，从而揭示人类经验的本质，主要采用协议写作（请研究对象写下他们的生活经验）、访谈、观察和文学作品或文献分析等方法搜集资料，以便理解现象的本质。在教育领域的研究中，教育现象是我们开展研究的根本出发点，当我们试图描述研究对象如何面对生活时，就需要用到现象学方法。例如，余庆 2015 年发表在《教育研究》上的题为《儿童价值学习的现象学诠释》的文章从现象学视角诠释儿童价值学习是如何发生的。朱晓宏 2014 年发表在《教育研究》上的题为《重新理解教师的境域与习惯——基于生活世界现象学的理论视域》的文章，基于生活世界现象学的理论视域，重新理解教师境域的有限性（即教师专业发展之困囿）与教师境域的开放性（即教师专业发展之可能）。

其五，历史研究。历史研究是为了重构发生在过去的历史事件而对史料进行收集与分析。史料包括一手史料和二手史料：一手史料指历史事件的当事人创造的资料，包括原始的文件、照片或图画、日记、遗物等；二手史料是非当事人创造的资料，包括文献资料、新闻报道等。历史研究法经常用来研究教育史，包括各类教育的历史回顾，教育政策或制度发展的历史梳理，教育组织发展的历史，教育研究的历史及经验等。例如，杜时忠等 2019 年发表在《教育研究》上的题为《德育研究 70 年：回顾与前瞻》的文章对中华人民共和国成立 70 年来德育研究历史进行了回顾，分析其中的不足并展望了我国德育的未来。俞国良等 2016 年发表在《教育研究》上的题为《高中生心理健康的横断历史研究》的文章，运用横断历史元分析法对 1990～2012 年高中生（含中职生）的心理健康类文献进行研究，发现我国高中生的心理健康水平呈缓慢下降趋势。

其六，符号互动研究。符号互动的研究者认为，人们通过个体与其同伴的互动构建事物的意义，而事物对人的意义决定人们对其采取何种行动，只有理解行动者对所处世界的信仰，我们才能理解世界。符号互动主义者经常通过观察、访谈，以及搜集书信和日记等方式获取原始资料，并从原始资料中区分出不同的要素，分析要素之间的关联。符号互动研究方法在教育领域经常被用于研究课堂教学互动问题等。例如，李如密和刘伦 2012 年发表在《教育科学研究》上的题为《课堂教学互动及其优化策略——符号互动理论的视角》的文章，从符号互动理论视角探讨课堂教学中，教师自我、师生之间及生生之间的互动关系及其优化策略；李文跃 2013 年发表在《教育理论与实践》上的题为《符号、教学符号与教学符号互动的探析——基于符号互动论的视角》的文章从符号互动理论视角研究课堂情感机制如何通过教学符号互动生成。

其七，案例研究。案例研究主要用于分析教育中一些有界限的教育现象，如一所学校、一个教育评估项目、一次教育事件、一位教育者或受教育者、一项教育制度等。哈奇 2007 年出版的著作《如何做质的研究》指出，案例研究采用的收集资料的方法与其他质性研究方法没有太大差别，其独特之处在于“有界系统”。教育案例研究的实例有很多，如王春春 2017 年发表在《大学教育科学》上的题为《以教学为中心：美国文理学院的教师招聘机制分析——以麦卡莱斯特学院为例》的文章，对麦卡莱斯特学院的教师招聘机制开展案例分析；刘雅和袁本涛 2018 年发表在《教育研究》上的题为《“基于证据”：现代教育智库功能的提升——对欧美研究生教育改革中 EUA 和 CGS 的案例分析》的文章对欧美研究生教育改革中，欧洲大学联盟和美国研究生院理事会所发挥的作用开展案例分析。

其八，行动研究。行动研究方法在教育领域应用得较为广泛，涉及教育者的行动和教育变革等要素。行动研究中的研究者一般会与一线教育工作者合作，或者自己就是一线工作者，他们对教育实践进行研究，并在行动研究的基础上改进教育实践工作。行动研究的目的是解决实践中的问题，发现问题—设计解决方法—实施变革—评估变革效果—发现问题—下一步行动，以上步骤是行动研究的基本循环结构。具体研究中会用到观察、访谈等方法进行定性资料收集，如通过观察发现问题和评估效果；此外，也会用到一些定量方法收集数据，如通过问卷调查了解问题产生的原因及其影响等。我们鼓励专业教育硕士在论文中采取行动研究，将研究选题与实践工作中的问题结合起来，这样做既完成了研究任务，又解决了现实问题。如果自己不能独立完成，还可寻求大学中专业研究者的帮助，双方可以共同制定行动计划。例如，罗晓杰和牟金江 2016 年在《教师教育研究》上发表了题为《反馈促进新教师教学反思能力发展的行动研究》的文章。作者在“师徒制”和“校本教研”体制下实施了一项旨在促进新教师教学反思能力提升的行动研究，并发现“师傅”或同伴的反馈能有效提升新教师的教学反思能力。

质性研究的方法种类繁多，不同学者对这些方法的分类也不尽相同，有的学者把参与式观察、深度访谈、焦点团体访谈、实物分析、扎根理论等方法也作为质性研究方法。我们认为，这些方法更多地被用于收集和分析资料，在运用上述教育民族志、常人方法学、现象学等方法进行研究时，我们都需要用到观察、访谈、实物收集等某一种或几种收集和分析资料的方法，只有这样才能完成具体的研究任务，所以我们将在后文中阐释这些方法。

9.2　质性研究的具体操作方法

在质性研究的具体操作层面上，研究方法会涉及进入现场的方式、收集资料的方法、整理和分析资料的方法、研究结果的成文方式等。我们在研究设计阶段需要对这些方法进行初步谋划，以便使研究过程更加清晰，并预知我们研究过程中方法层面可能遇到的问题。

9.2.1　进入现场的方式

在教育研究中，我们的研究现场大多是学校，也有可能是有孩子的家庭，不同的研究现场可能需要不同的进入方式。因此，在我们进入现场之前需要考虑这个现场的特点是什么，它是否有“守门员”，我是否可以及如何获得“守门员”的许可，我与研究对象应当如何联系，他们可能会对我的出现有何反应，我该如何应对他们的各种反应，成功进入现场会是什么状态，如果进展不太顺利会是什么情况，我接下来如何补救，等等，这些问题是我们在研究设计过程中需要考虑的。

教育硕士在大多数情况下可能会选择自己的工作单位或熟悉的场所作为研究现场，但这并不代表我们不需要考虑这些问题，或者不向研究对象公开自己的研究者身份，这涉及质性研究中重要的伦理问题。我们可以根据现场需要决定在多大程度上向研究对象介绍我们的研究项目，但完全隐瞒是不符合研究伦理规范的。在必要的时候，我们可能还需要以书面形式征求研究对象的同意，签订类似于“同意书”的文件。

“同意书”应当包括对研究项目及研究者的简单介绍、希望研究对象完成的任务及完成形式、研究的目的与意义、研究结果的公开范围与应用方式、研究对象参与研究的自愿原则、研究对象个人信息及研究过程与结果的保密原则等，这类文件一般可以附在开题报告之后。因为研究者与研究对象的亲疏关系不同，研究对象的文化习惯也有差异，并不是所有研究中都需要用这类正式文件，如对关系比较亲密的被研究者，有时候进行口头约定即可，具体应当视情况而定。

9.2.2　收集资料的方法

质性研究的开展依赖对原始资料的收集、整理和分析，将通过各种方式收集到的零碎无序的原始资料进行重组，组合成完整的“故事”或理论展示给世人，所以收集资料是开展质性研究的重要环节。质性研究的原始资料范围比较宽泛，一般来说，一切可以为研究所用的资料、一切可以回答研究问题的资料等，都可以成为研究的原始资料。

质性研究资料的收集方式主要包括观察、访谈、实物分析、叙事和史料收集等，而在教育质性研究中，前三种方式用得较多。到底选择何种方式收集资料，也需要根据研究的需要而确定。如果我们要了解老师对“双减”问题的看法，可能需要进行深度访谈；如果我们要研究学校的课后服务如何开展，就需要深入学校进行实地观察；如果我们要通过教师的作业设计与评价情况了解教师的评价素养，可能需要收集其所教班级学生的作业来进行分析。

9.2.3 整理和分析资料的方法

在研究设计阶段，我们主要根据自己对可能收集到的原始资料的类型和特点进行设想，并结合有关经验，预判可能采用何种方式整理和分析资料。

整理和分析资料是既有联系又有区分的两个阶段。资料的整理是基于初步的分析而进行的，没有思路的整理是无序无效的整理，而分析又是在整理的基础上进行的，在没有整理的基础上对原始资料进行分析，就会使研究者在分析的过程中感觉头绪复杂、无从下手。但作为处理质性研究资料的两个阶段，整理和分析资料又相对独立存在，整理的过程是对资料的正确与否、完整与否等进行判断，对资料进行归类处理，而分析的过程主要是对资料进行排列重组，按一定的方式进行叙述，并组成自己的“故事”。

整理资料主要是对资料进行归类，对原始资料中与研究主题相关的词、短语、句子或段落等进行标注。原始资料被标注后分类存放，为资料分析做准备。资料分析可分为类属分析和情境分析等类型。类属分析是按资料主题进行分析，而情境分析是依据资料中故事发生的时间顺序或意义关联进行分析。到底采用何种方式进行资料分析，要根据原始资料的特点和研究问题的需要确定。如果我们要研究影响乡村教师离职的原因有哪些，在原始资料中研究对象的叙述大多是以类别的形式呈现，那么我们对原因的分析也最好是以类别的方式呈现。如果我们要了解一位小学班主任的一天是如何度过的，我们通过观察或倾听研究对象的叙述所得到的原始资料一般是按时间顺序呈现的，那么情境法就比较适合。

9.2.4 研究结果的成文方式

在研究设计阶段，我们无法准确判断研究结果，所以也很难决定以什么方式呈现研究结果。但是对研究结果的成文方式进行预测，可以使我们根据回答研究问题的需要，逆向推理解决研究问题所需的资料，从而决定需要收集哪些资料，采用什么方法收集资料，采用何种方式整理和分析资料等。在研究设计阶段，我们对研究结果成文方式的介绍，主要说明两个问题。

一是推测可能采用什么方式进行写作，以此来指导我们收集、整理和分析资料的行为。如果主要采用文字方式进行写作，那么原始资料主要以文字的形式呈现，如访谈记录和观察笔记等，都应当整理成文字稿；如果研究结果需要辅之以简单的数量统计，那么整理资料时就要对相关内容进行统计处理；如果研究结果以研究对象的作品或相关照片呈现，那么就需要收集相关的资料；等等。

二是推测读者群体，在研究设计中应当解释我们如何选择成文方式以满足目标读者的需求。一般来讲，教育硕士学位论文的读者主要是论文评审专家、答辩委员会委员、本领域的同行（同学或同事）以及研究对象等。我们应当综合考虑这些读者的阅读需求，决定论文的写作风格。例如，论文评审专家和答辩委员会成员可能既有学术型研究者，又有实践领域的专家，那么就要求论文既要符合学术研究的规范，又要观照实践，既有学术贡献，又要与实践案例结合，使论文内容通俗易懂。

9.3 研究设计中研究方法的表述

我们在一篇规范的论文研究设计中，都会介绍将要采用的研究方法，而研究方法的介绍应当具体到何种程度，学术期刊可能会有比较统一的规范要求或者约定俗成的做法，但学位论文的开题报告一般没有一个统一的固定模式，各个高校或科研机构会制定开题报告模板，但是很少具体规定每个部分的撰写要求，所以研究设计的形式五花八门，包含的内容也不尽相同。我们以研究方法的表述为例，结合教育硕士学位论文开题报告中的共性问题，提出建议以供大家参考。

首先，研究方法应与研究问题相匹配。我们在选择研究方法时，一定要以研究问题为出发点，所使用的方法一定要能够满足回答研究问题的需求。然而，我们经常在研究生学位论文中看到作者罗列了很多没有用到的研究方法。例如，有的论文说自己用到了问卷调查法，但是文章中却没有看到任何调查的痕迹，也没有调查数据的呈现；有的文章提到采用访谈法验证和深化调查研究的结果，但是文中也没有看到其访谈的对象、内容和结果；还有的在文中提到通过比较研究，借鉴不同国家和地区的经验来提出改进策略，但全文却没有任何比较；等等。这些论文的撰写者大多认为不列举几种方法不足以让人相信这是一篇完整的学位论文，或者是直接借鉴他人论文中的部分内容，而来不及思考自己的研究是否真的会用到这些方法，不管哪种可能，这都是不可取的。

研究方法是为了回答研究问题，不是越多越好，也不是越复杂越好。例如，如果要了解中小学如何应对课后服务过程中的各种复杂问题，我们可能需要对学校课后服务的管理者进行深度访谈，这种方法是比较适合解决研究问题的；又如，如果要研究如何更好地落实“双减”政策，需要了解某区域范围内“双减”政策落实的情况和存在的问题，这时候可能针对学校教师、家长和学生采用问卷调查法能更好地解决研究的问题。另外，有些学生介绍自己的研究中使用了文献法，一般是为了体现自己采用文献法界定了研究中关键概念的内涵和外延，梳理了相关研究的现状。但是一般来讲，对已有研究文献的梳理是开展研究工作的基础，不属于研究问题的范畴，所以我们不太建议把文献法作为研究方法，如果文献综述中使用了文献计量法，这种方法与研究问题的解决有关，那么还算符合表达逻辑。

在研究设计中，笔者建议大家把自己的研究需要解决的问题一一列举出来，然后针对每一个问题介绍自己的研究方法。如果研究方法无法回答某个研究问题，就需要改变研究问题，或者选择其他的研究方法。同时，选择研究方法还需要考虑研究情境的可行性。例如，我们要了解某一区域内中小学“双减”政策落实的情况和存在的问题，我们采用访谈法可以解决这个问题，但是因为我们需要大范围了解情况，而采用访谈法需要耗费大量的时间和精力，这时就不如问卷法有效。此外，选择研究方法时还应当考虑研究者是否有能力实施该方法。例如，一位不懂藏文的汉族研究者想要通过深度访谈了解不会说普通话的藏民的教育观，显然不太现实。

其次，研究方法的表述应当清晰具体。我们经常在教育硕士的学位论文中看到他们这样介绍自己的研究方法。“访谈法——访谈法是社会科学研究方法的一种，通过研究者与研究对象交谈的方式来收集资料数据。”“问卷调查法——笔者设计了有关高中英语教学中师生关系的问卷，对 K 学校高中部三个年级的学生及英语教师开展问卷调查，从而了解当前高中英语课堂中的师生关系现状。”

上述关于研究方法的表述中，没说清楚研究者到底将如何应用这种方法，如何通过方法解决所研究的问题，使得读者对他的研究构想仍是一头雾水，不得不怀疑他是否已经明晰研究思路，是否能将研究进行下去。

因此，研究者在表述研究方法时，不仅应该清楚说明研究中采用某种研究方法来解决哪个研究问题，还应该明确如何运用该方法。对研究方法必须进行详细描述，包括方法本身的介绍、方法的应用过程、数据收集的过程、数据的分析等，以便让读者能够清楚地了解你应用该方法解决研究问题的全过程，必要的时候还需要交代方法的信效度以及方法的局限性，等等。

如果我们研究中要应用访谈法，则需要交代访谈法是为了解决哪个研究问题，为什么要采用访谈法，访谈的目的是什么，准备访谈哪些人，研究对象如何选择（抽样方式），以及访谈时间、地点、人数、次数等是怎么安排的，如何进行访谈记录，访谈会涉及哪些问题（访谈的内容），等等，研究设计的附录中应当附上访谈提纲。研究设计阶段的访谈提纲要根据研究的不断深入而进行适当更改和调整，因此具有较强的灵活性。

如果我们要采用观察法开展研究，则要说清楚为什么采用这种方法，介绍观察的目的，以及观察的时间、地点、对象、内容，记录与分析的方式等。同样，如果使用实物收集方法，也应当介绍为什么采用这种方法，这种方法与其他方法之间的关系，收集哪些实物，如何收集，如何整理和应用等。

最后，研究方法的相应研究工具与数据处理技术要交代清楚。如果我们使用访谈法，可能用到的研究工具是访谈提纲和录音录像设备等，我们需要介绍访谈提纲的设计思路是什么，依据的标准是什么，提纲的信效度如何保证等问题；录音录像设备如何准备，如何征求研究对象的同意，如果不能使用设备该如何处理等；还要明确通过访谈法收集到的资料是文字、音频还是视频，是否需要转化，编码是采用人工登录还是使用相关软件登录等。

总的来说，研究方法是我们解决研究问题的重要手段，没有科学合理的研究方法，就无法解决研究问题。在研究设计阶段，慎重选择研究方法，思考清楚研究方法如何应用，并对研究工具和技术进行初步构思与设计，将有利于我们推进研究工作，顺利完成研究任务。

第 10 章

质性研究的伦理

“伦理”是指与道德有关的理论，是在处理社会关系时应遵守的规则。范明林等 2018 年在其著作《质性研究方法（第二版）》中指出，研究中的伦理是指一个特定团体在一个特定时间内接受正确或错误的原则和规范，而这些原则和规范使得成员在面对两难情境或道德议题时能够从容面对，既能够维护研究对象的利益，又是对研究者的一种保护，使其免受质疑和攻击。自 20 世纪 60 年代以来，社会学家开始积极探索质性研究中的伦理问题。

10.1 关注质性研究中伦理问题的必要性

陈向明 2000 年在其专著《质的研究方法与社会科学研究》中指出，由于质性研究关注研究者与研究对象之间的关系对研究的影响，因此，研究者的伦理规范以及道德品质在质性研究中便成了一个不可回避的问题。质性研究不是一门“软科学”，它有自己需要遵循的道德原则和伦理规范，而且要求研究者自觉遵守这些原则和伦理规范。希伯（Sieber）1992 年在其著作《规划符合伦理道德的研究》（*Planning Ethically Responsive Research*）中指出，好的伦理与好的研究方法是相向并进、相辅相成的。遵守道德规范不仅可以使研究者“良心安稳”，也可以提高研究本身的质量。研究者对研究对象的责任与对研究的责任并不冲突，认真考虑研究中的伦理道德问题可以使研究者更加严谨地从事研究工作。

在质性研究中，研究者的伦理道德行为主要涉及研究者本人、研究对象、研究者的职业群体、资助研究的人或政府团体机构、一般公众等，他们之间相互作用，对研究者的伦理道德原则和行为规范产生了不同程度的制约。

（1）研究者本人：对研究者本人来讲，研究者是作为一个个体在从事研究活动，在研究过程中所有的行为举止都对自己具有道德意义。因此，在从事研究工作时，应自觉遵守质性研究的道德原则和伦理规范。

（2）研究对象：对研究对象来讲，研究者对待被研究对象的态度、处理与研究对象有关事物的方式以及研究者与研究对象之间的关系都会反映出研究者的道德规范。研究者的道德观念和行为方式会对研究对象产生影响，有时甚至会影响他们的日常生活。

（3）研究者的职业群体：对研究者这一职业群体来讲，质性研究者群体需要遵循一些共同的道德信念和行为规范，研究者所做的一切都来源于这一集体规范。研究者从事研究工作时自觉遵守职业集体规范，有利于研究者这一职业群体形成良好的社会声誉，为后继研究者进入研究现场提供便利，也有利于后继研究者继续开展相关研究。因此，研究者遵循必要的道德原则和伦理规范不仅仅是为了维护研究者个人的利益，也是为了维护研究者的职业群体利益。

（4）资助研究的人或政府团体机构：研究者在研究过程中会与这些资助研究的人或政府团体机构有频繁接触，研究者与他们的互动可以反映出研究者本人的道德规范和行为准则，也会对他们的道德观念产生影响。

（5）一般公众：研究者所做的一切事情都发生在社会文化的大环境中，研究者可以通过自己的具体工作提升或削弱社会公德。

此外，学术领域内事先设定的伦理规范和道德原则不一定适合所有的场所，不同国家和地区因为文化不同、同一文化个体存在差异等导致不同的研究对象对“隐私”的理解可能是不一样的。不同国家和地区对从事社会科学研究一般有自己特定的法规和习俗，相同的伦理规范并不能适应所有地区的研究，民族文化、地域的差异性可能使伦理规范“失效”，对此，研究者需要事先学习了解当地的历史和文化，避免因为文化差异而触碰研究对象的隐私。例如，研究者在做比较教育研究时，如果需要去其他国家开展教学及研究工作，由于中国和其他国家在道德伦理和思维习惯方面存在差异，因此需要事先了解该国的历史文化。

总之，质性研究中的伦理道德问题不仅涉及所有与研究有关的人、机构和社会团体，而且贯穿研究的全过程，其本身也具有十分丰富的内容层次。因此，在质性研究中，伦理问题显得尤为重要。

10.2　质性研究中的伦理问题

质性研究中的伦理问题是指研究者在实践过程中进行实践研究因没有遵循相应的伦理原则所引发的问题，这些伦理问题主要体现在研究对象的权益受到侵犯。在质性研究过程中，可能出现的伦理问题主要包括以下几个。

问题一：在研究开始之前没有征得研究对象的同意。某些研究者为了获得可靠、真实的信息，没有征得研究对象的同意，隐瞒了自身研究者的身份，这种研究是不道德的。20 世纪上半叶，在西方人类学和社会学领域，质性研究者未经他人同意，擅自闯入他人生活，探究他人观点，这样的事件并不罕见。例如，心理学家米尔格拉姆（Milgram）在耶鲁大学进行的权威服从实验，虽然该研究具有较高的学术价值，但却因他对研究对象进行隐瞒，并给研究对象带来情绪困扰而饱受诟病。再如汉弗莱斯（Humphreys）的茶室交易研究，为了研究同性恋这一隐蔽群体在公共场所的性行为，他掩盖了自己研究者的身份，在公厕扮演“把风望哨”的角色，暗中进行观察并偷偷记下车牌号，从而追查到其姓名和住址，一年后以其他研究调查为借口，登门拜访，进而了解他们的各种背景资料。虽然在该研究过程中他采取措施保护了研究对象的相关材料不被泄露，但由于整个研究是不道德的，因此饱受诟病。以上两个案例表明，一项研究虽然有价值，但如果有悖于道德，也会遭受谴责。目前，针对研究者在开展研究之前是否要征得研究对象的同意的问题，目前学界仍存在争议，笔者通过阅读文献以及结合自身经验，可以将其归纳为五种类型：①隐瞒派；②公开派；③情境-后果派；④相对主义的观点；⑤女性主义的观点。当前，学界一个争论的焦点是研究对象是否真正自愿参与。事实上，研究者与研究对象之间的伦理问题往往可以归结为权力关系，有时居于高位的“守门人”会协助研究者，促使身处低位的研究对象参与其中，在这种情况下，很难判断这种同意是发自内心的，还是迫于压力。

问题二：在研究结果呈现时透露研究对象隐私。所有的研究者都要对研究对象的个人信息采取保密措施，避免暴露他们的身份和姓名。一般的做法是对一切与被研究者有关的人名、地名与机构名都采取匿名的形式，并在必要时删除敏感性材料。但是，这种简单的保护方法在处理复杂的研究关系时往往是不够的，仍然可能会无意间透露研究对象的隐私，给研究对象带来很多困扰。如果研究所涉及的圈子很小，那么圈内人便有可能从文本中识别出研究对象。例如，呈现研究结果时，虽然并未使用研究对象的真实姓名，但是通过分析研究者在研究过程中最关注、互动最多的群体，便可能会暴露研究对象的身份，从而泄露研究对象的隐私。

另外，研究者在向资助研究的人或政府团体机构呈现研究结果时，如果对研究对象在无意间透露出来的隐私未加保护，那么将导致自己的研究结果可能被某些人或机构“利用”。也就是说，倘若研究者完全信奉资助研究的人或政府团体机构，在报告研究结果时，把调查结果完全公开给资助研究的人或团体机构，而没有保护特殊的信息，而此时研究结果可能会被某些人或者机构“利用”，给研究对象的工作和生活带来不利影响，从而损害研究对象的利益。例如，怀特曾经受一个工厂资方的资助对该厂的工会进行调查，以帮助资方改善与工人的关系。在研究完成后，他被告知，如果不是因为他所提供的信息，资方不可能在当时的一次选举中击败工会。怀特非常吃惊，万万没想到自己的研究结果会被用来反击为自己提供信息的人。后来，他反省道：如果当时资助方告诉他这项研究会用来击败工会，自己是一定不会同意进行这项研究的。

问题三：在研究过程中，研究者对待研究对象的态度和评价存在歧视、冷漠等现象。

首先，在研究过程中，研究者可能在很多情况下没有“公正地”对待研究对象。例如，当研究者和研究对象在文化、种族、性别上存在差异时，可能会出现歧视研究对象的现象。比如，如果研究者来自发达的文明城市，而研究对象处于比较“原始”的游牧状态，前者可能认为后者的很多生活习惯“不卫生”“不符合健康标准”，研究者虽然在口头上声称“尊重研究对象的文化习惯”，但是可能会从心里看不起对方，甚至“出于好心”给对方提出很多“改进生活质量”的建议。

其次，当面对“两难问题”时，研究者为了达到研究目的、获取最有效的信息，甚至不惜揭开研究对象的伤疤。例如，在访谈曾经遭遇过校园暴力或者家庭暴力的受害者时，访谈可能会引发研究对象的痛苦回忆，这时研究者是继续访谈还是停止呢？部分研究者为了达到研究目的、获取最有效的信息而选择“穷追不舍”，不惜揭开研究对象刚刚愈合的伤口。

最后，研究者可能在很多情况下没有“合理”处理自己的研究结果。如果研究者从事的是一项评估研究，则其对研究对象的评估是否公正合理就显得非常重要。如果研究者的评估将直接影响到研究对象的生存状态，如使其失去工作、降级、降工资等，则研究者需要知道自己的评估是否确切、中肯。同时，如果答应与资助研究的人或团体机构分享研究结果时，研究者也应该考虑研究对象的处境，使其也能够公正地对待研究对象。

问题四：在研究过程中，研究者与研究对象的关系存在失谐现象。民族志学者科菲（Coffey）1999 年在其著作《民族志的自我》（*The Ethnographic Self*）中指出：任何在田野中建立起来的研究关系都是“虚拟”与“现实”的混合物。当然，“虚拟”并不是指责研究关系的操纵性和欺骗性，而是强调研究者在与研究对象创建关系过程中的目的性，以及出于研究者自身知识结构和需求，对研究产生的片面理解。研究者为了从研究对象身上收集到丰富的材料，往往表现出对研究对象的兴趣，并保持和善热情的态度。同样，研究对象出于对研究者或研究题目的兴趣和期望，也会特别亲近研究者。在这种情况下，双方产生了交往的动力，有助于研究者收集资料。

但是，“虚拟”的关系也可能会造成很多误解和尴尬，从而威胁道德伦理。当前的一些质性研究者在处理质性研究中的关系时，存在着“商品化”取向。例如，研究者知道与研究对象构建良好的关系会直接影响到研究过程和研究结果，良好的研究关系有利于研究的顺利开展，信任关系有利于保障研究结果的准确，因此，在一些研究中，“拉关系”“装亲切”“扮友谊”逐渐成为一种专业性的技巧，而且这种“商品化”与专业化相结合，逐渐成为专业的、可推广的技巧知识，并被广大研究者所掌握。

此外，研究意义的缺失也导致研究结果的“去人性化”。例如在研究过程中，研究者更关注的是采取什么手段、方法能够顺利开展研究，获得研究结果，把学生当作完成目标的工具，大多数研究都是在解释为什么会出现这种教育现象，但如何改变现实中的教育问题，对学生如何从研究中获利却被忽视。可见，当前的一些质性研究者开展研究仅仅是从自我研究的需求出发，而忽视了参与者的“声音”，研究并没有给被研究者带来现实价值，陷入为了研究而研究的陷阱，而没有解决特定的教育问题或改善教育状况，存在着“去人性化”取向。

问题五：研究结束离开现场的时机及回报问题。在研究结束离开现场时，应该选择在什么时间、什么情况下、以什么方式离开，离开后是否应该与研究对象保持联系，也是研究者不得不面对的问题。当然，这些行为不仅涉及离开现场的方式，还与给研究对象的回报有密切关系。尽管在研究者和研究对象的关系上强调研究双方的平等性，但通常情况下，研究者往往会寻找那些相较于他们比较弱势的群体作为研究对象，以便能在研究时占据主动地位，但这种不对等的利益关系往往会产生不良影响，对很多研究对象而言没有什么“利益”可言。

研究对象给研究者提供信息，研究者获得研究结果、发表文章、获得学位或晋升机会，但研究对象所获甚少，可能就是一种“无偿的奉献”，而且在参与研究的过程中，研究对象往往会花费时间和精力为研究者提供信息。但是在实际研究过程中，由于社会科学研究往往很难得到丰厚的资助，研究者可能会忽视对研究对象的回报，而且如果给得太少，不仅会失去激励作用，而且对某些研究对象来说也可能是一种侮辱，导致研究对象往往会发出质疑，“我能从研究中获得什么？”，所以为打消研究对象“被利用”的想法，考虑如何回报研究对象是研究者必须关注的问题。

10.3　质性研究中伦理问题的应对方法

研究伦理问题不仅产生于研究开始之前、伴随整个研究过程，甚至在完成研究报告很久后也会涉及道德伦理问题，参考陈向明 2000 年出版的《质的研究方法与社会科学研究》以及李晓凤和佘双好 2006 年出版的《质性研究方法》关于质性研究伦理问题的讨论，笔者从研究对象的角度认为，研究者在研究开始之前、研究过程中以及研究结束后应该遵循以下几种基本原则和做法。

10.3.1　尊重研究对象选择参与或不参与研究的权利

保障人权是保障研究顺利开展的前提，任何研究都应该尊重人权，另外，在研究过程中还要遵循知情同意原则。根据英国社会学协会（British Sociological Association，BSA）的定义，知情同意指的是社会学者有责任向参与者解释要研究什么，谁在研究，谁资助的这项研究，为何要进行这项研究，研究成果将以何种形式面世，解释要尽可能详尽，措辞要尽可能明了易懂。这里主要包含两层意思：第一，研究对象要充分了解情况，也即研究者必须提供以下信息，如研究的目的是什么、研究过程中可能会涉及哪些问题、需要研究对象做什么、会占用研究对象多长时间等；第二，研究对象参与应出于自愿，并随时可以选择退出。因此，在研究开始之前，研究者首先要清楚研究的目的，如果有资助研究的团体机构，应该积极与其沟通，了解研究目的、权衡承诺、达成共识，并建立交互平等的关系，不得损害研究对象的利益。

随后，应当向研究对象清晰地呈现研究程序、目的、风险和可能的收益，确保研究对象理解研究者所做的说明，并且明确双方的角色、责任和权利。同时，要告诉研究对象研究报告及结果中的数据信息将如何处理，保密的方式是什么，确保研究对象真正自愿参与或者拒绝参与研究。如果同意参与研究，应当签署“书面同意书”，如果研究对象是儿童，或是表达能力较差的特殊人群，他们不能自行决定是否同意的话，可以征求其监护人的同意。

10.3.2　尊重和保护研究对象的个人隐私

无论研究最终以什么形式面世，研究者都不应该泄露研究对象说了什么，做了什么，既不能点破其姓名、身份，也不能让人根据文章中的线索做出合理的推断，从而追溯到参与者的身份。研究者必须保护研究对象的隐私权，仔细审核数据资料处理的每一个步骤，确保研究对象的隐私不会泄露。在撰写研究报告、呈现研究结果时，应使用匿名的形式为其保密。但在现实生活中，研究对象的某些资料即使是匿名的，也可能暴露他们的身份。因此，在呈现研究结果时，在保证真实的前提下，可以通过更改无关紧要的信息来保护研究对象，以免被研究对象认识的、对研究对象非常熟悉的人辨认出来。

同时，在研究中涉及隐私的部分，关于是否出版，应该与研究对象充分交流协商，保证不伤害研究对象，不在公共场合暴露他们的隐私。此外，在研究过程中，研究者与研究对象不可避免地会进行深入接触，研究的问题也可能会涉及研究对象的私人生活。随着研究的深入，有时研究对象可能会透露出许多本想保护起来的隐私，这时研究者有义务对对方提供的信息保密。

10.3.3　客观公正对待研究对象和研究结果

对于研究者而言，无论是收集资料还是访谈研究对象，都应该按照一定的道德规范公正地对待，并且合理处理自己与研究对象的关系。当研究者和研究对象在文化、种族、性别、受教育程度等方面存在差异时，应尊重差异、不宜提出“改进”建议。如果是一些评估性研究，研究者对研究对象的评价可能会影响到研究对象的工作、学习状态等。例如，关于一位教师与他人合作能力的评价研究，该研究结果可能会影响到他本人的切身利益。因此，研究者有义务做到客观公正，在做出评价之前必须考虑具体的研究情境以及研究结果会对研究对象产生什么样的影响，并客观公正地评价研究对象。例如，对学生的评价要客观公正，在评价中尊重学生，保障学生在评价中的主体地位，避免给学生“贴标签”，羞辱、嘲笑学生等。

同时，受文化背景、知识经验等因素的影响，在资料处理时，研究者和研究对象之间可能意见不一致。因此，当双方出现意见分歧时，研究者不能把自己当作“研究权威”而主观臆断，而应该采取合适的策略与对方商讨，寻找解决冲突的支点，采取双方都认同的方法协调处理。而且，在研究的各个阶段也应当分时段进行验证，确保研究者对收集信息的理解符合研究对象的真实想法，并在研究对象允许的前提下使用该信息。另外，在报告写作中可以使用研究对象自己的语言，这种方式可以更好表达研究对象的真实想法。

10.3.4　恰当处理与研究对象的关系

布鲁姆（Bloom）和克拉布特里（Crabtree）2006 年发表在《医学教育》（*Medical Education*）上的题为《质性研究访谈》（“The Qualitative Research Interview”）的文章指出，在质性研究中，研究对象更多的是一种建构意义上的研究对象，而不是信息检索的管道。因此，在深度访谈中，研究者有必要迅速发展积极的关系，建立融洽的关系，在相互理解的基础之上讲述真实故事，在研究对象支持的状态下获得研究资料。从本质上讲，融洽关系表现在信任和尊重研究对象、研究对象愿意与研究者分享信息等方面。同时，研究者要根据研究对象以往的生活经历和认知能力，精心设置问题，巧妙地组织和运用语言，并提供开放的沟通环境，即使是在研究过程中也应确保研究对象有权拒绝参与研究或回答某一问题，保证研究对象在任何时候都可以退出研究，使研究对象平等、自由地参与研究过程。

当研究者与研究对象对资料理解不一致时，研究者应该认真考虑双方的观点，采取合理的策略处理矛盾冲突，让研究对象不仅能够参与数据资料的收集工作，也可以参与最终结果的验证，鼓励研究对象积极表达对研究结果的看法，构建“完全伙伴关系”，但是也要注意研究者与研究对象之间的亲密程度。由于双方的长期接触，他们之间产生了亲密关系，研究者在一定程度上介入研究对象的生活，并对他们的生活产生了一定影响，这可能会影响道德伦理和研究效度。例如，很多西方学者指出，在人为塑造的亲密关系中，研究对象往往会忘记研究者的身份，从而在无意间透露出许多本想保护起来的隐私；对研究者而言，过于亲密的关系也可能使其完全成为“局内人”，丧失独立的视角和思考的能力。

10.3.5　注重巧妙退出和公平回报

研究者作为一位“旅居者”，在获取了满意的研究数据和信息后就应该离开研究现场，回到原来的工作和生活中。在传统的实地研究中，研究者以研究者和朋友的双重身份开展研究，因此，合理地结束与研究对象之间的关系显得尤为重要。首先，研究者在离开研究现场之前的一段时间，可以慢慢减少研究密度，并且提前告知研究对象将要离开，在离开现场以后也应该与研究对象保持积极联系，并履行在研究开始前对研究对象的承诺，对于研究对象配合参与研究的行为，研究者有义务向研究对象提供回报，确保研究对象获得的利益和他们的付出之间相对公平。例如，对于研究对象为配合研究者开展研究工作时花费的费用，要及时报销；根据工作难度及贡献时长对其支付劳务费；在访谈中，对于有心理压力的研究对象，可以及时给予心理疏导，通过倾听等方式表现出尊重理解，以缓解对方的压力；等等。同时，可以将研究结果、研究报告分享给研究对象，共同分享研究成果的喜悦。

其次，重视社会力量，承担社会责任。研究者把研究数据以调查报告、政策建议等方式呈现，可以引起有关部门和社会公众的注意，并可能为研究对象群体提供帮助和支持，从而对教育发展和社会进步起到促进作用。

总的来说，教育质性研究的伦理问题是一个非常复杂的问题，特别是当涉及文化差异时会更加微妙。正如陈向明在 2000 年出版的《质的研究方法与社会科学研究》一书中所言，研究过程中遇到的很多问题依然悬而未决，在质性研究领域至今尚无定论，所以，不可能事先设定固定的法则和规范。因此在实际操作中，在面对质性研究的伦理问题时需要随机应变。对于研究者而言，对可能出现的伦理问题要保持足够的敏锐度，意识到自己应该承担的责任，当遇到伦理问题时要及时采取相应的措施，妥善处理。

第四部分　质性研究资料收集

资料收集方法包括访谈法、实地观察法、问卷、实物收集法等，其中访谈法、实地观察法和实物收集法最为常用。与定量研究相比，质性研究更关注“因”的问题，需要研究者不同程度地参与到研究活动中，沉浸在对资料的感知、互动、反思、理解和记录中。

收集资料时，最重要的问题是怎样才能从研究对象身上获取反映他们思想和行为的信息、如何从研究对象的角度理解其行为和意义建构等。本部分主要介绍质性研究资料收集的三种方法，即访谈法、实地观察法和实物收集法。访谈法是研究者“寻访”“访问”研究对象，通过面对面接触、与其进行交谈和询问，以寻求获取研究资料的方法。研究者根据访谈大纲提出问题，研究对象根据问题提供真实资料。实地观察法和访谈法类似，研究者根据观测指标和量表，采用直接参与或间接参与的方式观察研究对象，依据时间、地点等分类方式，记录所观察到的行为。实物收集在某种程度上保留了真实的生活情境，为研究者后期创作提供最基本的素材。

本部分第 11 章讨论个体访谈和焦点团体访谈的定义、适用范围、类型、访谈前的准备工作以及访谈的具体操作程序等，并结合相关案例进行呈现。第 12 章对实地观察法进行探讨，探讨实地观察法的定义、适用范围、类型、信效度、观察前的准备、观察的具体操作程序以及资料的初步整理等，系统展示了实地观察法的实施过程。第 13 章讨论实物收集法的定义、类型、作用和资料整理等，对实物收集法的运用进行系统说明。

第 11 章

访谈法及案例分析

访谈法是质性研究中一种非常重要的收集资料的方法。在实际社会研究中，访谈法常与观察法结合使用。本章将着重探讨个体访谈法和焦点团体访谈法的适用范围、基本类型和访谈前的准备工作，并呈现完整的访谈案例。

11.1　个体访谈法

质性访谈是一种特别的演说活动或对话活动，关注的是研究现象背后所获得的经验，以及对研究现象的分析。访谈，从字面上理解，即访问、交谈。个体访谈法是访谈法的一种形式，即研究者面向一名研究对象，通过口头交谈方式收集资料、了解社会情况。通过访谈，研究者可以揭示研究对象赖以组织自我经验和建构认知的意义。

11.1.1　个体访谈法的基本特征

访谈是研究者和研究对象面对面进行互动的过程，访谈法的基本特征主要包括互动性、灵活性和准确性。

1. 互动性

互动性是访谈法最显著的特征。整个访谈过程并非单向传导，而是研究者和研究对象双向交流、双向沟通的过程，二者通过一问一答完成访谈。在此过程中，研究者起主导作用，并影响研究对象。

2. 灵活性

研究者可以事先选择访谈环境，避免其他因素干扰。同时，研究者可以灵活地安排访谈时间，把握访谈节奏，掌握话语权。若在交流过程中发现新问题，研究者可随时发问，便于挖掘深层次信息。因此，访谈法灵活性很强，需要研究者随机应变。

3. 准确性

准确性是指通过访谈法获取的资料相对真实可靠。这是因为首先研究者和研究对象不存在稳定的社会关系，研究对象的顾忌较少；其次，双方协调的时间、地点能让研究对象消除紧张情绪，真实表达情感；最后，访谈的流程安排较紧凑，研究对象无法长时间思考，给出的回答相对客观。

11.1.2 个体访谈法的优点与不足

个体访谈的特征决定了访谈法的优点和不足。其优点表现在：适用范围较广、灵活性较强、便于深入挖掘信息等。其不足表现在：花费大量人力、物力和财力；非匿名，缺乏隐秘性；口头交流，难以记录和处理等。

11.1.3 个体访谈法的目的

访谈目的主要有三：一是试图挖掘问卷调查和观察中“原因类”的问题。例如，东北师范大学杨田静 2019 年在其博士论文《小学音乐教师情绪劳动研究》中，针对情绪劳动策略选择背后的原因，提出问题：“请您举例说明，当您内心真实的情绪与音乐教学工作需要表达的情绪不一致的时候，您会如何进行调节？为什么会这么做？”

二是补充问卷调查和观察无法涉及的问题。例如，西北师范大学白学海 2016 年在其博士论文《3～6 岁儿童音乐教育变革的质性研究》中，针对幼儿学习兴趣，提出问题：“孩子们对什么样的音乐活动感兴趣？请您举一个典型的事例”“您心目中理想的或者说好的幼儿园音乐活动是什么样的？”

三是调查问卷虽提及但仍需访谈的问题。例如，上海师范大学蒋永贵 2008 年在其博士论文《初中科学新课程实施的现状、影响因素及环境研究》中，针对课前备课，提出问题：“您通常采用什么形式备课或者什么方法备课？您的教案中常含有哪些要素？”此类题目是为了对问卷调查和观察内容进行三角检验。

11.1.4 个体访谈法的适用场景

质性研究中，访谈法最为常用。一方面，研究者可以直接观察访谈对象的行为表现，从而深入了解研究对象的心理活动和价值取向。另一方面，研究者可以全面了解访谈对象过去的经历、对某些事情的看法，从而获得关于研究对象行为的详细资料。因此，访谈法适用范围较广，主要体现在以下两点。

1. 适用多个访谈对象

无论访谈对象的文化程度如何，只要访谈对象没有语言障碍，就可以使用访谈法，这是其他质性收集资料方法无法比拟的。例如，东华理工大学李汝贤在撰写其硕士论文《协同教育视域下农村中学家校合作现状对策研究》过程中，为了解农村中学家校合作现状，对中学生家长、学校管理层及教师进行了访谈。

2. 适用小范围的访谈

由于访谈法会消耗大量人力、物力和财力，因此，访谈法一般适用人数较少的调查，而非大规模调查。例如，张志新等 2020 年发表在《中国电化教育》上的论文《发达地区中小学人工智能课程建设现状、问题与对策——以某“新一线”城市为例探讨》，为了解我国发达地区中小学人工智能课程建设的现状，除了实施问卷调查以外，还结合深度访谈分析其中存在的问题。总体来说，访谈法包括以下优势。

首先，能对正在发生或已经发生的事件进行建构。访谈法有助于访谈对象对正在发生或已经发生的事件进行解释，揭示其情感动机、价值观念和行为规范隐含的意义，了解“别人头脑里的那些东西”。

其次，对未知事件起到预测作用。访谈法有助于研究者对预期事件进行解释，对未发生事件做出大致判断。例如，湖南师范大学谭慧芳 2020 年在其硕士论文《外来务工人员子女初中地理学习习惯分析及对策研究》中，对一线教师和学生进行访谈，通过访谈了解外来务工子女地理学习习惯现状，并推测产生该现象的原因，并设计了较为合理有效的问卷。

最后，可以进行三角检验。研究者可以通过访谈法对不同方式收集的信息进行检验和补充。在访谈中，研究者可以就观察到的行为表现、问卷调查的内容对访谈对象进行深入询问，若三者表述不一致，研究者可以对此进行追问，以检验收集资料的真伪。

11.1.5　个体访谈法的基本类型

按照不同分类标准，质性访谈可以分为不同类型。下面将对不同分类标准下的访谈类型进行详细介绍。

1. 结构访谈、半结构访谈和无结构访谈

根据访谈自由程度（或控制程度），访谈可以分为结构访谈、半结构访谈和无结构访谈。

结构访谈又称标准化访谈，是研究者根据事先设计好的、具有一定结构的问卷进行的访谈。在此过程中，选择访谈对象的标准和方法、提出的问题、提问的顺序和方式以及对访谈对象回答的记录方式等都有统一规定。因此，研究者只需严格按照问卷引导访谈即可。这种访谈便于统计与分析，但有时过于死板，缺乏灵活性，难以捕捉到深入细致的内容。

半结构访谈要求研究者根据粗线条的访谈大纲对访谈对象进行提问。在此过程中，访谈大纲只起提示作用，研究者无须完全按照提纲进行提问。研究者要控制访谈的走向和进程，也要鼓励访谈对象提出问题、表达看法。这种方法介于结构访谈和无结构访谈之间，既不像结构访谈呆板严肃，也不像无结构访谈不拘一格。例如，中央民族大学林玉庆 2011 年在其硕士论文《流动儿童学校适应行为研究》中提出问题：“在您的印象里，年级越高的流动儿童学校适应行为是否表现得越好？哪个年级的流动儿童学校适应行为表现良好？”诸如此类问题，就属于半结构访谈。

无结构访谈与结构访谈完全相反，研究者无须事先设计严密的访谈提纲，只需做好一名听众，并在适当的时机提出问题。在此过程中，研究者提出的问题、提问的顺序以及访谈对象回答的方式等都不受约束，但这不等同于无意义问答。研究者可根据访谈进程和访谈对象状态灵活发问，鼓励访谈对象说出观察到的现象及其看法，进而对问题做全面了解。无结构访谈的灵活性强，便于激发双方的创造力和积极性，但不利于研究者把握节奏。例如，“您是怎么过来的呀？”“您今天看起来状态很好，有什么喜悦的事情要分享吗？”“您刚刚提到的×××，是什么意思呢？您可以举例具体说明一下吗？”诸如此类问题，就属于无结构访谈。

在实际操作过程中，研究者可以根据需要选择访谈类型，可以是其中一种，也可以是几种类型相结合。研究者可以先通过无结构访谈了解研究对象感兴趣的话题和思考问题的方式，与研究对象建立情感基础，继而通过结构访谈和半结构访谈，引导研究对象回答研究者要解决的问题。

2. 直接访谈和间接访谈

根据研究者与研究对象的接触程度，可以将访谈法分为直接访谈和间接访谈。

直接访谈是指研究者和研究对象约定好时间、地点等，进行面对面交谈的形式。直接访谈的优点在于，通过面对面交流，研究者可以直接观察研究对象的表情和动作，直接感受对方的情绪情感和了解其精神状态，有助于后期资料的整理及分析。不足之处是耗时耗力。例如，北京师范大学庞丽娟等 2020 年在《北京师范大学学报（社会科学版）》上发表了论文《完善教师队伍建设 助力乡村振兴战略——制度思考和政策建议》，为深度了解各地乡村教师队伍的建设状况，作者深入 20 个省份、40 余个地市、100 余个区县，通过直接访谈等方式进行调研。

间接访谈是研究者和研究对象约定好时间，通过电话、信件等方式进行交谈的形式。间接访谈的好处在于相对保护隐私。但正由于看不到对方，研究者不能对研究对象有全方位的把握。例如，马春玉和赵南 2021 年在《当代教育论坛》上发表了论文《教育扶贫背景下学前教育支教活动质量的调查研究——基于支教方教师知觉的视角》，作者为了解教育扶贫背景下学前教育支教活动的质量，通过电话、微信、邮件等非面对面的形式对 11 位研究对象进行了访谈。

实际访谈中，研究者较多采用直接访谈的方式。如果研究者与研究对象特别熟悉，能通过语言、说话语气直接判断其状态，准确理解访谈对象真正要表达的意思，则可以使用间接访谈。通常来说，间接访谈在万不得已的情况下才会使用，它往往起辅助作用。

3. 一次性访谈和多次访谈

根据访谈次数，可以将访谈法分为一次性访谈和多次访谈。

一次性访谈是指研究者在一段时间内就某一研究问题对研究对象进行一次性资料收集的访谈。一次性访谈的特点是：访谈时间较短，收集资料的内容比较简单。例如，湖南大学唐丽在撰写其硕士论文《外来务工子弟小学低年级学生学习习惯的调研》过程中，为了解外来务工子女的学习习惯和学习情况，曾在路边水果店对家长进行访谈。

多次访谈是指研究者为收集资料，就某一研究问题与研究对象进行两次及以上的访谈。多次访谈又可以理解为深度访谈，通常用于追踪调查，研究深层次问题。多次访谈的好处是可以挖掘深层次信息，缺点是耗时耗力。同样以《外来务工子弟小学低年级学生学习习惯的调研》为例，作者通过第一次访谈发现访谈提纲并不理想，于是在导师的协助下，修改访谈提纲并进行第二次访谈。

研究者进行几次访谈最合适，每次访谈的主要任务是什么呢？美国学者塞德曼（Seidman）1991 年在《质性研究中的访谈：教育与社会科学研究者指南》（*Interviewing as*

Qualitative Research: A Guide for Researchers in Education and the Social Sciences）中指出，访谈法最显著的特征是研究者与每位研究对象进行三轮各不相同的谈话。访谈者在第一轮访谈中的任务是围绕既定研究主题询问访谈对象，让研究对象尽可能谈论自己的经历。第二轮访谈主要集中了解研究对象在研究主题范围内生活状态的具体细节。第三轮访谈的主要任务是让研究对象反思他们经历的意义。在实际质性访谈中，我们可以根据访谈目的和问题，选择合适的访谈类型，适当调整访谈次数。

11.1.6 个体访谈前的准备

在访谈开始之前，研究者要做好准备工作，主要包括选取研究对象、确定访谈内容、设计访谈提纲、以何种方式与访谈对象取得联系等。

1. 选取研究对象

研究对象的选取通常使用抽样法，抽样又包括概率抽样和非概率抽样两种方式。

概率抽样又称随机抽样，多用于定量研究，每个样本都有相同被选中的机会，对总体具有代表性。例如，西南师范大学曾娟在撰写其硕士论文《渝中区初中阶段家校合作现状的调查研究》过程中，为了解重庆市渝中区家校合作现状，研究者在充分调研渝中区地理位置、历史发展和政府教育投入力度的基础之上，采用随机抽样的方法，最终选择两所高级中学、三所初级中学作为研究对象，对初一、初二和初三的家长及班主任进行问卷调查，并对其他学校的校长、德育主任及相关负责人进行深度访谈。

非概率抽样又称非随机抽样，也可以称为目的性抽样，是指研究者根据主观判断和经验或自身便利抽取样本的方法。

目的性抽样选取的研究对象要与访谈的主题内容相匹配，研究者要寻找最了解情况的人来回答问题。例如，上海中学唐盛昌 2012 年发表在《教育研究》上的文章《聚焦志趣、激发潜能——上海中学高中生创新素养培育实验研究》提到，为了解上海中学高中生创新素养培育实验在提升学生创新素养方面的成效，研究者对该中学 2011 届的 110 位毕业生进行了访谈。

此外，研究者需审慎访谈和自己有稳定社会关系的人，如朋友、同事或自己的学生等，虽然该途径最便捷，但存在许多问题。例如，当研究对象是研究者的下属，那么他很有可能投其所好或有所顾忌，从而削弱访谈资料的真实性。若研究对象是未满 18 周岁的学生，则需要经过其法定监护人的允许。总之，选取研究对象的原则是双方平等，不能让研究对象处于过度弱势的地位。例如，华中师范大学秦逸韵在撰写其硕士论文《小学家校沟通与合作的研究》过程中，为研究便利，选取自己就职的学校作为研究对象，对该学校的教师、家长和学校管理层进行访谈。这样做虽然便于获取资料，但也需要研究者辨别信息真伪。

2. 确定访谈内容

选择好访谈对象后，就要确定访谈内容。研究者要将研究问题转化为访谈内容，可以通过以下途径：

（1）查阅相关文献。研究者应该时常查阅文献，并不断反问自己：作者是从哪个角度写作的，有哪些关键的理论、概念和观点，研究方法是什么，现状是什么，核心议题是什么，解决了什么问题，得出了哪些结论，这些结论自己是否赞同，等等。研究者可能会从中获得启发和思考，更加深入理解访谈内容。

（2）琢磨研究问题。研究者在确定研究问题后，要仔细琢磨问题并不断反问自己：我想要研究什么，研究的背景是什么，产生问题的原因是什么，我该怎么研究，是否适合通过访谈的方式来收集资料，等等。

（3）与导师讨论。在任何研究阶段，研究者都可以与导师进行讨论，导师一定会给出许多建议。

（4）初步访谈。当研究者对开展访谈毫无头绪时，可以与访谈对象简单讨论研究主题。通过非正式访谈，研究者可以得知研究问题的重点、研究对象感兴趣的内容，以便为正式访谈指明方向。

以下以上海师范大学蒋永贵2008年在博士论文《初中科学新课程实施的现状、影响因素及环境研究》为例进行说明。基于初中开设科学课程存在的矛盾，作者将研究兴趣集中在以下几点，如国家科学课程标准颁布后的初中科学课程实施情况如何，影响其实施的深层因素是什么，我国初中科学课程实施的环境如何等等。

作者继续查阅文献并结合自己对实践的思考，将研究主题聚焦于教师这一群体，关注教师在初中科学新课程开展中的行为，最终得到核心问题：教师是如何实施初中科学规划课程的?

问题一：初中科学新课程实施有何特征?

问题二：实施初中科学新课程表现出哪些特点?

问题三：影响初中科学新课程实施的因素有哪些?

问题四：不同区域、教龄教师对实施初中科学新课程的态度分别有何差异?

问题五：实施初中科学新课程需要什么环境?

3. 设计访谈提纲

访谈提纲在访谈中起提示作用，以免研究者遗忘重要内容。访谈提纲要尽可能简单明了，最好在一页纸上就能清晰呈现。不论是哪种访谈，访谈提纲都应具有开放性和灵活性。那么研究者应该如何设计访谈提纲呢?

（1）确定访谈要点。一个好的访谈提纲，可以让研究者在访谈中做到心中有数、临危不乱，顺利完成访谈并获取有效信息。确定访谈要点可以从两方面着手：借鉴前人做法和进行头脑风暴。

一是借鉴前人做法。我们先要筛选出需要访谈的问题。例如，“初中科学规划课程有何特征”这一问题采用问卷调查法即可。“影响初中科学新课程实施的因素有哪些？”这一问题结合访谈法更有助于理解研究对象行为背后的深层次原因。因此研究者在确定研究问题后，要大量阅读文献，借鉴以往研究，筛选访谈问题。

同样以《初中科学新课程实施的现状、影响因素及环境研究》为例进行说明。上文中，我们已经确定了研究的核心问题和具体问题，根据研究需要，我们对问题二、问题三和问题四进行访谈研究。根据以往文献和研究目的，我们可以进一步明确访谈要点。

针对“实施初中科学新课程表现出哪些特点”，我们拟从教学目标、教学内容、教学策略和教学反思等方面明确访谈要点。针对“影响初中科学新课程实施的因素有哪些”这一问题，我们可以从教师层面、学校层面和社会层面明确访谈要点。针对“实施初中科学新课程需要什么环境”这一问题，我们可以从制度文化环境和学科教师专业化环境等方面进行设计。

二是进行头脑风暴。若查阅文献后，研究者仍感觉无从下手，则可以采用头脑风暴法。头脑风暴是一种非争论性的调查会议，与会者可以充分发表自己的意见，而不能批评别人的意见。头脑风暴的民主性强，但并非“拍脑袋”决策，它也要基于一定文献。实施头脑风暴主要规则如下：

第一，会议主持人简要说明会议主题，提出讨论的具体要求，严格限制讨论范围。第二，鼓励与会者自由发表意见，但不得重复他人意见，也不允许反驳他人意见，以便形成自由讨论的气氛。第三，支持与会者汲取他人观点，不断修改、补充和完善自己的意见；鼓励与会者在综合他人意见的基础上，提出新想法。第四，会议主持者，特别是高级领导和权威人士，不发表自己的意见，不表露自己的倾向，以免破坏会议的自由气氛。

头脑风暴可以从时间维度、空间维度或时空组合维度开展。

首先了解时间维度。根据访谈进程或事物发展顺序，访谈可以分为不同时间段，研究者应就不同时段的访谈问题进行头脑风暴。例如，课前可以询问教师对教学目标的认识，课后可以就本节课达成哪些具体目标等进行提问。

其次是掌握空间维度。空间维度可以分为人、事和物，“人”是指研究对象，如研究对象的教育经历、工作经验和社会身份等。“事”是指研究对象的行为、看法和心理感受，具体包括研究事件发生的背景、性质、时长和频次等。例如，询问研究对象每周科学课程教学时长，包括备课、上课、批改作业、辅导和反思情况等。“物”是指研究对象所在单位或研究内容在所在单位的发展情况，具体包括研究事件的发展历程、现状、发展趋势、成效与问题、原因分析以及建议策略等。例如，询问研究对象的科学课程教学经验或者是否观摩过其他人的科学课，如有，说明具体经验；否则，说出没有的原因。

最后是确定时空组合的形式。访谈通常采取时间维度和空间维度相结合的形式进行提问。同时，要注意某些重要的时间节点。例如，课前询问科学教师的备课方式，是独自进行还是同伴合作、完全按照教材还是自己组织思路、是否查阅其他资料等。

（2）拟定访谈提纲。拟定访谈提纲是根据研究目的，梳理访谈要点的内涵与外延，将访谈要点概括化、具体化。

再以《初中科学新课程实施的现状、影响因素及环境研究》为例进行说明。前面针对“初中科学新课程实施有何特征”这一问题，研究者拟从教学目标的凸显、教学内容的处理、教学策略的运用以及教学过程的反思等方面明确访谈要点。接着，研究者要进一步研读文献，梳理这些概念的内涵与外延，拟定访谈提纲，具体步骤见表 11.1。

表 11.1　访谈提纲的拟定

访谈要点	内涵要素	拟定访谈提纲（部分）
教学目标的凸显	即为何教，这里主要基于《全日制义务教育科学（7—9 年级）课程标准（实验稿）》规定的五个具体目标：①科学探究（过程、方法与能力）；②科学知识；③实践技能；④科学态度、情感与价值观；⑤对科学、技术与社会之间关系的理解	你能大致说下我国《全日制义务教育科学（7—9 年级）课程标准（实验稿）》规定的教学目标吗？ 具体到这节课，你认为教学目标是什么？ 你是怎样确定（想象、分析、教参、课标等）这些目标的？
教学内容的处理	教什么，指教学内容的处理，也就是说如何处理科学教科书的内容，包括习题、拓展、讨论、探究、思考、实验和观察等	你是怎样看待科学教科书中的观察、思考、实验、讨论、探究、阅读、习题等模块及其内容的设计的？ 教学中对每一模块是怎样处理的？为什么要这样处理？ 具体到这节课，你计划怎样处理（是否增删、改换内容等）教学内容呢？请说明理由。 你为什么要增加（或删减）这些教学内容？这些内容对学生会有什么影响？
教学策略的运用	怎么教，主要涉及教学方法、时间安排和组织方式	你通常采用什么方式来组织课堂教学？时间上如何分配呢？ 你在教学中常用的方法有哪些？
教学过程的反思	教学效果如何，从教学目标、教学内容和教学策略三方面考察	你对这堂课的教学满意吗？能分析下存在的不足和亮点吗？ 你认为这堂课达成了哪些具体目标？是未达成、基本达成还是超出了预期的目标？为什么？ 你认为这堂课的内容处理得怎么样？还有需要改进的地方吗？如有，怎样改会更好？ 你认为这节课的内容学生都能掌握吗？如不能，是哪些内容难以掌握？

针对“影响初中科学新课程实施的因素有哪些”这一问题，我们前面已经拟定从教师层面、学校层面和社会层面确定访谈要点。现在根据既有研究和研究目的，将三个层面的影响因素尽可能梳理清晰，并根据内涵要素拟定访谈提纲。具体步骤见表 11.2。

表 11.2　影响初中科学新课程实施因素访谈提纲的拟定

访谈要点	内涵要素	拟定访谈提纲
教师层面	（1）教师的科学知识指物理、化学、生物、天文知识等 （2）教学知识指教学法、心理学、教育技术等 （3）实践性知识指实验操作技能、教育情境知识 （4）教师信念指对科学、科学教学、教师自身等的看法 （5）教师的心理指对科学教学的情感、动机、态度等	（1）（2）（3）[①]你能谈一谈你的求学（专业、学历、学校等）、教学（教初中科学年限、任教年级等）和进修（哪些课程、是否有用、有用的课程或内容等）经历吗？ （4）无 （5）你当初任（改）教初中科学时，对这门课程的态度（支持、基本接受、反对）、情感以及动机如何？现在有什么变化？

① 这个访谈问题对应的内涵要素，下同。

续表

访谈要点	内涵要素	拟定访谈提纲
学校层面	（1）学校文化指办学理念、教研活动、备课模式等 （2）学校课程资源指实验设备、校园网络、图书、师生交流等 （3）学校对教师的关照指教师的工作量和认可度、提供的专业发展机会、对教师生活的关心等 （4）校长的因素指其学科背景、领导风格、性格等 （5）教师的人际关系主要指与同事的关系 （6）学生的因素指学生的差异、课堂反应等 （7）科学教育评价（指对教师、学生、课程等的评价）	（1）你备课时通常采用什么形式和方法（独自进行还是同伴合作、完全按照教材还是自己思路组织、是否查阅其他资料等）？你的备课计划或教案中常含有哪些要素？ （2）（3）（4）无 （5）你知道同事一般怎样进行科学教学吗？你和他们会经常一起讨论初中科学教学问题吗？ （6）你怎样看待学生对科学的学习？学生在科学学习中有何明显差异？ （7）你在科学教学中主要评估学生学习的哪些方面？常用什么方法呢？你为什么要提出这个问题？你对该同学的回答怎么看？
社会层面	（1）社会教科研活动指省（自治区、直辖市）教研室开展的专题研究、公开课、教学和论文评比、专家讲座等 （2）社会课程资源指大众媒体、科技馆、与校外专家的交流等 （3）学生家长指家长的文化、政治、经济背景以及对学生的期望、与学校的互动等	（1）（2）你在科学教学中的资源怎样获得？能够满足你的教学需要吗？如果不能，还需要哪些具体资源？ （3）你认为家长对学生的态度和对科学教学的期望如何？

一般来说，经过以上两个步骤，研究者已经初步拟定了访谈提纲，但基本上是粗线条的。如果研究者想深入研究，在最后可以设计一些开放性问题。例如，“你认为当前初中科学教学主要存在哪些问题？”“影响这些问题的因素有哪些？”“有什么好的建议吗？”

（3）优化访谈提纲。设计好访谈提纲后，还需进一步优化。在正式访谈过程中经常会出现计划之外的事情，如研究者预设研究对象对某一问题持否定态度，为此准备了很多关于否定态度的追问题目。但在实际访谈中，研究对象却持肯定态度，大量追问题目无用武之地，这会使新手研究者自乱阵脚。

因此，在正式访谈前，研究者应与专家学者、导师讨论访谈提纲，或者根据访谈提纲模拟访谈。

首先，可以与专家学者、导师讨论。研究者可以将访谈提纲交给专家学者、导师审阅，听取专家学者的意见和建议，增添、删减或修改访谈提纲。

其次，可以进行模拟访谈。研究者可以与他人进行模拟访谈，也可以进行角色互换，由模拟研究对象对自己进行完整的模拟访谈。通过模拟访谈，研究者能体验访谈和受访两个过程。研究者会意识到访谈过程中可能面临的挑战：不仅要安静倾听对方谈话，还要始终追随对方思路，必要时追问深层次信息。有时访谈对象谈及的话题偏离了主题，研究者会面临难以重新聚焦研究主题等困扰。

模拟访谈可以使研究者了解访谈提纲是否符合预设问题，是否偏离研究问题，是否尽可能触及访谈中所有情况，还能提升实际访谈技巧。针对模拟访谈中的问题，研究者应对访谈提纲进行适当修改，将问题设计得更合理一些。

（4）随机应变。经过以上三步，个体访谈提纲基本完成。但实际访谈中难免会有意料之外的事情发生，这就需要研究者随机应变，对访谈对象给予适当引导。除了上文所述，个体访谈还应注意以下两个方面。

一方面，要具有开放性。质性访谈是为了捕捉访谈对象的经历和看法，不需要正确答案。因此研究者应强调回答没有正确错误之分，鼓励研究对象基于自身经验和观点来谈论。

对研究对象来说，重现当时经历是不可能的，他们往往用“像什么”之类的比喻来表达当时的感受，这有助于研究者的理解以及后续整理工作。根据斯普拉德利（Spradley）的访谈经验，要求研究对象重构当时经历有两种办法，即“大旅行”和“小旅行”。“大旅行”即要求研究对象再现较长阶段的自身经历。例如，你对这节课的教学满意吗？能分析下存在的不足和亮点吗？“小旅行”即要求访谈对象讲述经历中的具体细节。例如，你认为这堂课达成了哪些具体目标？是未达成、基本达成还是超出了预定的目标，为什么？你认为这堂课的内容处理得怎么样？还有需要改进的地方吗？如有，怎样改会更好？

另一方面，要具有灵活性，给予访谈对象足够的选择，不要拘泥于访谈问题的顺序。当研究对象说出非常重要的信息时，即便访谈快结束，研究者也应抓住时机，根据信息灵活修改提纲，并提出下一个问题。例如，“您说得我很赞同，请问这具体应该怎么做呢？”“您可以详细描述一下当时的情况吗？”

4. 与研究对象取得联系

选取访谈对象后，如何与访谈对象取得联系？访谈内容又是什么？根据研究需要、研究对象的类型及质性研究的伦理道德原则，研究者应合理选择联系方式和访谈内容。

（1）选择联系方式。研究者主动联系研究对象，能让对方感受到被尊重，有助于初步建立访谈关系，还有助于推进后续的访谈预约。联系方式多种多样，包括写信、邮件、通信和登门拜访等。

写信的好处是让对方感受到诚恳的态度，但寄件和收件的周期较长，研究对象对信件的真伪难以辨别，可能造成失联。随着信息技术的发展，电话、短信和电子邮件逐渐成为人们交流沟通的重要方式。值得注意的是，初次接听陌生电话，容易使研究对象产生戒备心理。因此，研究者最好是先发送邮件与研究对象取得联系，再打电话或者发送短信进行确认，必要时亲自登门拜访，以消除对方的疑虑。

（2）确定访谈内容。无论使用哪种联系方式，访谈内容都应包括访谈目的、内容、时长、方式、可能获得的收益或者承担的风险、对访谈资料的应用以及承诺保密原则等。

首先，告知研究对象访谈目的，明确他们需要做什么。研究者第一次联系研究对象应当迅速简要地介绍自己，告知对方自己是如何获取他/她的信息的，然后开门见山地阐明访谈目的以及选取他/她作为研究对象的原因，让他/她知道他们的回答对我们非常重要。例如，“尊敬的张老师，您好，冒昧打扰！我是××大学××专业的一名学生（或者某单位的人）。×××（研究对象的介绍者）之前跟您提前打过招呼，对吧？我正在做一个有关我国初中科学新课程实施情况的研究，旨在为初中科学新课程顺利实施以及职前、职后的科学教师教育提供参考数据，需要您协助访谈才能完成。本次访谈主要通过问答的形式进行，您的名字、工作学校和所有回答，都将被严格保密！非常感谢您的参与！”

其次，与研究对象协商访谈的时间、地点，访谈的次数、时长以及间隔等。一般来说，访谈的时间、地点应尽量满足研究对象的要求，这样有助于研究对象在相对轻松隐秘的环境中吐露心声，更加真实地表现自己。例如，“感谢您抽出时间与我交谈。根据研究的需要，我想在课前及课后与您交流一些问题，以便我可以获得更为详细和有针对性的信息。课前访谈约 35 分钟，课后约 15 分钟，共 50 分钟。根据您的时间安排访谈地点，您觉得在哪里方便呢？”

至于访谈次数，研究者可以根据第一次访谈结果来衡量。例如，“非常感谢您今天抽出时间与我交谈，若后续我还有不太明白或者需要补充的地方，还希望您慷慨相助呀！再次感谢！”最理想的访谈次数是三次，研究者在第一轮主要了解研究对象的经历，第二轮集中了解具体细节，第三轮是让研究对象反思经历的意义。

要使访谈有意义，访谈时长最好控制在 90 分钟左右。对一轮完整的访谈来说，一小时似乎太短了，因为访谈的开头与结尾都会占用时间，可能研究对象刚沉浸在重构的经历中，访谈就要结束了；两小时似乎又太长了，这会使研究对象感到不耐烦，从而削弱访谈效果。因此 90 分钟恰是研究对象感到舒适的时长。当然访谈时长并非一成不变。比如，对访谈经验丰富的人来说，双方在 90 分钟后可能还沉浸在融洽的交谈中，或者如果研究对象在 90 分钟后仍意犹未尽，可以适当延长访谈时长。这时研究者应注意研究对象的神情，一旦发现对方不太愿意进行下去，应及时结束访谈。研究者应尽量控制时长，因为延长交谈可能会弱化访谈的既定目标，也会破坏访谈约定。

访谈最理想的次数是三次，那么每次最佳间隔是多久呢？笔者认为，如果研究者能将访谈间隔控制在 3～7 天，那么三次访谈的意义将是最大的。因为 3～7 天的时间，有利于研究对象回顾上一次访谈的意义，不至于忘记上次访谈的内容。同时，对研究者也是极其有利的。研究者可以有充足的时间思考上一次访谈中遇到的新问题，完善访谈内容。

再次，要告知研究对象可能存在的风险及其权利。访谈不像生物实验一样可能对人体造成生理伤害，但并不意味着完全没有风险。风险存在于访谈过程中和访谈结束后，访谈时间和地点的选择、访谈内容的应用，都可能暴露研究对象的隐私。研究者在访谈前要明确告知研究对象可能存在的风险，并表明自己有义务控制风险。例如，“由于您提供的信息对本研究很重要，我想对访谈录音，以便对您的回答有准确记录，但请您放心，访谈的内容绝对保密，您看方便吗？”

研究对象有权要求身份保密而不被泄露。在访谈资料使用过程中，研究对象的身份要具有不可辨认性，最好的办法就是隐匿研究对象的个人信息，不仅要隐匿姓名，还要隐匿其具有高度辨识性的个人特征。研究者要率真坦诚，严格遵守访谈保密约定。当访谈内容比较私密或带有明显的指向，导致研究对象害怕被识别或担心对自己造成负面影响时，研究者必须尊重研究对象的权利。例如，“如果您在访谈的过程中有任何不适，您有权利随时结束访谈。”“访谈结束后，我会将访谈内容整理成文字发给您查阅，若您还担心，您有权撤销一切访谈内容！”

最后，要让研究对象了解可能的收益。一种是精神层面的，如研究对象通过访谈声名大噪，提高了个人声望；再如，访谈过程中的交谈与互动让其感到身心愉悦；等等。有些研究对象认为受邀谈论自己的经历是一件荣幸的事，他们反而会表示感谢。另一种是物质层面的，如访谈资料被广泛使用带来的物质收益。物质回馈有时会让他人认为研究对象动机不纯，但若没有酬劳，研究对象可能面临动力不足等问题。因此研究者要客观陈述相关收益，防止研究对象产生心理落差。

此外，要明确研究成果的使用权和用途。在访谈之前还须向研究对象明确资料的共同使用权，在公开资料前必须确保其安全可靠。在后续资料整理过程中，尽量用研究对象的原话去解释他们的经历。此外，研究者还要告知研究对象访谈资料的用途。例如，“我正在做一个有关我国初中科学新课程实施情况的研究，旨在为初中科学新课程顺利实施以及职前、职后的科学教师教育提供参考数据，需要您协助访谈才能完成。”

需要指出的是，如果研究者想利用访谈资料撰写相关论文，却没有事先和研究对象说明，那么这些资料研究者也是无权使用的。因此，在访谈之前，研究者应尽可能多地将访谈资料的用途列举出来，以免访谈结束很久后，还要重新联系研究对象以征求其同意。例如，“非常感谢您的参与，您提供的信息对我的研究非常宝贵！除了撰写毕业论文，我还想在您提供的资料基础之上，发表一篇期刊论文。但请您放心，文章一定会根据您的要求对人名和内容等进行处理。您看可以吗？”

总之，研究者第一次与研究对象取得联系时，要明确告知以上五点。除了以上五点，研究对象有权提出额外的合理要求。双方经过协商无异议后，研究者要将协商后的内容整理成书面承诺书。承诺书的语言要通俗易懂，以保证研究对象真正理解。承诺书最后附上研究者的具体信息，包括姓名、联系方式等，以防研究对象心存疑虑，也方便研究对象随时联系研究者。最后，将承诺书打印成纸质版，作为研究资料进行保存，并向研究对象提供一份副本。承诺书范例如下：

隐私保密承诺书

尊敬的研究参与者：

您好！我是××，感谢您百忙之中参与我的研究课题。

此次研究课题搜集的资料包括访谈录音等，基于本研究收集的所有数据，本人做出如下郑重承诺：

一、本人承诺在整个研究过程中，严格遵守学术道德和学术伦理，保守秘密，不泄露您的身份信息，在论文中引用有关资料时，采用虚拟的人名和地名。

二、本人承诺相关资料仅用于学术研究而非商业目的。

三、本人承诺您对您的相关资料拥有绝对隐私权，在整个研究过程中，您可以随时查看和了解有关您的信息资料，您可以随时要求对其进行删除。

四、一旦出现违背以上条款的情形，本人依法承担相应法律责任。

再次感谢您的参与和支持!

承诺人：×××

联系方式：××××××

×年×月×日

在与研究对象取得联系后，为方便沟通联系、磋商后续事宜，研究者应建立研究对象信息库。建立信息库有两个目的：一是便于双方交流沟通；二是记录研究对象的基本信息，包括家庭住址、联系方式、访谈的时间地点等。常见的信息库，如表 11.3 所示，研究者可以根据需要，在此基础上补充或删减信息。

表 11.3　研究对象信息库

<table>
<tr><td colspan="4">编号：</td><td colspan="3">访谈时间：</td></tr>
<tr><td colspan="4">姓名：</td><td colspan="3">访谈地点：</td></tr>
<tr><td colspan="4">联系方式：</td><td colspan="3">人物特质：</td></tr>
<tr><td colspan="7">家庭住址：</td></tr>
<tr><td>初次联系记录</td><td>第一次访谈
内容</td><td>第一次访谈
疑惑点</td><td>第二次访谈
内容</td><td>第二次访谈
疑惑点</td><td>第三次访谈
内容</td><td>第三次访谈
疑惑点</td></tr>
<tr><td></td><td></td><td></td><td></td><td></td><td></td><td></td></tr>
<tr><td></td><td></td><td></td><td></td><td></td><td></td><td></td></tr>
<tr><td></td><td></td><td></td><td></td><td></td><td></td><td></td></tr>
<tr><td></td><td></td><td></td><td></td><td></td><td></td><td></td></tr>
</table>

5. 访谈前其他准备工作

个体访谈是一项综合性工作，正式访谈前除了要确定研究对象、访谈内容和访谈提纲以外，还应确定选择记录方式、准备应急方案以及请助手辅助等。

记录访谈内容主要有两种方式——笔记和电子设备。记录笔记是一种很好的选择，研究者可以结合访谈提纲记录表来使用。在交流过程中，研究者可以记录参与者的肢体语言、眼神和情绪等，这些表现都是解释访谈内容的重要依据。有时研究者全神贯注地倾听研究对象，可能会忘记记录，此时电子设备可以起到很好的辅助作用。常用的电子记录方式是录音，录音有优点也有缺点，具体表现在以下几个方面。

首先，录音有助于后续资料的分析工作。在整理和分析资料时，研究者可能会忘记某个重要信息，此时录音可以帮助还原。其次，保留原始访谈录音能保护访谈双方的切身利益，避免居心叵测之人非法利用。此外，录音还能使研究者充满精力，全神贯注地跟上研究对象的思路，深入挖掘信息，也能让研究对象感到被尊重，认为自己讲述的内容有价值。

但录音也会抑制表达。有些研究对象认为，这次访谈可能会让他/她“名垂青史”，于是在访谈过程中夸夸其谈，使我们难以抵达他们内心深处。还有些研究对象认为，使用录音是一种威胁，可能让自己“臭名昭著”，为避免麻烦，他们往往会谨小慎微，难以表露真实的自己。

访谈过程中录音的使用必须征得研究对象的同意。如果双方没有意见，研究者应该对交谈内容进行录音，若条件允许，录像则是更好的记录方式。在正式访谈前，研究者应熟悉录音设备的使用方式。录音设备尽可能摆放在研究对象正前方且较隐蔽的位置，多方位捕捉研究对象声音的同时，还能避免其看到录音设备感到不安。必要时，研究者可以请助手帮助录音，便于自己全身心投入访谈。

为确保讲述内容的可靠性，研究者必须将记录的口头语言转化为书面语言再进行研究。此外，研究对象有权要回访谈资料及转录资料。若研究对象不愿发布访谈内容，则有权撤回所有访谈资料。

总而言之，访谈前的准备工作起着非常重要的作用，研究者必须尽可能多想、多做、多准备，只有这样才不会在访谈时自乱阵脚。

11.1.7　个体访谈的实施

上文讨论访谈前一系列准备工作，那么该如何组织有效的访谈呢？笔者主要从进入访谈现场、提问、追问、倾听、回应等方面进行介绍。在此过程中，我们要学会将问、听、应和看融会贯通地应用到每个环节之中。

1. 进入访谈现场

在正式访谈前，研究者需要提前到达访谈现场。一方面可以检查录音机或摄像机等电子设备的布置和使用，另一方面可以预留时间迎接研究对象。进入现场后，研究者要结合研究对象的状态开场，一般有两种方式：开门见山式和自然接近式。

一是开门见山式。研究者先做自我介绍，简单说明此次访谈的目的、意义和内容，并说明在访谈过程中会遵守之前的约定，然后再正式提问。这种方式可以节约时间，提高效率。如果研究者和研究对象已经建立了初步关系，就可以采取这种方式。例如，东北师范大学杨田静 2019 年在其博士论文《小学音乐教师情绪劳动研究》中的访谈开场如下：

老师您好，我是东北师范大学音乐学院的在读博士生，现在在做一个关于音乐教师在工作中的情绪劳动的调查研究，感谢您接受我的访谈。根据教育部最新发布的调查数据，现在我国教师的压力很大，在日常的教学工作中，教师从事的不仅是脑力、体力的劳动，很多时候需要在情绪方面有更多的付出，即情绪劳动，对于小学音乐教师而言，情绪劳动指的就是在小学音乐教学工作与人际互动时，教师为表现出教学工作要求的情绪时所付出的情绪努力。这次访谈的目的就是想要请您谈谈在工作中情绪表达的相关问题，大概需要占用您 30 分钟的时间。

为了能够更好、更准确地对访谈资料进行整理和进行后续的研究，我想进行录音，录音的内容仅作为研究数据使用，绝对保密，不会泄露任何您的个人隐私，所有信息在学术研究和交流中一概使用匿名的方式，如果您同意的话，我们就可以开始了。

二是自然接近式。研究者要尽可能在自然状态下，结合研究对象的具体情况开始谈话。研究者可以先聊聊天，询问对方的经历、生活状况等。例如，“今天下雨了，您是怎么过来的啊？”“您的雨伞真漂亮”“您今天看起来心情不错，可以跟我分享一下吗？”聊天过程中，共同经历和兴趣爱好都可以成为“破冰”的话题。再或者，研究者可以就研究对象正在做的事情进行寒暄：“我最近也在看××，您最喜欢节目里的谁呀？”“您也喜欢自己带保温杯吗？我也喜欢。”

这种方式有利于消除对方疑虑，使气氛变得更加轻松，增进双方感情交流，在不知不觉中了解对方更多的信息。这些看似与访谈主题毫不相关的话题，可能在分析解释材料过程中发挥重要作用。

总之，简短介绍，消除对方顾虑。双方简单寒暄之后，研究者对访谈项目做简短介绍，大致包括访谈目的、访谈内容、访谈时长以及后期数据的使用情况。研究者还应该告诉对方，“您的回答没有正确错误之分，请您放心作答！”“您的每一个观点都非常有价值！”等，以缓解研究对象的紧张情绪。除此以外，研究者还应再次承诺绝对保密。若在访谈中有任何不适，研究对象可随时说明，甚至退出访谈。

2. 提问

提问是访谈的主要环节，在访谈中占据十分重要的地位。研究者应如何提出访谈问题？问题类型有哪些？提问方式、提问顺序、问题过渡以及语言又有什么讲究？下文将做详细介绍。

1）问题类型

访谈问题可以分为两类：实质性问题和功能性问题。

实质性问题是为掌握想了解的内容而提出的问题，它又可以分为四种。一是事实方面的问题，如姓名、年龄、学历等。二是行为方面的问题，如“你最近在读什么书？”“你和父母最近去了哪里玩耍？”“你和好朋友之间最愉快的事情是什么？”等。三是观念方面的问题，如“你如何看待教师职业倦怠现象？”“你认为有效教学行为是什么样的？”“你认为疫情期间小学生的学习习惯有何变化？”等。四是态度方面的问题，如“你喜欢老师的教学方式吗？”“疫情结束后，你还会选择线上学习吗？”

功能性问题是指在访谈过程中给研究对象施加某种影响的问题，它也可以分为四种。一是接触性问题，如“你最近工作顺利吗？”“身体都好吧？”“学生最近表现得都好吧？”等。二是试探性问题，如“你们的分工是怎么样的？”“你经常备课到深夜吗？”等。试探性问题有助于研究者捕捉值得进一步挖掘的信息。三是过渡性问题，如“你日常教学很忙，课后会做一些运动调节一下吧？”这样就从上课话题转移到生活话题上。“你之前在老家上学，现在随父母工作转到这个学校，感觉适应吗？”这自然就把在老家上课的系列问题转移到现在就读的学校了。有了过渡性问题，访谈过程就比较自然连贯。四是检验性问题，如“你希望换个老师教你吗？”过段时间再问时可以说，“你还愿意继续上这个老师的课吗？”这实际是对研究对象给出的信息做信度分析，两个问题的回答互为检验，相互验证可靠性和真实性。

2）提问方式

提问方式多种多样，一般有以下三种。一是开门见山，直接询问要获取的信息。例如，“您认为在家校合作过程中，学校还有哪些做得不足的地方？”二是先做试探，迂回询问调查内容。例如，“您参与过家委会的活动吗？”根据回答进一步追问，“在参与这些活动的时候您的感受如何？”“没参加的原因是什么？”三是层层深入，抽丝剥茧般地获取内容。例如，“您对学校教师的做法产生过不满吗？”如果得到肯定性答复，那么就可以进一步追问：“产生不满的时候，您是如何化解矛盾的呢？”

究竟采取哪种提问方式，这要综合考虑问题本身、研究对象的具体情况以及访谈双方的关系等。第一，考虑问题的性质和特点。通常，对比较尖锐、敏感的问题来说，一般采取迂回的方式，逐步获取所需要的信息；反之，则可以大胆询问。第二，考虑访谈对象的具体情况。若访谈对象心性多疑、性格孤僻，则要循循善诱，耐心引导；反之，则可以开门见山，直接询问。第三，考虑访谈双方的关系。若双方相互信任，已建立起良好的感情基础，那么在访谈过程中可以单刀直入；反之，则要慎重提出问题。研究者要根据实际情况，选择最恰当的方式提出问题，只有这样才能取得良好的访谈结果。

3）提问顺序

访谈者在设计访谈提纲时，就已经初步确定提问顺序。在实际访谈中，研究对象可能并非按照预设回答问题。因此，我们要遵循“先易后难，先行为后态度，先功能后情感”的原则，把握问题的内在逻辑，灵活呈现问题。例如，研究者得知研究对象最近成功申报课题，于是提出相关问题，这会使研究对象产生成就感，彼此之间的关系也会拉近。

研究者还可以从开放结构的问题过渡到半开放结构的问题，逐步聚焦调查问题。例如，“听您前面说‘当老师累并幸福着’，您可以举个例子说说哪些事情让您感到比较累吗？”根据研究对象的回答，我们可以进一步将之引导至家校合作的问题上来。我们还可以根据研究对象赴约时间自然地提出问题，“您下班的时间比实施‘双减’政策之前要早些，您觉得‘双减’政策给您的生活上带来了哪些变化呢？”

4）问题过渡

访谈是一个自然流畅的交流过程，前后问题应有所衔接，问题间的过渡发挥着重要作用。那么，研究者要在什么时候进行过渡，又该如何过渡呢？

一种情况是在研究对象回答问题后，研究者抓住与研究主题相关的话题，自然过渡。例如，“刚刚您提到的……，是什么意思呢？您可以具体举个例子吗？”等。在此过程之中，研究者要全身心投入访谈，时刻关注研究对象的举止言谈，找到提问契机。

另一种情况是当研究对象兴致勃勃地谈论与主题无关的话题时，研究者需要通过过渡性问题将话题引回主题。例如，当研究者想了解孩子的学习习惯，但是研究对象却滔滔不绝地讲述自己工作时，研究者可以说，“您的工作很有意思，如果不是时间关系，我还想继续跟您聊一会儿。刚刚您说下班时间很晚，这会对孩子的作业表现产生影响吗？”这样不仅可以转换话题，使访谈顺利进行，还能照顾研究对象的心情。

5）语言要求

成功的访谈，对提问语言也有一些要求，如语句简短、通俗易懂及语速适中等。

首先，语句简短，用简短的提问获取丰富的信息，而不是用复杂的句子获取简单的回应。例如，“您认为您在参与家校合作的过程中什么因素导致您觉得困难？”该问题将“有什么困难”和“什么因素导致困难”两个问题混在一起，这样研究对象容易忽略其中一个问题，甚至不理解研究者究竟想问哪个问题。因此，应尽量用几个短句代替长句，如“您认为您在参与家校合作的过程中面临的主要困难是什么？”“什么因素导致的呢？”“您最需要获得哪些帮助？”这些问题相对简短，却能获取非常丰富的信息。

其次，通俗易懂，不包含过多学术语言和专业名词，尽可能用研究对象能够理解的语言进行提问。例如，“你认为来华留学教育为何难以实现趋同管理？”这样的问题，容易让非专业人士产生“什么是趋同管理”的困惑，从而难以回答。因此，研究者在提问时，应分解专业名词的内涵与外延，使其更加具体化、口语化。在此案例中，研究者应将专业名词“趋同管理”解释清楚，即来华留学生应该和中国学生的管理方式日渐一致，而不是差别对待。在访谈中可以换种提问方式，即“您认为对来华留学生和中国学生采取同样管理措施的难点在哪儿？”这样就通俗许多。

最后，语速适中。语速过快，研究对象可能听不清问题，导致其回答也含糊不清。语速过慢，容易让研究对象走神，这都不利于我们收集访谈资料。

3. 追问

追问是指研究者对研究对象之前多次提到的概念、观点、词语等进一步探询，就某一细节继续发问。这要求研究者在倾听时能迅速反应可以追问的点，但是也要把握好原则、内容、方式、时机等。

1）追问的原则

一是直接反映研究对象所述内容的原则。假如研究对象之前谈到某一概念，那么研究者可以就刚刚谈到的概念进一步追问。例如，“你之前说的‘在线学习’怎么理解呢？”“您是如何看待在线学习的？”如果在同一轮访谈中进行追问，研究者需要总结对方所述内容，点出特定概念，再提出问题。如果在后期整理访谈记录时发现某一重要概念，研究者应该在下次追问时简单复述这一概念。

二是适时与适度的原则。因为追问很有可能涉及更加隐私或尖锐的问题，若时机和使用方式不当，可能会导致访谈难以进行，还会伤害研究对象。例如，“你母亲过世时，你的心情如何？”“听说你母亲的过世导致你一蹶不振，也丢了工作……”这个追问看似没有逻辑错误，但研究者显然没有考虑研究对象内心的煎熬，继续发问容易导致对方反感，甚至使对方不愿意继续配合访谈。

2）追问的内容

要想提出好的追踪问题，研究者必须认真倾听研究对象的谈话，挖掘有深度、非预期的访谈资料。那么，研究者具体追问什么呢？

当研究对象提出与主题相关或截然相反的新观点时，研究者若能顺势追问，则会对相关回答有更加深入的理解与体会。例如，在对非家委会成员的家长进行关于家校合作现状的访谈中，被问及和家委会成员的家长在家校合作方面是否存在差别时，他认为作为家委会成员的家长与教师的关系很好，而且教师对他们的孩子可能多些“关照”。但此前研究对象没有表明与家委会成员的家长和孩子有何差异。这时，你就可以就家委会成员与非家委会成员在家校合作上是否存在差异进行追问。你可以问“除了家委会这一职称以外，还有什么原因导致家校合作存在矛盾？”“你能具体说说，教师是如何区别对待家委会成员的孩子和非家委会成员的孩子的吗？”“在合作过程中，您认为您与教师是否有分歧？”如果研究对象回答“有分歧”，那么研究者就可以继续追问“具体是什么分歧？您最后是怎么解决的？”“您认为学校和家庭合作的阻碍因素有哪些？”如果得到研究对象肯定的回答，研究者则要继续追问“如何突破这些阻碍？”

当研究对象尚未对某个重要信息展开叙述时，研究者可以就此进行追问。例如，研究者通过相关文献了解到某些家长的不良态度可能会导致家校合作紧张，研究对象被问及导致家校合作存在矛盾的原因时，研究对象就是不说家长的不良态度可能会导致家校合作紧张，但是在大量的相关文献中却经常被提及。因此，研究者就可以进一步追问：“我注意到您刚才提及的原因中没有家长态度这一项，您是怎么认为的？”

当研究对象前后回答不一致时也需要追问，但不要让研究对象觉得你是在挑衅。对此类问题进行追问时，研究者的语气一定要平缓、温和，不能像审判官一样，也不要对每一个矛盾点进行追问，要把握好度。例如，“您刚刚说是××，之前说是 YY，请问您在什么情况下是××呢？”

当研究对象在表达时使用模糊的词语，看起来是在交流，但实际上你并不是特别理解具体含义或者你们理解的含义有偏差，对此你要进行追问。例如，“您刚刚说小明的表现很好，这个‘好’具体指什么呢？”再或者，当研究对象回答问题比较宽泛或者简单的情况下，研究者希望了解更多的细节，也要对其进行追问。例如，“您刚刚提到……，您可以举一个例子具体解释一下吗？”

访谈结束后，研究者应该对访谈记录进行仔细检查，看看有没有遗漏比较重要的信息或概念，是否存在没有回答或者回答得很模糊的问题等，在下一次采访的过程中可以适当地进行追问。

3）追问的方式

追问的方式有多种，研究者要学会根据追问的内容以及当时访谈的整体情况，选择合适的追问方式。

一是正面追问法，即研究者直接指出困惑、不清晰、不完整的地方，希望研究对象进一步补充回答。例如，“很抱歉，您刚刚谈到××，我不是特别理解，您可以举个例子进一步说明吗？”

二是侧面追问法，即研究者换一种提法来追问相同的内容。当研究者提出某个访谈问题，但访谈对象似乎不是特别理解时，研究者便可以换一种方式提问。

三是系统追问法，即研究者依据研究对象提到的某一点信息，进一步追问发生在何时、何地、起因、经过和结果等。

四是激将追问法，当研究对象回避问题或拒绝回答时，研究者通过一定强度的刺激设问，促使研究对象打开话匣子。使用激将法时一定要把握好度，或许可能会获取意想不到的信息；反之，双方有可能要面对紧张、尴尬的访谈局面。

4）追问的时机

通常来说，不要在刚进入访谈时就开始频繁地追问。因为访谈的初始阶段一般是彼此建立信任感的重要时期，研究者要尽可能多地给研究对象自由表达的机会。与其干涉其表达，还不如让研究对象尽兴地表现自己，这不仅可以增进彼此感情，在不相关的表述上加以追问或许还能获取意想不到的信息。

如果研究者想在研究对象所谈话题的具体细节上获取更多信息，那么你也可以根据适当时机进行追问。但如果研究者想就某一抽象的概念或者观点，希望研究对象展开叙述，此时是不合时宜的。研究者可以迅速记录下来，在访谈后期找一个合适的机会加以追问。这样做可以保证研究者自然连贯地表达自己。

5）追问的语言

双方建立的情感关系越紧密，就越容易采用直接的追问方式。当涉及敏感话题或者研究对象前后回答出现矛盾时，应该采取相对委婉的追问方式，语气可以稍微温和一些。当研究对象的回答一直比较“官方”时，研究者可以试着采取稍微“对着干”的语气，但这个过程一定要把握好“度”。

在追问的过程中，还应该尽量避免使用“为什么”这样的问法来询问研究对象。例如，“你有没有想过，是什么因素导致了学生不喜欢上网课呢？”就比“你认为学生不喜欢上网课的原因是什么呢？”就更加具体一些，并且为研究对象回答问题提供了一些思路和思考问题的空间。有些短语可以替代“为什么”来进行提问，如可以用“什么因素导致了……”“什么原因推动了……”“什么因素影响了……”等来提问。这样的句式就会比直接询问“为什么”让研究对象更容易接受，更容易理解和回答问题。

4. 倾听

在质性研究中，访谈是一门艺术。因为你只有保持安静并积极地倾听研究对象，才能与研究对象进行心灵之间的碰撞，才能真正地理解研究对象所说的内容，也才能把握好“说”和“问”的方向与内容。

1）听的方式

倾听是一种直觉、一种态度，大致可以分为积极的倾听、消极的倾听以及肤浅的倾听。

积极的倾听是指研究者在访谈的过程中将自己全部的精力都放在研究对象身上，给予研究对象最大限度的关注。一方面，研究者全程通过动作、语言、眼神及神情等向研究对象传递非常积极的、感兴趣的信号。例如，研究者嘴角露出微笑，问道“您提到的这个非常有意思啊！”另一方面，研究者积极倾听研究对象，接纳研究对象一切的情绪反应，而且能传达出“我懂你的感受”“我理解你的做法”等共情性信号。例如，研究者身体前倾，眼睛追随研究对象，表情略微心疼地相机而行，“说实话，我之前也碰到过这样的情况，我非常懂你当时的感受！”这样做的好处是能够给予研究对象最大限度的尊重，研究对象内心会受到极大鼓舞与肯定，也会更加愿意配合访谈。

消极的倾听与积极的倾听截然相反，是指在访谈的过程中只是被动地听，就像一个机器，机械地听研究对象所说的一些话，表面上在听，实际上并没有听懂访谈对象说话的含义，更别提访谈对象的言外之意了。

另外，研究者在访谈的过程中可能会表现出漠不关心的态度，对研究对象所说的开心的、兴奋的或者难过的事件都毫无波澜，没有任何自己情感的投入。这种倾听的方式会让访谈结果大打折扣，很难获取我们想要的信息。

例如，研究者偶尔抬头看看研究对象，继而低头做笔记，和研究对象基本零交流。研究对象见此情形，即使很想说些什么，但见此情形便不想多说了，访谈也许会以“嗯，就这样”“可能是吧？我也不太记得了”结束。再如，研究对象说到激动处，往往会手舞足蹈，“你知道吗，我当时有多兴奋！”但研究者头也没抬，只是淡淡地回了句“哦！”因此，研究者消极地倾听很容易导致提前结束访谈，且也不会获得实质性的信息。

肤浅的倾听是处于积极的倾听和消极的倾听之间的一种倾听方式，更加接近消极的倾听。它是指研究者只是做出倾听的姿态，并没有认真倾听研究对象所说的内容。也就是说，研究者的心思并不在双方的交流上，可能在想：这个老师的衣服真好看……这个学生的眼睛真好看……研究者偶尔可能会与研究对象进行情感上的互动，但大多数情况下研究者也是无感情地听。因此，这种倾听的方式也是不可取的，并不能获取较多有效信息。

2）听的基本原则

一是少说、多听的原则。在访谈的过程中，少说、多听是访谈的首要原则。之所以说是首要原则，是因为少说、多听总是容易被遗忘。每个人都有表达的欲望，研究者在访谈过程中，如果说得太多，可能不经意间会说一些具有引导性质的话语，那么很有可能会影响研究对象表达的思路或者影响信息的真实有效性。

二是不要轻易打断研究对象谈话的原则。在访谈过程中另一个重要的原则就是跟随研究对象的话题，不要轻易打断研究对象的谈话。在以下两种情境下，研究者可能会产生打断研究对象谈话的冲动：一是研究者可能会对研究对象所说的某个概念比较感兴趣，或者心存疑惑，因此想要打断对话，以及时解惑。二是研究者认为研究对象所阐述的内容已经偏离了调查的主题，因此想把研究对象“拉”回主题上而打断研究对象的谈话。但是，研究对象在讲述过程中一般会有自己的动机和思维逻辑，在第一种情境下，一旦打断研究对象的谈话，研究对象的思路可能就会被打断，从而难以保证信息的连贯性。此时，研究者应该快速记下感兴趣或者心存疑惑的关键词并继续跟随研究对象的思路倾听，之后找个合适的时机再对此进行追问。

三是容忍沉默的原则。在访谈的过程中，经常会出现“沉默”的现象。究其原因会有很多种。例如，研究对象在开小差，没有听到研究者的问题；研究对象不太理解研究者所提问题的含义；研究对象在慎重地思考这个问题；等等。这时候研究者可能会变得不耐烦，急于找打破沉默的话题来缓解内心的焦虑。这样做的话，不仅容易打断研究对象的思路，还可能因此失去宝贵的资料。

如果出现这种情况的话，研究者应该怎么做呢？若双方已经建立起稳定的情感关系，访谈也进行得比较顺利，访谈对象突然沉默可能是因为某个问题触及他的内心深处，需要重新整理以前的记忆。这时候研究者就应该耐心地等待。若研究者不确定访谈对象是否在思考该问题，那么可以尝试发问："请问您有什么需要补充的吗？"若双方还未建立起初步的信任关系，那么研究者就要采取委婉的方式进行交流。因为你还不能确定访谈对象是不想回答还是在谨慎思考。

总之，当研究对象沉默时，研究者不要马上发问。这时候需要研究者学会判断，分析是何种原因导致研究对象沉默。因此研究者要调动所有的感官，积极有感情地投入到访谈中来。只有这样，双方才能顺利地进行深入的交谈。

5. 回应

回应是指研究者对研究对象的言行所做出的反应，主要包括无反射反应和有反射反应。

1）回应的方式

在访谈中，善于对研究对象的言行做出恰当的回应是推进访谈进程的主要手段，回应的方式多种多样，主要分为无反射回应和有反射回应。

无反射回应是指研究者对研究对象的言行不表态、不发言、不挑战、不干扰，保持沉默，认真倾听。当研究对象正在积极回答问题或者做出选择时，最好采用无反射回应，给予研究对象更多的时间努力回想、认真思考。

有反射回应是指研究者对研究对象的言行经常给予言语或者非言语的反馈。例如，不时用"嗯嗯""对""是的"等言语表示肯定；不时地点头、微笑等非言语的信息表示认可。有反射回应又可以分为三种形式：分享、重复和归纳。

当研究者和研究对象有着类似的经历或者经验时，研究者将这种相似的经历以坦率的方式与研究对象进行交谈，即分享。例如，"好巧啊，我也是小学语文老师"。这种方式可以引起研究对象的共鸣，更能拉近与研究对象之间的距离，使访谈在轻松愉快的氛围中进行。

当研究对象提及某个重要观点或者某个重要事件时，研究者将研究对象所说的内容复述一遍，即重复。重复的目的是引导研究对象进一步陈述观点或者某一事件具体发生的时间、地点、起因、经过和结果，同时还可以检验自己的理解是否与研究对象所说的一致。例如，这位小学语文教师刚刚谈到自己正在做的某项重要工作。研究者就可以这样重复："您每天……啊"，如果研究对象说："是啊……"那么说明自己的理解无误，也能引出更多的细节或案例。

当研究对象的回答过于冗长和零散时，研究者用几句话简短概括，即归纳。归纳总结不仅可以帮助研究对象理清思路，鼓励对方继续说话，还可以检验自己的理解正确与否。例如，"您刚刚主要是说……，对吗？"

研究对象如果能从研究者的态度、表情和动作等感受到自己被尊重、被欣赏，才会更愿意继续交谈下去。但同时我们也应该注意，过多鼓励性的言语很可能带有研究者自己的主观情感，容易打乱谈话的节奏。因此，研究者要根据具体情况给予适时适度的反馈。但是，在实际的访谈过程中也存在一些不恰当的回应方式。例如，研究者对研究对象的回答评论过多，这样做是不合适的。因为这两种回应方式都带有研究者的价值观念和价值判断，很可能让研究对象觉得自己不被尊重。例如，当家长谈论自己对孩子的教养行为时，这时候研究者回应："您这样做大可不必，孩子也不会领情！"过多的评价和论说可能导致访谈关系的恶化，致使双方陷入僵硬的局面。

2）回应的时机

在访谈过程中，研究者不仅要善于对研究对象的言行做出恰当的回应，同时还要把握好回应的时机。

当研究对象偏离原定主题较多时，这时候研究者可以用回应的方式将对方重新引导到主题上。例如，当一位父亲谈论到自己对孩子的教养方式时，提到了工作非常辛苦，而且经常加班到深夜，甚至一度陷入抱怨老板和同事的状态。此时，研究者就可以在对方稍作停顿的地方，用比较委婉的方式回应，"您的工作这么忙，这对您教育孩子有什么影响吗？"通常情况下，研究对象会"顺势而为"，对研究者提出的问题做出回答。这种既关注到研究对象提及的内容，又照顾到对方情绪的回应，值得我们借鉴。

当研究对象不善言谈或有所顾虑的时候，研究者应该适时给予回应。例如，当一个学生谈到自己父母工作忙碌，无暇照看自己的时候，他不再继续说话，又似乎有什么难言之隐，此时研究者应该容忍对方沉默。

当研究对象口若悬河、漫无边际的时候，当研究对象答非所问、文不对题的时候……研究者都应该审时度势、把握时机，伺机介入回应。

一个好的回应，不仅可以让研究对象感受到自己被尊重，加深双方的感情，同时还可以获取更具有深度的内容。因此，研究者必须掌握一定的访谈技巧，培养自己的理解能力、观察能力以及和他人和睦相处的能力等。

6. 结束访谈

访谈的最后一个环节，即结束访谈。结束访谈还应该注意结束时机、结束方式、再次承诺、表达感谢及整理工作。

一是选择结束时机。当研究对象面露疲惫，当访谈氛围被破坏的时候，研究者应该马上结束访谈。一般来说，要在良好的氛围中结束访谈。

二是选择结束方式。研究者还要学会察言观色，选择适当的时机、合适的方式结束访谈。在快要结束访谈时，你可以向研究对象进行言语示意："对于今天的访谈，您还有什么需要补充的吗？"或者进行行为上的示意——研究者开始整理访谈资料。

三是再次做出保密承诺。访谈即将结束的时候，研究者最好再次对研究对象做出承诺，严格遵守之前的保密约定，对方有权利随时停止访谈。例如，"再次感谢！对于今天所有的访谈内容，我们会做匿名处理，请您放心！"

四是要表达感谢。研究者应该对每一个研究对象真诚地表示感谢，感谢他们付出宝贵的时间和精力以及他们对自己的信任。如果研究者不确定日后是否还需要进行再次访谈，可以这样说："非常感谢您的配合采访，这些资料对我们非常宝贵！如果我在整理访谈资料时遇到不懂的地方或者还需要您补充的内容，我可以再次采访您吗？"

11.1.8 个体访谈资料的初步整理

访谈结束后的主要工作包括两方面：一是对访谈资料进行初步归类；二是辨别访谈资料是否饱满。

1. *对访谈资料进行初步归类*

访谈结束以后，研究者需要立马对今天的录音或者录像资料做一个备份，以防丢失。检查好资料的完整性之后，研究者需要对收集到的所有资料进行初步的归类。研究者可以按照事件发展的先后顺序对资料进行初步归类，也可以将同类型的资料进行归类。归类的内容可以是时间、地点、研究对象和访谈主题等，主要是方便日后的查找和使用。

2. *辨别访谈资料是否饱满*

很多时候，我们访谈一次可能无法完成研究任务，需要追加进行第二次、第三次访谈。具体分为两种情况。

一种情况是，当研究者对资料进行分类整理过程中，发现有遗漏、错误或者难以辨别真伪的资料，这时候就需要追加访谈次数。例如，研究者想了解影响初中科学新课程实施的因素，因此在第一次访谈中提到“您教‘科学’课程以来参加过哪些培训？”之后，研究者顺着研究对象的回答问了另一个与培训不相关的问题，并且再也没有回到与培训相关的问题上，因而需要进行第二次访谈，提出关于培训方面的问题。比如，“您参加过的进修课程对您的教学是否有用？”

另一种情况是，研究者想就某一问题进行深入探讨，认为第一次访谈只是了解了一般情况，还有进行深入访问的必要。例如，研究者在第一次访谈中提到：“您对现在正在用的这个教材整体上有何评价”，之后研究者想进一步了解研究对象对教材中思考、实验和探究等模块的评价，就要进行第二次访谈。

总之，只有心灵之间真正地交流，才能抵达对方的内心深处，完成访谈的最终使命。

11.2 焦点团体访谈

在质性研究中，访谈分为个体访谈和集体访谈，二者在访谈内容的确定、访谈提纲的拟定、研究对象的联系以及记录方式等环节基本相似，故此处不再详细赘述。本小节主要区分焦点团体访谈与个体访谈之间的差异。

11.2.1 焦点团体访谈与个体访谈的异同

在质性研究中，访谈可以分为个体访谈和集体访谈。个体访谈在上文我们已经着重进行了讨论，因此不再赘述。集体访谈法是指研究者邀请若干研究对象通过集体座谈互动的方式了解社会情况或研究社会问题的方法。其中，焦点团体访谈就是一种较为常见的集体访谈的形式。许多质性工作者将焦点团体访谈作为补充性的资料资源。

焦点团体访谈旨在让一群具有特定属性的人在舒适的环境中，在主持人的指导下，通过小组讨论，提供与研究主题相关的定性数据。换言之，焦点小组是具有特定意图、特定组成、需要完成特定过程的特殊群体。焦点团体访谈的对象不是一个，而是多个，它通过访谈对象交流互动的形式来研究社会问题。研究者只是研究对象们的协调人，鼓励他们围绕主题进行讨论。因此，在这个过程中，焦点团体访谈的内容不仅仅是研究者在团体中提出的问题，还包含研究对象在团体活动中产生的资料信息。因而我们将之称为“焦点团体访谈”，而不是“团体访谈”。这是焦点团体访谈法的特色。

焦点团体访谈可应用于以下几种情况。一是作为一种独立的研究方法：这表明数据收集完全是通过焦点团体访谈获得的，不需要采用其他研究方法。二是可以作为辅助研究方法：焦点团体访谈通常作为定量研究的补充，在定量研究之后进一步搜集资料，帮助更全面地解释定量研究结果。三是作为众多研究方法中的一种来使用：使用多种研究方法的目的是解释一项研究中的各种现象。

11.2.2 焦点团体访谈的适用范围

是否有必要进行焦点团体访谈，取决于研究者对研究数据的需求，以及所处的研究环境等。下面介绍焦点团体访谈的几种适用范围。

1. 检测决策

研究者想对某些想法、计划或者政策进行检测。例如，周继良和匡永杨 2022 年在《教育发展研究》中发表的文章《乡村定向师范生学习动力何以式微——来自焦点团体访谈及其编码的验证》中认为，根据政策约定，乡村定向师范生毕业后必须回生源（户籍）所在县（市、区）的乡村学校任教且至少 5 年，其职业发展空间受到比较严苛的限制，这些约束一定程度上会降低和弱化其学习动力。于是，作者提出问题：乡村定向师范生的学习动力真的会因政策约束或其他原因而渐趋式微吗？进一步地，该研究采用焦点团体访谈法，着力探究乡村定向师范生学习动力是否式微及其影响因素等问题。

2. 研究工具

焦点团体访谈作为一种次要的研究工具，用于辅助问卷调查维度的设计或者检验问卷的科学性和合理性。例如，上海外国语大学的朱神海 2020 年在其博士论文《高中英语实习教师的情感劳动策略研究》中为确定英语实习教师情感劳动策略的维度，主要采用了焦点团体访谈，提炼了问卷调查设计的主要维度和因子项。

3. 了解原因

焦点团体访谈适用于具有探索性和解释性的研究，用焦点团体访谈来拓宽个体访谈、实地观察和实物收集的视角，增加资料分析的深度和广度。例如，阮征 2019 年发表在《高教学刊》上的文章《大学生学业拖延行为的焦点团体访谈研究》利用焦点团体访谈法来探讨大学生学业拖延的形成原因。焦点团体访谈以“什么原因造成了你的拖延行为”为关键问题，最终得出了 8 个主要影响因素，分别是任务难度、对任务的认知、对压力的感受、对结果的预期、过去拖延经验的强化、满足自尊心、父母教养方式和早期经历、人格因素，为后续的定量研究提供了启示和思路，也证明将焦点团体访谈法与定量研究综合使用的可行性。再如，研究者第一阶段采取问卷调查法，挖掘出中小学教师在备课中存在的问题，继而针对问卷调查所发现的问题，采取焦点团体访谈法，制定有针对性的解决方案。

4. 评估需求

研究者希望通过焦点团体访谈了解某一群体的需求，并致力于解决这一需求。例如，研究者认为来自多文化家庭的孩子往往在语言发展的相关领域存在问题。因此，对来自多文化家庭的儿童进行语言发展的早期筛查是很重要的，这样做可以确定他们的发展水平。因此，有必要对其进行焦点团体访谈，因为单靠已有研究并不能反映来自多元文化家庭的人们的真实需求。根据这一需要，研究者试图分析多元文化家庭中母亲的认知和需求，以协助进行儿童语言发展情况的早期筛查。

值得注意的是，并不是所有研究都能用焦点团体访谈法。例如，当你想要人们表达一致的意见时；当你想询问比较敏感的信息且不能保证敏感信息的机密性时；当其他的方法更容易获得高质量的信息时；当你只是想增加文章方法的多样性时；当访谈环境充满不同的意见，焦点团体访谈有可能激化矛盾时……这些时候都不适合采取焦点团体访谈法。

11.2.3　焦点团体访谈的利弊

焦点团体访谈具有许多个体访谈所不具备的优势，在收集资料中发挥着独特的优势，具体包括以下几个方面。

1. 焦点团体访谈的优势

（1）针对精准的研究问题，集中收集资料。焦点团体访谈最初的设计目的就是用来集中关注特定的主题，研究者可以充分利用研究对象们之间的互动关系，催生发言讨论，在发言讨论的过程中集思广益、互相启发、相互纠正和补充，讨论的内容往往更具深度。因此，我们可以在较短的时间内收集较多的资料信息。这是个体访谈所不具备的优势。

（2）研究对象在集体的环境中相对放松。相比于个体访谈，焦点团体访谈的集体环境可能会让研究对象感觉更加舒心和安全，从而更加愿意表达自己的看法和观点，更加坦诚地回应问题。

（3）有利于激发研究对象的灵感。当研究者提出一个问题时，研究对象们开始各抒己见，彼此之间互相启发，可能会激发研究对象从更多方面思考问题，这就为丰富资料提供了机会。

2. 焦点团体访谈的不足

首先，与个体访谈相比，研究者在焦点团体访谈中所具有的控制能力稍差，但参与者谈话的主题和基本方向仍然受到研究者的控制。研究者控制得越多，团体成员之间的交流互动可能就越拘束。

其次，焦点团体访谈的情境是人为制造的，或许研究对象在自然状态下会产生不一样的对话。在一个团体中，性格内向的人可能会感觉比较压抑，更加不愿意表达自己真实的想法。性格外向的人则侃侃而谈，在一定程度上可能会影响他人的观点，其他人往往会随波逐流，逐渐失去自己的观点立场。这种从众心理可能会推动团体形成一种集体性思维，继而使得到的信息失之偏颇。

最后，由于研究者对焦点团体访谈控制的力度较小以及焦点团体访谈属于人为制造的谈话情境，因此容易导致获取的内容比较分散、杂乱，会给后续的整理分析造成一定的困难。除此之外，焦点团体访谈在获取参与者非言语性的资料方面也是比较困难的。因为在焦点团体访谈中，研究者主要扮演协调者的角色，全身心地推动讨论的进行，因此很少有机会观察参与者的肢体语言和互动行为。

总之，明确焦点团体访谈的长处和不足，有助于研究者判断此方法是否有利于他们的研究，并帮助他们采取措施对其进行整体把控。

11.2.4　焦点团体访谈的实施

在正式进入焦点团体访谈现场之前，研究者需要做一些准备工作，大体上包括设计访谈提纲、确定研究对象、确定访谈的引导者以及其他准备工作。

1. 设计访谈提纲

以南京师范大学硕士肖瑞 2019 年的硕士论文《90 后研究生的孤独感：焦点团体访谈结合扎根理论的探索》为例，作者在仔细研读文献以后发现，以往学界主要对孤独感进行定量研究，而孤独感是一种复杂的心理体验，如果能够让研究对象主动参与研究，我们就可以对孤独感进行更深入理解和探讨。因此，研究者选择使用焦点团体访谈法。首先，确定访谈要点。该研究围绕“90 后研究生孤独感的起因、过程及意义”，从孤独感的发生情境、体验状态、影响因素，以及后果作用针对主要问题进行设计，以形成访谈要点（表 11.4）。

表 11.4　焦点团体访谈要点设计步骤

研究问题	访谈要点
探索 90 后研究生孤独感的发生情境	孤独感发生的时间、地点及场景
探索 90 后研究生孤独感的体验状态	情绪体验、行为应对
探索 90 后研究生孤独感的影响因素	积极因素或者消极因素
探索 90 后研究生孤独感的后果作用	产生的影响

其次，拟定访谈提纲。确定访谈要点以后，需要进一步将访谈要点加以概括化、具体化，如表 11.5 所示。

表 11.5 拟定焦点团体访谈提纲

访谈要点	拟定访谈提纲
孤独感发生的时间、地点及场景	当提到“孤独感”这个词时，大家心里最先想到什么画面，简单说一说（问题导入，引发思考） 请大家用彩笔作画，以体现自己印象深刻的孤独感的体验 画面中的孤独感是在什么场景下发生的
情绪体验、行为应对	你的感受是怎么样的 那个时候你做了什么，你是怎么去应对这种感觉的
积极因素或者消极因素	你觉得是场景中的哪一部分引发了你的孤独感体验 大家觉得呢？（通过团体互动来给分享者提供反馈，引发探讨和思考）
产生的影响	你觉得，这次孤独感的体验给你的后续生活产生了哪些影响
结束访谈	大家有类似的体验或者不同的观点，可否分享一下（引发团体就类似场景进行讨论）

最后，优化访谈提纲。在访谈过程中，研究者根据团体的特征及访谈中获得的反馈，重复修改访谈提纲，使其适合不同的访谈团体。研究者还可以通过吸收参与者与非参与者对访谈研究结果的反馈意见，对访谈提纲做出进一步的修正。

此外，研究者应结合第一次访谈提纲及模拟访谈的资料，设计第二次访谈提纲，具体见表 11.6。研究者可以根据研究目的及需要，考虑是否需要进行二次访谈。

表 11.6 二次焦点团体访谈提纲

访谈要点	访谈提纲
孤独感发生的时间、地点及场景	简述第一次访谈的收获 请大家思考自己从出生到现在的孤独感体验的变化，给孤独感体验水平打分（0～10 分）。横轴为年龄，纵轴为分数，请大家画出孤独感变化的折线图（时间为 5～10 分钟） 邀请上一次发言少的参与者首先进行分享
影响因素	某一阶段孤独感体验有了明显的变化，你觉得是什么导致了这种变化。大家觉得呢
情绪体验、行为应对	在不同的阶段，你的孤独感的应对方式发生了哪些变化
产生的影响	你觉得哪个阶段的孤独感体验对你的生活影响最大 这些影响对你来说，具有什么样的意义
结束访谈	大家对于他/她的分享，有什么感兴趣的地方，或者有什么想要探讨的

2. 确定研究对象

在选取参与者时，我们要遵循同质性原则，即焦点团体访谈通常根据参与者的性别、年龄、社会背景、教育经历等特征，选取具有共同特质或者相同经验的人。

如果研究对象的特征差异性较大，一些个体在团体中将有不适的感觉。当然，如果研究的目的和问题就是要了解不同背景和特征的人之间的关系时，那么也可以将他们放在一起进行访谈。例如，研究者要调查某一地区的风土人情，那么研究者应该将不同背景和特征的人放在一起进行团体访谈。另外，这些参与者之间最好是陌生人，因为陌生人之间的交流对话需要解释沟通，在这个过程中能比较充分地表达自己的思想和价值观念。同时，陌生人之间出于好奇，很可能积极参与讨论发言。

确定好研究对象之后，另一个重要的问题就是确定参与者的数量。基于研究目的和问题，以及保证每个参与者都有发言的机会，一般来说，建议团体成员数量控制在5～10人，但这并不是固定的。如果想要深入探讨某一主题，团体成员少一些也是有意义的。如果想宽泛地了解某一现象或问题，也许成员多些会更好。

确定了焦点团体访谈研究对象的基本特征，就要招募参与者。我们可以通过以下几种途径进行招募。

一是提名。例如，研究者作为实习带队教师，告知所有的实习教师自己所做研究的基本情况，包括研究目的、研究背景、研究意义以及在此阶段所要收集的资料，并告知他们如何撰写实习情感日志，然后采取自愿报名的方式招募参与者。

二是发布招募广告。通过微信、微博、QQ等社交软件发布招募广告，吸引参与者。招募广告中需要简单介绍研究主题、时间、地点、参与者的权利和义务等重要信息。例如，研究者可以通过发布招募广告的方式，研究关于90后研究生的孤独感发生的情境、体验状态、影响因素及后果作用等，具体实例如下。

焦点团体访谈招募研究对象啦!

炎炎夏日午后，一个人走在路上，身边经过一群人的时候，是什么感觉?

热闹的老同学聚会上，想要说话，又插不进话的时候，是什么感觉?

一个人躺在宿舍里，想出去玩，却找不到人约的时候，是什么感觉?

此次访谈，不是一个人的探索，是6～8个人的团体，大家在其中畅所欲言，共同讨论一个话题——90后研究生的孤独感。如果你是90后，如果你是研究生，如果你愿意分享你的孤独感体验，欢迎你来参加焦点团体访谈!

在这里，每个人都是研究者和参与者，大家可以表达自己，得到反馈，收获思考!这将是一次与众不同的质性访谈经历，值得体验，欢迎大家积极参加!

时间：2018.9.18（周二）晚上7：00—8：30

　　　2018.9.19（周三）晚上7：00—8：30

地点：××校区研楼××教室

回报：××元+访谈研究结果报告

有意向的同学，请发送短信至×××××××（13位数字），联系人：肖同学

三是寻求导师的帮助。当研究者没有相关人脉或者社交圈时，可以寻求导师的帮助。

针对我们招募的众多参与者，考虑到并非每位参与者都符合访谈的要求，因此我们要根据研究目的及研究对象的基本特征，挑选焦点团体研究对象。

首先，设定研究对象的基本标准。例如，研究者想要研究小学生的“好人观”，考虑到儿童“好人观”的形成会受到文化环境的影响，不同的文化环境可能催生不同的“好人观”。因此，研究过程中，小学生样本来源学校也要有所区分，做到包含各层次类型。

其次，从上述筛选的结果中随机挑选。在研究对象充足的情况下，研究者可以从上述筛选的人员中随机挑选研究对象，这样有利于保证每个符合特征的人都有平等的机会，

同时也保证了访谈资料的客观性。

最后，研究者也要控制成本和平衡质量。招募方式的不同、设置标准的不同等都会产生不同的成本，所选取的样本质量也会不同。

研究对象对研究有充分的知情权。必要的时候，我们需要与研究对象签订知情同意书。在正式研究之前，研究者应将电子版的知情同意书发给研究对象查阅，并在正式访谈前以书面形式签订。以南京师范大学硕士肖瑞 2019 年的硕士论文《90 后研究生的孤独感：焦点团体访谈结合扎根理论的探索》为例，作者撰写了知情同意书，具体内容如下。

“90 后研究生孤独感的质性研究探索”知情同意书

1）受访者邀请

本研究主题为“90 后研究生孤独感的质性研究探索”。研究者为南京师范大学心理学院研究生三年级学生。研究方法为焦点团体访谈和扎根理论研究。我们发现，相比于其他年代出生的个体，90 后的个体更多地体会到孤独感，而反复出现的孤独感体验可能对个体的情绪、环境适应行为造成一定的影响。因此，我们想知道，对于 90 后个体而言，孤独感产生的原因是什么，孤独感发生时的表现，孤独感对个体的影响，等等。经过慎重的考虑，我们认为您符合我们的抽样条件，因此诚挚邀请您参与这项研究。

2）受访者的付出

如果接受邀请，您需要接受 2 次 6～8 人的团体访谈，预计每次 1.5～2 小时，共计 3～4 小时。访谈内容主要包括引发孤独感的原因、孤独感发生的情境及变化、如何应对孤独感，以及孤独感对个体的影响等四个方面。出于研究的需要，我们会在访谈开始前拍摄几张照片用于档案记录，对访谈过程我们会进行录音录像，并将录音如实转录为文字。我们会将您提供的资料与其他研究资料一并进行分析，以便得出研究结果。

3）受访者的权利

如果您需要，我们可以将访谈录音转录稿以及最终的研究报告提供给您，听取您的反馈意见。您有权选择不参加我们的研究，也可以选择中途退出。

4）可能的利益

参与研究让您能够深入觉察自己的行为和心理体验。如果您愿意，还可以参与后期对资料的分析与探讨，这或许可以为您提供一些新的观点和视角。您还可以与研究者建立长期联系，作为专业的心理学工作者，我们会尽可能在您需要的时候提供帮助。访谈结束您会得到 100 元的被试费作为答谢。

5）访谈录音及转录的保密性

您提供的信息仅作为研究资料使用，只有研究者本人知道您的真实身份。研究者保证您的真实身份在任何场合都不会泄露。在转录稿及撰写研究报告过程中，凡使用到您的信息，均使用代码替代您的真实姓名，您还可以为自己选择代名。研究者有义务对您的隐私权和其他任何弱点加以保护。

6）研究成果的发布

本研究可能作为学术研究成果（论文、著作或相关报告）发布和使用。研究成果将有助于社会公众及 90 后研究生更多地了解该群体孤独感产生的原因和心理体验，从不同的视角对孤独感的产生加以理解，找到合适的应对策略。

7）研究者的联系方式：

Email：×××××××　　手机：×××××××××××

QQ：×××××××　　微信：×××××××

您对于本研究有任何想法或建议，或者因故不能按计划接受访谈，请尽可能提前联系我们。

作为受邀者，我阅读并了解了知情同意书的以上 7 项内容，同意接受邀请作为本研究的研究对象。

受邀者签名：　　研究者签名：

日期：　　日期：

借助受访者信息库，可以收集受访者的基本信息，对背景进行简单了解，并记录访谈地点、时间及次数，以备核查。参与者填写信息表。

焦点团体访谈成员信息表

姓名：_____ 化名：_____ 性别：_____ 出生年月：__________

家庭兄弟姐妹数量（勾选）：0　1　2　3　4　（勾选）

当前就读学校：__________ 专业：__________年级：__________

家庭住址：____

手机：__________________　　Email：_________________

QQ：__________________　　微信：_________________

你最方便的联系方式是（勾选）：电话　QQ　微信　电子邮件　其他___

协商安排的访谈时间和地点：

第 1 次：时间_____________________　　地点：____________________

第 2 次：时间_____________________　　地点：____________________

3. 焦点团体访谈的引导者

在社会科学研究中，研究者通常会雇用专业人士来引导访谈。因为专业人士只对推进团体访谈进程感兴趣，对访谈结果不感兴趣，由专业人士访谈得到的结果相对客观。

当然，研究者也可以作为“局内人”引导访谈。但是，由于处于相同的文化环境中，研究者对于一些本土性的概念、隐含的逻辑规律等方面缺乏敏锐性。相比于“局外人”，“局内人”的身份更难意识到文化背景里“约定俗成”的部分。因此，在质性研究中，研究者本人作为“研究工具”，对自身立场及研究关系进行反思具有十分重要的意义。研究者成长于特定的时代背景及生活环境，这使其在研究过程中，对于交流内容及文本资料的理解具有一定的主观性，或者是很容易将访谈焦点主题带偏，得到自己想要的访谈结果。对研究者个人立场及作为“局内人”的身份进行反思，可以使研究者更好地意识到研究中主观性的部分，并进行自我调整。

例如，在南京师范大学硕士肖瑞的硕士论文《90 后研究生的孤独感：焦点团体访谈结合扎根理论的探索》中，作者想要了解 90 后研究生的孤独感，但自己同样是 90 后的研究生且是引导者，在此研究中属于“局内人”身份。在研究过程中，作者始终坚持自己的研究立场，反省自己的生活经验、价值观念、身份特征及与研究对象的研究关系等，这样做对于增强研究内容的严谨性、灵活性及精确性至关重要。

4. 引导焦点团体访谈

和个体访谈一样，焦点团体访谈的引导性问题也应该预先明确地规划出来。由于每个人的研究目的和问题不一样，因此此处可提出焦点团体访谈引导问题的大致方向。

首先，研究者可以通过游戏进行暖场，活跃会场的氛围，营造出舒适、安全的心理环境。例如，“首先想要问问大家，在今天的访谈中，最想讨论和了解哪方面的内容”（了解参与者的期待，使参与者能够更多地表达自己的内心想法）？“当提到‘孤独感’这个词时，大家心里最先想到什么画面，请简单说一说”（问题导入，引发思考）。“请大家用彩笔作画，以体现自己印象深刻的孤独感的体验”。

其次，研究者应尽可能地鼓励参与者积极讨论、相互对话。在焦点团体访谈中，研究者扮演的不是提问者的角色，而是一个推动访谈进程的辅助者。研究者的主要职责是把握访谈的基本走向，适时将讨论问题聚焦到焦点问题上，鼓励参与者积极发言，关注参与者之间的互动行为，在需要的时候给予适当的推动。明确自己的角色后，研究者应尽可能地放低自己的姿态。在访谈过程中，研究者不要随意打断团体的讨论，也不要轻易发表自己的看法，尽可能地在旁边仔细倾听和观察。

再次，研究者应该尽可能保证在场的每一个参与者都有发言的机会。如果在访谈的过程中出现领导效应，即一些慷慨激昂的人将访谈视作自己的演讲，那么研究者也应该及时提醒大家，鼓励每个人表达自己的观点和看法。研究者应该密切观察此类参与者，顺着他们的语言风格和思想动态予以鼓励，避免出现尴尬的局面。此外，访谈即将结束的时候，研究者应该尽可能预留出时间，给每位参与者提供总结的机会。

最后，研究者应尽可能记笔记。尽管在访谈的过程中有录音机或者摄像机，但焦点团体访谈的人数较多，而且参与者之间经常有言语上的交叉，有时很难将发言人与内容匹配，因此，研究者在访谈的过程中认真记笔记是很有必要的。另外，笔记可以和其他方式收集的资料进行三角检验，以确保获取信息的效度。

5. 访谈前的其他准备工作

除了上述确定研究对象以及学会如何引导访谈之外，确定访谈地点、次数、团体人数及时长，以及选择记录方式等准备工作也应该考虑清楚。

一是访谈地点。会议室地点和空间的选择需要悉心考虑。会议室地点的选择要尽可能地远离参与者工作的地方，同时还应该将被打扰的概率降至最小。此外，会议室的空间要尽可能根据参与者的人数进行选择。如果会议室空间过大，那么将会削弱与参与者之间的联系，不便于他们之间的讨论交流，而且录音效果也会大打折扣。如果会议室空间过小，那么参与者将会感觉局促不安，也不利于言论自由。

二是访谈次数。在正式访谈之前，我们需要明确访谈的次数。大多数研究者认为，焦点团体访谈的次数保持在 2～4 次为宜。但这并不是一成不变的，访谈的次数也应该根据研究目的和研究问题进行确定。

由于焦点团体访谈的人数较多，在访谈的过程中比较容易发生突发事件，那么再次组织团体访谈也是有必要的。因此，在设计焦点团体访谈计划的时候，若没有严格的时间限制，研究者应该宽泛地设计访谈次数，而不应该纠结于确定具体的访谈次数。

三是访谈的团体人数。究竟访谈多少人我们能够获得想要的信息呢？一般来说，团体的人数保持在 3～4 个比较适宜，在访谈时需要判断信息是否达到了饱和。例如，如果研究对象的回答都是可以预见的，并且已经没什么用处，那么就不需要继续访谈了。但是，如果你做了 3～4 个焦点团体访谈以后，还需要更多的消息，那么你还要继续进行访谈。

具体团体的划分也要讲究策略。当你想比较不同群体对同一问题的看法时，你需要将这些人分为不同的组。例如，你想要了解家长对学校某一政策的看法，那么你可以将同一年级的家长分为不同的团体。在这个过程中，你还可以根据家长的性别、收入、职业等进一步划分团体。

四是访谈的时长。通常情况下，焦点团体访谈的时间一般控制在 1.5～2 小时，2 小时其实已经是人体的体力和心力的上限。但是，如果研究对象是儿童、青少年或者其他特殊的群体，也可以在更短的时间内进行。那么到底该如何把握时长呢？

（1）合理控制题量。前期，我们已经设计好了访谈提纲，同时我们也要估算每个题目花费的时长。假如研究者设计 20 个访谈题目，要求 1.5～2 小时完成，那么每道题目平均花 4.5～6 分钟，这还不包括破冰、介绍规则及结尾等花费的时间，因而很难进行深度的讨论，可能也无法获得我们所需要的信息。

（2）留出机动时间。在焦点团体访谈的过程中，由于人数众多，因而很容易出现意料之外的事情，如有人因堵车来晚了，或者在此期间有人提出新颖的观点，则有必要深入讨论。所以我们还要留出 10～15 分钟时间作为机动时间。

五是访谈的记录方式。记录访谈内容主要包括以下方式，录音、摄像和笔记。选择高质量的电子设备也是值得我们考虑的问题。

在记录访谈内容时，我们既可以借助录音设备进行记录，也可以进行摄像或者记笔记。焦点团体访谈人数较多，在交流的过程中，参与者难免众说纷纭，此时，录音设备可能就难以将说话内容和参与者进行正确匹配，但是，录音设备不能记录到参与者的肢体语言、眼神和情绪等，而这些表现都将是解释主题的重要依据。这种情况下，摄像或者笔记将是一种很好的选择。

11.3　访谈法应用的案例分析

本节以《中学家校协同育人的困境研究》这一研究为例进行说明，首先介绍访谈法要解决什么问题，接着确定使用个体访谈法和焦点团体访谈法分别要解决哪几个问题，以及为什么要使用这两种方法，然后介绍访谈法的具体操作步骤，与前文论述中的对象选择—提纲确定—访谈过程控制—访谈结果处理对应起来。

家校合作一直是教育界的热点话题，家庭与学校作为构成教育系统的两个重要载体，共同承担着培养优质人才的任务。《中学家校协同育人的困境研究》的研究目的是探究 C 市中学家校合作的具体困境是什么，由哪些因素造成的，并根据 C 市中学的实际情况提出相应对策，旨在增强家校间教育的合力。

假设本节案例展示的是《中学家校协同育人的困境研究》的第一轮访谈，访谈的方法包括个体访谈法和焦点团体访谈法，研究对象主要是学生家长。根据研究的问题，我们此次访谈主要解决的问题是家长在目前家校合作的过程中的角色定位是什么，与学校有哪些合作，家长对这种角色定位是否满意，家长如何评价自己与学校的合作现状，家长感觉到的与学校沟通和合作的困难是什么，他们对这些困难的归因及对策建议有哪些，等等。我们以个体访谈法为例进行说明。想要深入了解 C 市中学家庭和学校之间的合作，研究者采取面对面的沟通交流方式更合适，因为这种方式可以使交流更充分且更深入。

因为这是初次访谈，所以我们先从无结构访谈开始，先让被访者畅所欲言，充分表达自己的想法，体现其对研究的重要性，拉近研究者与研究对象之间的关系，建立信任感。无结构访谈也并非漫无目的，研究者要尽量提出与主题相关的话题，或者把交流的话题慢慢往主题上靠拢。我们可以做一个粗线条的访谈提纲，内容涉及上述访谈问题，通过开放式交谈，逐步关涉访谈提纲内容，引导研究对象回答自己所要解决的问题。

11.3.1 访谈前的准备工作

选择研究对象——质性研究一般采取目的性抽样，即抽取能为本研究提供最大化信息的对象。研究者需要提前了解 C 市中学的基本情况，如学校性质、学校规模及所在区域（城镇还是农村）等，选出各个层级中具有代表性的学校。选好目标学校以后，研究者还需要选择具体研究对象。此案例主要研究中学家校协同育人的困境，为了获取更加丰富的信息，我们可以选择访谈家长、教师、学校管理人员等。如果你想了解家长委员会成员家长和非家长委员会成员家长在家校协同育人中的异同，你还可以对这两种类型家长进行区分。样本主要围绕研究问题和研究目的进行选择。

拟定访谈内容——研究者需要通过大量研读文献来明确现阶段家校协同育人的研究现状是什么，仔细思考你想研究的内容，并根据研究内容确定一个粗线条的访谈提纲。考虑到是初次访谈，可能不便确定较明确的访谈内容，那我们可以初步拟定一个切入访谈的问题，这个问题既能引起研究对象的兴趣，也与自己的研究问题有一定的契合度。例如，可以问家长“在与学校沟通的过程中，有没有让您觉得很愉快或不太愉快的事情”，然后我们可以根据这一问题，预设一些可能出现的答案，通过一步步追问来完成初次访谈。

1. 访谈提纲

如果我们的初次访谈有比较明确的目的，如要弄清楚家校沟通的主要方式，以及家长对这些方式的接受程度及效果，那么我们就可以根据这一目的，确定初步的访谈提纲。访谈提纲的确定可以分三步走。第一步，研究者通过查阅相关文献，搜集整理以往关于家校沟通方式研究的问卷或访谈提纲，结合研究问题进行筛选，并结合自身经验判断，确定访谈提纲初稿；第二步，头脑风暴。头脑风暴的目的是通过与他人进行讨论，剔除访谈提纲中不适合的问题，或更改不恰当的提问方式，抑或是修订模糊不清的表述，等等。头脑风暴的参与者可以是自己的朋友，也可以是导师及课题组成员，还可以是研究对象。例如，我们针对家长的访谈提纲，可以邀请自己身边的几位家长一起参与讨论。与研究对象的头脑风暴也可用预访谈的方式替代，即用现有访谈提纲预访谈一两位被访者，通过访谈发现和讨论提纲中的问题。第三步，优化框架。我们可以根据头脑风暴中发现的问题及商讨的解决方案，对访谈提纲进行修改。

2. 与研究对象取得联系

首先，联系方式可以通过导师、朋友、官网、学校等获取，先电话（或短信）联系研究对象，表明来意，征求同意。例如，“××老师，您好，我是××，是××老师的学生。我现在在做关于中学家校协同育人的困境研究，非常希望您为我们的研究提供支持与帮助”。征得研究对象同意后，尽快与研究对象约定好时间、地点、访谈的形式、时长、用途，并进行保密承诺等。沟通完成后，研究者还需要再次将沟通好的内容以电子邮件或者短信的形式发送给研究对象，并在正式访谈前一天、前几个小时再次发消息提醒研究对象。

11.3.2　访谈前的其他工作

在正式访谈之前，研究者还应该准备好纸笔（访谈记录表，见表 11.7）、访谈提纲、自己的工作证、录音机和摄像机（最好备份一个，以应对不时之需）等。

表 11.7　访谈记录表

<table>
<tr><td colspan="3">访谈记录表</td><td>个人笔记</td></tr>
<tr><td colspan="3">访谈内容：</td><td></td></tr>
<tr><td colspan="3">访谈背景：</td><td></td></tr>
<tr><td colspan="2">访谈时间：</td><td>访谈地点：</td><td></td></tr>
<tr><td colspan="2">研究对象：</td><td>访谈人数：</td><td></td></tr>
<tr><td>访谈问题</td><td colspan="2">访谈内容</td><td></td></tr>
<tr><td>1.
2.
3.</td><td colspan="2"></td><td></td></tr>
<tr><td>反思总结</td><td colspan="2"></td><td></td></tr>
</table>

11.3.3　实施访谈

研究者提前进入现场，做好准备工作。

1. 访谈开场语

开门见山式——“您好，我是××大学××专业的学生×××，现在在做一个关于C市中学家校协同育人困境的研究，您的参与对我们的研究有非常重要的意义，非常感谢您百忙之中参与访谈！本次访谈主要通过问答的形式进行，时长约一个半小时，访谈内容将严格保密！如果没有疑问的话，我们就开始吧！”

自然接近式——“我听 X 老师说您家孩子在这次单元测试中拿了全班第一，孩子这么优秀，肯定和您的教育有很大关系，可以跟我们分享一下您的育儿经验吗？”“听说您是一位医生，平时一定很忙，尤其现在是疫情防控期间，你们更辛苦，您平时还有时间管理孩子的学习吗？”

访谈进行时，询问研究对象是否可以录音或录像，并在研究对象同意后开始录音或录像；再次向研究对象承诺保密原则，希望他可以畅所欲言；研究者根据访谈提纲和研究对象的回答灵活提问和追问；研究者有针对性地进行快速记录。如果访谈处于录音、录像状态，研究者记录的内容可以稍微简略一些，主要是记录研究对象提到的具有关键性意义的词句，需要进行追问的内容，研究对象的细微表情或情绪，研究者的个人感受等。个人笔记主要是记录当时情境下，能够引起研究者产生疑虑、兴趣、情感共鸣等情绪的内容，因为在访谈过程中我们不适合长时间进行记录，所以这类笔记可以使用简单的字词或符号来替代，如引起我们疑虑的地方，可以标出“？？？”，需要追问的地方可以画上五角星，感动的时候可以画几滴眼泪等。

2. 结束访谈

访谈结束时可以询问研究对象是否还有需要补充的内容或要求，表示感谢，约定下次访谈时间，承诺保密，等等。

3. 访谈结束后

访谈结束后，研究者应该凭着清晰的记忆，立马对访谈内容进行归纳整理、编码。一旦发现收集到的资料不饱和，研究者应该立即记录下来，以便日后追加访谈。

第 12 章

实地观察法及案例分析

英国社会学家莫塞（Moser）认为，观察是社会探究的第一方法。质性研究认为，观察不仅是人体对外界的感知，还是大脑对外界信息不断思考、整理的过程。观察者试图通过研究对象的视角理解研究的文化背景和社会现象。观察者选择不同的观察视角和观察内容，会产生不同的观察结果。因此，我们要客观地分析观察内容。

本章主要对实地观察法的基本概念、类型、评价、信效度以及具体使用流程进行详细介绍。

12.1 实地观察法的定义及适用范围

12.1.1 实地观察法的定义

实地观察法是指观察者在自然状态下，有明确目的的，通过科学仪器或者感觉器官（包括观看、倾听和感受）记录人们对待事件的态度或行为的活动方式。

科学研究中的观察不同于日常生活中的观察。日常生活中的观察是人们认识世界的基本方式，是人的本能活动，没有明确的目的性和计划性。而科学研究中比较系统的实地观察必须满足以下条件：一是要有明确的研究目的；二是要系统地制定实地观察计划；三是要充分调动自己的感觉器官并辅以科学工具有针对性地进行观察；四是要有详细的观察记录；五是观察者能对观察到的现象进行实质性解释。

在使用实地观察法时，观察者要遵循以下几条原则：客观性原则、全面性原则、深入性原则和道德原则。①客观性原则。客观性原则是进行实地观察最基本的原则。实地观察是观察者有目的、有计划地观察，具有一定的主观色彩。因此，在实地观察的过程中，观察者要尽可能地摒弃固有观念，实事求是地进行观察。②全面性原则。全面性原则是客观性原则的内在要求。观察者要在客观性原则的基础上，尽可能地全面观察。③深入性原则。实地观察相较于其他收集资料的方法具有明显的深入性。观察者不仅要深入观察对象的日常生活，还有可能参与其中，通过细致的观察，真实地呈现观察对象的言行举止及心理状态。④道德原则。在进行实地观察时，研究者往往要介入他人生活，因此很有可能触碰到当地一些特有的生活习惯、风土人情或者忌讳等。所以在进行观察之前，观察者一定要全面了解当地的习俗，遵守当地的条例，避免麻烦。

12.1.2 实地观察法的适用范围

实地观察法是研究者对某一社会现象进行深层次剖析的一种方法，只有在自然情景中才能更好地解释群体事件、组织关系、态度行为等，一般适用于以下几种情况：一是为了了解调查对象某方面的发展状况。例如，华东师范大学硕士黄牧君 2014 年在硕士论文《奥尔夫音乐治疗应用于自闭症儿童的个案研究》中，为了探究自闭症儿童接受治疗后各方面的整体发展情况，黄牧君对一名 7 岁的自闭症儿童进行为期 5 个月的奥尔夫音乐治疗，总结出针对自闭症儿童的奥尔夫音乐治疗实施流程及方法。二是为了分析某一群体的生活方式与社会文化背景之间的关系。例如，当代学者曹锦清曾两次从黄浦江直达黄河流域，梳理了中国传统文化与当代社会政治、经济、文化等之间的关系。三是为了解释某些独特的因素或事件对人们特定行为产生的影响。例如，华中师范大学硕士王海燕硕士 2011 年在其硕士论文《驻村大学生村官：国家对乡村治理的介入》中，为了研究驻村大学生村官政策在运作过程中对乡村治理产生的影响及未来可能的发展走向，以江苏北部的杨集村作为实地观察的场地，着重阐释了大学生村官对乡村治理产生的积极作用以及存在某种程度上的虚设和形式主义的问题，从而对驻村大学生村官政策的可持续性发展及未来走向进行可能性的展望。

12.1.3　实地观察法的优势与不足

实地观察法是指直接置身于研究活动之中，研究者可以获得直接的、有意义的信息，相较于其他方式有许多显著优势，同时也存在一些不足。

1. 实地观察法的优势

首先，实地观察法最大的优势是观察者置身于自然真实的情境之中，观察到社会现象发展的来龙去脉，获取第一手资料，能够更加准确地理解现象发生的情境。有时观察对象并不知道观察者的存在，他们的行为活动往往会更加真实自在，观察者获取的资料也更具真实性。相较于间接获取资料的访谈法和问卷调查法等，调查对象通过回忆还原事实，往往存在偏差。因此，实地观察法能够弥补访谈法和问卷调查法的不足。

其次，实地观察能够感受事情的前因后果，更具真实性。当观察者或者其他人认为参与者所说的内容与实际并不一致时，观察者可以通过深入实地的日常生活环境，进行细致观察，了解他们的具体行为表现和背后的真实想法。

最后，当研究对象在访谈过程中不愿意说明一些事件时，观察者可以通过实地观察的方式，仔细观察研究对象在自然真实情境下的行为表现，从而获取一些参与者不愿意谈论的信息。有时候社会科学研究只能采取观察法。例如，当调查婴儿情绪表现和母亲性格的关系时，利用实地观察法获取资料是最好的选择。

2. 实地观察法的不足

首先，由于观察者只能置身于当前的环境，对于已经发生的或者尚未发生的事情，研究者只能被动地等待。另外，当观察环境突然发生变化时，观察者难以控制时间变量和环境变量。

其次，由于观察者是从自身的立场出发，他试图通过参与者的视角来理解社会现象和风土人情，在后期分析和整理资料时，难以避免会带有主观感情色彩。同时，随着不断地深入观察，研究者很有可能“被同化”而导致失去最初的立场，使观察结果掺入主观情感。

再次，由于实地观察要亲临现场，一般持续时间较长，工作量大且比较烦琐，因此需要耗费大量的人力、物力和财力。

最后，不管实地观察前的准备工作，还是实地观察时的现场记录以及后期的资料整理，都是比较烦琐的，研究者需要具备深厚的理论知识和高超的综合分析能力。

12.2 实地观察法的类型

按照不同的分类标准，实地观察法可以划分为不同的类型。研究者可以根据研究目的，采用不同类型的观察方法。

12.2.1 完全参与观察、半参与观察以及非参与观察

按照观察者参与观察对象活动的程度，实地观察法可以划分为完全参与观察、半参与观察以及非参与观察。

完全参与观察是指观察者以成员的方式深入到观察对象的活动中间。观察者和观察对象在一种自然的状态下一起学习、生活、工作，在这个过程中，观察者记录观察对象的言行举止、表情心理活动等。完全参与观察的优点是观察者处于观察对象的环境之中，二者的行为都是自然真实的，而且深入观察对象的生活环境，更加能够理解他们行为的意义，因此收集的资料具有较高的信度和效度。另外，这种观察方式具有开放性和灵活性的特点，因为在深入观察的过程中，观察者可以根据现实情境不断调整自己观察的内容和范围。但在完全参与观察中，研究者面临着被同化的危险，可能完全接受观察对象的观点，从而不能客观分析观察到的资料。

半参与观察是介于非参与观察和参与观察之间的一种观察方法，研究者不隐瞒自己的身份和研究活动，通过与被观察群体成员进行各种接触，参加他们的各种社会活动来进行观察研究的方法。使用半参与观察对研究者来说可能会更加省时、省力、快捷方便，其优点是能够摆脱完全观察法的困境，不必解释为什么会“出现”结构式观察指观察者事先对观察内容进行分类并设计统一的记录标准，采用标准化方式进行观察。它所获得的资料大多数可以采用定量的方式进行处理。

无结构式观察没有事先规定所要观察的内容，并不要求只专注于某些特定的行为或者现象，而是对观察对象所有的行为活动都进行观察和记录。这类观察方式秉承一种比较开放的态度，在观察的过程中，随时可以调整观察的重点和方向。所获取的资料大多是从定性的角度处理和分析。

12.2.2 直接观察与间接观察

按照观察对象的不同，可将观察分为直接观察和间接观察。

直接观察是指对正在发生的活动进行观察。而间接观察是对已发生活动所遗留下来

的痕迹和标志进行观察。

间接观察分为痕迹观察和标志观察。痕迹观察是指对人们活动后遗留下来的迹象进行观察。它有两种测量方式。一种是磨损测量，即根据实物的磨损程度进行判别。例如，根据书籍的磨损程度或者所做的笔记，判断人们的兴趣爱好等。另一种是累积测量，即根据遗留下来的物质，如宿舍的墙、走廊的图画内容判断一些事情。标志观察是指通过一些表面的现象推测人们的行为方式和价值观。例如，有些研究者通过观察家具摆放、装修风格等来推断观察对象的性格特征。由于间接观察只是通过经验推测某种现象背后的原因，因此带有主观性和不确定性，它通常作为一种辅助手段，为观察提供某些线索，对其他方法进行补充和检验。

除了上述分类方式，观察还可以分为静态观察和动态观察，探索性实地观察和验证性实地观察，以及长期观察、短期观察和定期观察等。在质性研究中，研究者通常使用完全参与观察、无结构式观察以及直接观察的方式。在某些情况下，观察者也可以借助其他观察方式。

12.3　实地观察法的实施

12.3.1　实地观察前的准备

在正式进入实地观察现场之前，研究者需要做一些准备工作，大体上包括选择观察对象、确定观察内容、确定观察时间地点和频率、设计观察提纲以及其他准备工作。

1. 选择观察对象

实地观察对象的选取和个体研究对象的选取都是采用抽样法，个体访谈主要采用目的性抽样法，而实地观察对象的选择主要采用等额抽样法、滚雪球抽样法以及特殊个案法。

等额抽样是指将观察对象进行合理划分，从中抽取具有代表性的对象。例如，将观察对象分为大人和小孩、男生和女生或者高年级组和低年级组等。滚雪球抽样法是指将前一个观察对象作为介绍人，并询问其下一个应该观察谁的方法。例如，如果你想观察班级内比较调皮的孩子，那么你就可以采用该方法。特殊个案是指研究者将脱离正常集体的个案作为观察对象的方法，以此更好地分析正常集体的行为模式。例如，假如你想了解参加课后延时服务学生的课堂表现，那么你去观察没有参加课后延时服务的学生说不定会获取更加重要的信息。

2. 确定观察内容

观察内容取决于研究目的和研究问题，观察内容的选择主要从以下几个方面着手。

首先，观察内容取决于研究问题，在某些情况下，二者相互影响。研究者要始终牢记自己的研究问题，问题明确了，才知道要观察什么。例如，我们想要了解教师的教学风格对学生上课积极性的影响，那么我们需要关注教师的教学风格怎么样；如果我们的目的是了解教师情绪，那么我们就不必过于专注教师板书怎么样。另外，当我们带着已经预设的观察问题进入现场时，如果发现其与观察内容并不相关，这时研究者就需要根据观察内容更改观察问题。例如，研究者本打算观察教师的教学风格对学生上课积极性的影响，但发现教师情绪更能激发学生回答问题的积极性，那么研究者就需要改变最初的观察问题。其次，研究者要经常反问自己："我要观察什么？什么内容能解决我的研究问题？我要观察谁？观察一个人还是一群人？在哪里观察？观察的范围要多大？我所做的观察有意义吗？"面对复杂的观察现场，研究者可能一头雾水，什么都想观察，这样做的后果可能是发现自己并没有观察到很多有用的信息，也无法面面俱到地记录所有的内容。因此，无论是在观察前，还是观察过程中，研究者都要经常反思自己，做到有意识地选择观察内容。最后，由于不同的观察偏好会影响观察结果，因此研究者要了解自己的观察风格和习惯。例如，文科生在观察小学家校合作的现状时，可能更关注家长参加家校合作时的感受，而理科生可能更关注家长参加了几次活动。因此，研究者要尝试从自己不喜欢、不习惯的角度进行观察，这样做更加有利于规避自己的"观察定式"。

3. 确定观察的时长地点和频率

研究者打算在什么时间进入现场？每次观察持续多长时间？进行多少次观察？这些都需要研究者在进入现场之前根据研究问题和目的翔实地考虑清楚。例如，在华东师范大学硕士黄牧君 2014 年的硕士论文《奥尔夫音乐治疗应用于自闭症儿童的个案研究》中，研究者想要研究自闭症儿童接受奥尔夫音乐治疗的整体发展情况。在正式观察之前，研究者与目标院校及其家长取得联系，表明研究的目的和意义。在观察设计中，研究者会努力协调好观察的时间和次数，并且每周都事先与教师和家长约定好在哪一天进行观察记录。最终研究者计划进行为期 5 个月的观察，一周进行 2 次，每次时长约为 45 分钟。

观察地点的选择要遵循两条原则：相关性原则和便捷性原则。相关性原则是指尽可能选择与自己研究主题密切相关的实地。便捷性是指选择研究者方便到达、进入和观察的现场。例如，研究者想要对"双减"背景下，小学生课后延时服务现状进行观察，出于相关性原则，应该选择对参加课后延时服务的小学生进行观察；出于便捷性原则，你可以选择你熟悉的学校作为观察地点。

4. 设计观察提纲

观察提纲和访谈提纲的编制有些类似，都是为了推动研究顺利进行而拟定的大致框架，但前者更具开放性和灵活性。实地观察具有更多的不确定性，因此需要根据当时的具体情况进行修改。实地观察提纲主要从以下五个方面进行设计。

一是时间，研究者什么时候开始观察？相关事件发生在什么时间？事件发生的频率是多少？每次持续的时长是多久？事件顺序是怎样的？

二是地点，研究者在哪里观察？为什么会在这里发生？这个地方有什么特别之处？若此事发生在别的地方，观察对象会有相同的反应吗？当时的社会情境是怎样的？

三是人物，观察现场有哪些人物？人物的性别、年龄、社会背景是怎样的？人物之间是怎样的关系？不同的人有哪些不同的表现？是谁先开始说话，进行互动的？他说了什么？做了什么？其他人有什么反应？为什么会有这样的反馈？观察对象使用了哪些物品？

四是事件，现场发生了什么事？这件事是怎样发生的？为什么会在这个时候发生？发生的过程中，事件是如何进展的？观察对象分别有什么反应？事件的结局如何？为什么是这样的结局？同时还发生过其他事件吗？事件之间有什么关联？

五是情感，在整个时间段内发生的事件，表达出人们什么样的情感？为什么会产生这样的情感？人们期望达成什么目标？

12.3.2　实施实地观察

本小节将重点叙述研究者如何进入现场、如何聚焦观察对象、如何记录和结束实地观察，并完整地呈现实地观察的整个过程。

1. 进入观察现场

顺利进入现场是实地观察的关键所在。研究者的社会资源以及研究问题不同，进入现场的方式也有所不同。

有些研究课题需要研究者经由正式组织介绍或者批准才能进入现场。例如，由某机构领导或者政府机关出示证明文件，在征得观察对象同意后，才能以研究者的身份进行研究。到达观察现场后，研究者需要简短地做一个自我介绍，表明研究的目的和意义，并且承诺遵循保密原则。由于研究是经过相关机构批示得以进行的，因此研究者尤其要注意消除当事人的戒备心理，避免出现因怕得罪某些人而弄虚作假的情况。例如，你想调查某个社区的党建工作，你得向社区出示上级的证明材料。还有些课题是研究者通过熟人介绍等非正式组织方式进入现场的。例如，你想调查小学家校合作的现状，而恰好你的熟人就职于某小学，这时你就可以通过熟人进入现场，并进行观察和访谈。部分社会科学研究，需要观察者不表明身份、完全参与式地进行实地研究。这类研究一般研究社会中存在的某些比较隐蔽、难以调查的现象，例如，研究沿街乞讨的乞丐、外来人如何融入当地生活等，常会采用这种方式。在教育领域内，一般较少有研究者研究此类现象，故不做详细说明。

2. 聚焦观察内容

聚焦观察内容主要包括四种方法，即主次程序法、方位程序法、开放—聚焦法和回应互动法。

（1）主次程序法。此方法一般先观察主要对象、主要事件、主要现象，然后再观察次要对象、次要事件、次要现象。如果研究者刚进入观察现场，一般难以发现哪些内容对于研究问题来说比较重要。有时候研究者认为很重要的现象，在分析问题的阶段才发现并没有多大作用。因此，此种方法需结合其他方法使用。

（2）方位程序法。此方法是指研究者根据观察对象的位置，采取由近到远或由远到近、由左到右或由右到左、由上到下或由下到上等方位逐次观察。

（3）开放—聚焦法。此方法是实地观察法中较常使用的一种方法，研究者可以先开放式地观察事物的整体，再聚焦事物的局部，最后再进行综合分析，得出观察结论。在开放—聚焦式的观察中，研究者应该结合主次程序法和方位程序法同步进行，以便收集更加全面的信息。具体实施步骤主要包括以下几项。

首先，研究者刚进入现场应该先观察事物整体，全面调动自身所有的感觉器官，如视觉、听觉、嗅觉、味觉、触觉，全方位地感受周围环境。例如，研究者想调查某校学生参与课间十分钟活动现状，在观察的初期，研究者要先观察当时天气怎么样？场地定在哪儿？有多大？场地有哪些器材？刚开始有哪些学生在玩？后来的一些学生会参与进来吗？有多少学生出去活动？哪类活动参与的学生最多？在教室没有参加活动的同学在做什么？他们的心情怎么样？同时，研究者还应该就以下几个问题进行思考。例如，学生之间的关系如何？他们的性别、年龄、外貌特征和行为举止有什么特点？学校将学生的活动区域安排在哪里？为什么会有这样的安排？同时，研究者还应该不断地问自己："我为什么选择观察这里？这里有什么特别之处？我的感觉如何？我为什么会选择这种方式观察？"同时，研究者也要随时带着观察提纲的问题有目的地进行观察。

其次，在对现场有整体的物理环境和人文环境的把握之后，研究者可以根据大致判断，逐步聚焦观察对象。例如，如果研究的问题是学生是如何参与课间活动的，那么聚焦的问题就在于起初参与活动的学生是如何邀请后来学生的或者后来学生与起初就参加活动的学生是如何交谈的。如果研究问题是了解某一群体的学生课间活动现状，那么研究者可将观察聚焦到某一特殊群体，如喜欢打乒乓球的学生的身上。如果在观察过程中，聚焦的观察对象发生了时间或空间上的变动，那么研究者可以采用追踪法对观察对象进行长时间、持续性观察。

（4）回应互动法。除了交叉使用以上三种方法，如果有需要，研究者可以以不公开研究者身份的方式，融入观察活动之中。在这个过程中，研究者一定要遵循当地的风俗习惯、语言等，尽可能地与观察对象的生活习惯等保持一致。当观察对象对研究者发起行为、语言、动作等方面邀请时（研究者不是主动干涉），研究者应该尽可能地做出适当回应。总之，以上四种观察方法应根据研究目的和问题，交叉使用，而不该孤立地选择一种。

3. 进行观察记录

在实地观察过程中，研究者一定要仔细记录笔记。研究者可以根据自己的记录习惯，自主选择纸质记录或电脑记录。在记录过程中，一是不要期望完美。因为所有研究者所见所闻、所思所想、所能关注和记录的内容都是有限的，即使经验丰富的研究者也不能将任何情境发生的任何事情都完美地记录下来。二是可以结合观察记录表进行记录。不管是无结构观察还是有结构观察，研究问题和观察问题一般已拟好，因此设计一个合适的记录表将会节省许多精力。实地观察记录表（表 12.1）是对客观事实的描述，个人思考笔记是对自己当时一闪而过想法的记录，由于个人思考的记录带有较强的主观性，因此求证记录则是对其的验证，观察结束后，研究者可以向观察对象进行进一步核实。

表 12.1　实地观察记录表

实地观察记录表		
观察日期：	发生时间：	
观察地点：	观察对象/人数：	
记录人：		
实地观察记录	个人思考记录	求证记录
突发事件		
反思		
备注		

4. 结束观察

在实地观察中，如果观察对象正在参与的活动提前结束了，研究者就要“被迫”结束观察；反之，即使已经超出了预设的观察时间，只要观察对象参与的活动还在进行，研究者就要“被迫营业”。当然，最理想的状态是在资料已经饱和的时候离开，观察者应该逐渐减少观察的频次，提前告知研究者即将离开，让对方有一定的心理准备。当研究者完全参与且没有表明身份的观察时，观察者只需随着事件的发生自然而然地结束即可。

12.3.3　对观察资料进行初步整理

实地观察结束后，研究者还需对观察资料进行初步整理，主要包括对资料进行归类和编码、填充记录、文件编码并分类整理。

1. 整理观察资料

当实地观察结束后，研究者还需要对资料进行整理，主要是备份。当研究结束后，第一件事就是要对收集的资料进行备份。

2. 填充记录

不管是在原始笔记上补充记录，还是使用录音机讲述再转录，关键是研究者要在离开现场的第一时间尽快填充笔记，尽可能多地描述细节，这有助于研究者将原始笔记中所写的内容扩展为情境性的事件。为了使观察内容更具客观性，研究者在补写记录时，最好使用第三人称。

3. 文件编码并分类整理

编码应该贯穿于整个记录过程，从最初的实地观察记录表开始，每张表格都应该及时标注页码，观察结束后，每份观察笔记都应该做好相应标记，此时的注释应该更加详细。研究者要对资料进行分类整理，以便日后查阅。

12.3.4 判断资料是否饱满

实地观察是一个十分复杂的过程，那么如何确定是否还要继续收集资料呢？主要分为两种情况：一种情况是，当观察者在分类整理过程中，发现有遗漏、错误或者难以辨别真伪的资料，这时候就需要继续观察。另一种情况是，研究者想就某一现象进行深入观察。例如，研究者观察到一位女同学上午三个课间总是趴在课桌上闷闷不乐，想要进一步了解该名学生是否总是出现这种情况，于是可以再次进行观察。当研究者认为收集到的资料足够解决研究问题、达到研究目的时，就可以结束观察。

12.3.5 进行观察反思

在实地观察结束后，研究者除了要整理观察到的内容，还要积极地进行自我反思，反思自己看到、听到、嗅到和想到观察内容的心路历程。研究者可以就以下几个方面进行反思。

首先，反思自己的思维方式是否影响到对观察内容的记录。任何观察活动都需要观察者思考，只有这样才能观察到“事实”。因此，在进行观察记录时要尽量将实地观察记录和个人思考记录分开。例如，××在研究幼儿园区角活动开放使用现状时，对每周三下午区角开放时间段进行观察，记录如下：“大三班的各自选择自己经常玩的区角并开始忙碌起来。”这个记录虽然记录了当时的客观现象——小朋友进到区角开始忙碌起来，但也加入了自己的主观推论——“选择自己经常玩的区角”。是否是“经常玩的区角”单就一次观察，我们很难得出这个结论。或许是小朋友平时不喜欢玩过家家，但是别的小朋友主动邀请他玩儿，他才参与的；或许老师今天没有开放别的区角，只允许小朋友在这个区角玩耍……这样的假设无穷无尽。因此，观察者应该在实地观察记录部分写下：“大三班的小朋友一进入区角就开心极了，五位小朋友直奔娃娃家玩耍，但一位小女生听到‘包子铺’的吆喝声，又开始在‘包子铺’买起包子来；还有一位小男生眼光环视一周，走进了阅读区域，拿了一本漫画书，安安静静地看起来。”然后，观察者应该在个人思考栏写下：“我想这个男孩子性格应该比较内向。”观察结束后再向老师确认是否正确，并在求证记录部分记录下来。

其次，反思自己在观察过程中使用的语言是否影响了观察对象的行为表现。例如，研究者走到“包子铺”，买了一个包子，又闻了闻说：“这包子怎么这么难吃。”此时，从“包子铺”买包子的小女生可能听了你这句话，又回到娃娃家继续玩耍，“包子铺”的“老板”本来兴致勃勃地卖着包子，可能会心情低落地去别的区角玩儿。抑或是，当研究者使用家乡话和孩子们沟通时，孩子们觉得很有兴趣都来追问你一些问题，从而使得区角游戏结束。

再次，反思记录的视角是否被“同化”。研究者主要记录三部分内容：实地观察记录、个人思考记录和求证记录。一般来说，实地观察记录使用第三人称，对事实进行客观记录；个人思考记录使用第一人称，是研究者对不确定的观察内容所做的补充记录；求证记录则是为个人思考寻找证据或求得证实。

最后，反思有困惑或者记录中描述不清的地方。研究者要对整理过程中描述不清的地方加以说明，还要对有困惑的地方加以标注，以便考证。

12.4 实地观察的信效度保障

实地观察法在质性研究中占有重要地位，相较于其他收集资料的方法，实地观察可以获取更多深层次的信息，但在信度和效度方面存在一定不足，因此在实地实施的过程中要注意规避不足，以达到最佳效果。

12.4.1 实地观察法的信度

实地观察法的信度是指其他研究者使用该方法经过相同的观察能够得出相同的结论。但实际上不同的研究者不可能得出相同的观察结果，原因如下：一是每个人都是独立的个体，每个研究者的学识水平、思想观念及道德情感都是不一样的，可能带有一定的主观色彩。二是实地观察法使研究者置身于实地，随时关注事件的发展过程，因而每次事件发生的时间、地点和环境都是可遇不可求的，它不可能像实验研究一样自由地控制变量，因此实地观察法难以重复观察。

那么如何提高观察法的信度呢？一是在实地观察之前做好充足的准备工作，对研究设计和研究计划熟记于心，同时增加观察者和记录者的人数。二是注意观察不同时间段的情境变化以及观察对象的行为变化。

12.4.2 实地观察法的效度

实地观察法的效度是指这种方法能否正确地描述观察对象的社会行为表现。在研究过程中仍存在诸多影响效度的因素：一是研究者在观察的过程中可能会有意无意地将观察对象向着自己的研究方向引导，或者观察对象发现别人在注视他，从而刻意改变了原有的行为活动。二是在后期资料整理和分析过程中，研究者可能会根据自己的研究喜好整理观察内容，这些都会影响到实地观察的效度。

为了避免上述局限，研究者需要具备一定的专业能力。一是研究者在观察过程中要尽量减少对观察对象的引导或对某事件的“反应”，同时将自己在观察过程中的“存在感”降至最低。二是在整个观察的过程中都要提高警惕，将干扰因素降到最少，以免自己失去研究立场。

12.5 实地观察中的伦理道德

在实地观察中，由于研究者很可能会介入到观察对象的生活中，打乱观察对象的正常生活作息，会耗费观察对象一定的精力和时间，甚至还要提供一些较为私密的信息。因此，实地观察特别容易产生伦理道德问题。社会科学研究必须遵循绝对不强迫任何人参与研究、不给参与者带来任何伤害的基本伦理原则。除此以外，研究者还需要遵循以下伦理道德原则。

12.5.1 参与者知情原则

自愿参与是指观察对象有参与研究的自主选择权，研究者不可以强迫研究对象参与。知情原则是指研究者必须提前告知参与者将要参加什么活动、多长时间、目的和意义，包括哪些程序、会承担哪些风险、获得什么权益等。例如，如果研究者想观察小学生的行为，研究者必须征得本人、学生家长、校长和老师的同意，并且告知具体步骤，对方同意后才可以进行观察。

12.5.2 匿名保密原则

在社会科学研究中，观察者经常会观察参与者的言行举止，并对其言谈等进行录音，如观察对象发表了比较隐私的意见、看法和评论等，为了保护他们的隐私不被泄露，通常采用匿名和保密的形式。匿名是指别人无法通过记录辨别出研究对象。比如，他们的姓名、地名、单位名称都将被匿名，考虑到个人信息暴露产生的连锁反应，研究者在初稿出来的时候，应请研究对象查看是否有敏感的地方需要修改或删除。保密是指研究者知道研究对象的身份和回答，但保证不泄露研究对象的身份。在研究的全程中，研究者要时刻提醒自己不要透露信息，这也体现在一些琐碎的事情中，如保护好收集的资料、不与研究之外的任何人讨论研究对象的隐私等。

12.5.3 诚实守信原则

诚实守信是指在研究中不能欺骗参与者，遵守约定。在社会科学研究中，这一原则饱受争议。有些研究者认为欺骗能获取更加真实、更丰富的信息，从而更加接近真理、发展科学。因此，他们隐瞒自己研究者的身份、掩饰研究目的，甚至设计研究情境等以此收集资料。有些学者则持反对意见，认为欺骗参与者违背了良心和伦理道德。这样做不仅没有遵循自愿参与的原则，还可能违背了他们的意愿。在教育领域中的观察研究，不论何种情况都要秉承诚实守信的原则，要让参与者全程知晓研究的各个环节。

12.5.4 安全无害原则

无论参与者最后是否自愿参与研究，研究者都必须保证参与者安全、不会受到任何生理和心理上的伤害。研究者在开始研究之前，就应该设想各种可能存在的危险，如活动地点是否安全、实验室的仪器设备是否存在安全风险等。一般来说，社会科学很少会给参与者带来生理上的伤害，但容易在心理上对参与者造成伤害。例如，研究问题过于尖锐（研究问题要求研究对象频繁透露某些隐私等），使得研究对象处于紧张、焦虑的状态，这时候参与者有权退出研究。面对这种类似情况，研究者也应该提前预防或者做好补救措施。

12.5.5　平等互惠原则

平等是指研究者和研究对象处于相同的地位，研究者应尊重当地的风俗习惯和道德规范，最好能学会使用当地的方言、俚语，绝不要说违反禁忌的话，做违反禁忌的事。研究者在任何情况下都不要介入与研究对象相关的宗族、派系纠纷，遇到这类问题应尽可能做好团结工作，起码是严格保持中立。互惠是指研究者从研究对象这里获取丰富的资料，同时研究者也需要向研究对象表示感谢，包括口头致谢、赠送礼品以及辅导教师做课题等，同时，研究者还可以通过举办教师培训等活动助力教师专业发展，其实也算是对教师所付出时间、精力的回报。总之，研究者在整个过程中应尽自己最大努力向研究对象表达自己的谢意，希望他们在这个过程中有所收获，而不是感到“被利用”，即实现双赢的局面。

12.6　案例分析——《小学一年级新生学校生活适应现状的研究》

本节以南京师范大学硕士生桂烨 2016 年的硕士毕业论文《小学一年级新生学校生活适应现状的研究》为例进行阐释。研究者首先介绍实地观察法要解决什么问题，然后介绍实地观察法的具体操作步骤，与前文论述中的实施实地观察—观察资料的整理对应起来，以期让大家更好地掌握实地观察法。

小学一年级是学生学习生活的一个关键转折期，关系到儿童的长远发展。我国当前幼儿园和小学衔接存在一定程度的断层问题，一年级新生入学适应现状不容乐观。在实际的学校教育中，小学一年级新生适应现状如何？影响小学一年级新生学校适应的因素有哪些？基于此，该文利用实地观察法研究一年级新生适应现状，为帮助一年级新生更好地适应小学生活提出相应的策略。

该文采用实地观察法进行研究，以 C 市某小学一年级新生为重点观察对象，进行为期一个学期的参与式观察，主要探讨两个问题：一是研究 C 市某小学一年级新生的学校生活适应现状；二是研究影响小学一年级新生学校生活适应的因素。

12.6.1　观察前的准备工作

确定观察问题——观察者往往通过具体的问题来达到研究目的，如研究者通过“一年级新生课堂倾听表现怎么样”“举手发言情况如何”“作业完成情况怎么样”等具体问题以得出一年级新生的学校适应状况。

12.6.2　实施观察

开放式观察——研究者全程参与学生的早读、早操、课堂、课间、文艺活动等，在学校自然环境下进行随机观察。

逐步聚焦——研究者主要关注学生学习、日常生活适应状况，因此在随机观察的基础上将观察的焦点落到学生的课堂倾听、举手发言、作业完成等行为表现上。

12.6.3　记录观察

记录是观察必不可少的步骤，可以使我们回忆起观察时的所见所闻，还可以使我们进一步熟悉自己观察到的事物。此外，记录本身也是一个整理资料的过程，能够为研究提供有价值的资料。该文通过记录观察学生课堂倾听、举手发言的情况，来反映一年级新生的学校适应状况。

（1）课堂倾听。最能够反映学生是否认真倾听的标准有两个：第一是学生作业的质量（表 12.2）；第二是学生目光集中在老师身上的时间（表 12.3）。为此，研究者进行了为期一周的课堂观察。从两张表格可以看出，大部分学生的注意力是比较集中的，且学生一节课的注意力呈现先集中再分散最后再集中的趋势。

表 12.2　学生数学作业正确率的统计情况（时间：为期一周）　　单位：人

时间	班级总人数	全对人数	漏题人数	答错人数
周一	45	35	3	7
周二	45	29	5	11
周三	45	40	0	5
周四	45	27	2	16
周五	45	31	0	14

表 12.3　学生目光不集中在老师身上的人数统计情况　　单位：人

班级总人数	0～10 分钟	11～20 分钟	21～30 分钟	31～40 分钟
45	2	6	11	3

（2）举手发言。研究者对数学课堂中的发言情况进行了为期一周的观察，发现尽管一年级学生发言的积极性很高，但发言的内容大多不符合要求（表 12.4）。因此，这需要老师悉心指导，以提高学生的发言质量。

表 12.4　学生回答问题符合老师要求的次数的统计情况　　单位：次

时间	老师提问总次数	符合要求的回答	回答不完整	答非所问
周一	29	12	10	7
周二	25	11	8	6

续表

时间	老师提问总次数	符合要求的回答	回答不完整	答非所问
周三	22	7	12	3
周四	19	9	5	5
周五	27	15	8	4

总而言之，实地观察法需要许多前期准备工作和后续的整理记录工作，需要研究者具备一定的专业能力。在许多研究中，观察法是分析问题的基础，它为“化抽象为具体”提供了便利。因此，我们应该掌握这种方法，以便更好地解决研究问题。

第 13 章

实物收集及案例分析

在质性研究中，收集资料的方法还包括实物收集。实物是指研究中研究对象在所调查的日常活动情境中使用的物品，如学生的作业本、操场的草坪等。实物收集法是指研究者在研究过程中收集所有与研究问题相关的文字、图片、音像制品等资料的一种研究方法。例如，教师的教案、教学反思及教师评语，孩子的成长记录袋、旅行照片及家长日记等都属于实物收集的范畴。

实物收集具有两个特性：非反应性和非干扰性。非反应性是指这些实物不是通过研究对象这一中介收集起来的；非干扰性是实物收集并未干预到当时发生的日常事件。收集和研究这些客观实物，能够为研究者提供研究的新视角。

13.1　实物收集的基本类型

实物资料大致可以分为两种类型：正式类型和非正式类型。正式类型资料是指由官方机构发布的文件、法律条文等资料。这些资料主要用于服务公众，因而被认为是比较正规的、严肃的资料。由于此类资料是由官方机构发布的，因此独立于调查对象的原本意图，对此类资料的分析要结合使用者的目的来使用。非正式类型资料是指个人的资料，如私人信件、日记、照片及个人文件等。这些资料主要与个人生活有关，因而被认为是不太正式、不太正规的，对此类资料的分析需要依赖具体情境。

13.1.1　正式类型资料

官方统计资料是由各级政府部门和专业机构等收集并编制的各种统计报表和统计报告等。这些资料有利于我们整体把握社会现象的一般情况，对于我们了解社会整体状况有很大帮助。

官方机构发布的资料还可以分为内部资料和外部资料。例如，就某一学校而言，学校的内部资料包括学生的课程表、教学进度、教学安排、教师的辅导用书，以及学校内部下发的通知、规章制度、学生成绩单等。学校的外部资料通常是指学校对外公布的资料，包括招生计划、年度总结、机构设置等。不管是外部资料还是内部资料都有助于我们了解一个机构的组织形式、运行状况、内部结构的设置以及规章制度等。在收集和使用这些实物资料时，我们应该保持辩证的态度，时常反问自己：“是谁收集的这些资料？为什么要收集这些资料？我该如何收集这些资料？我会怎么使用这些资料？这些资料和我的研究问题有什么样的关系？我如何确定这些资料的真实性和有效性？”等等。

13.1.2 非正式类型资料

除了官方发布的正式类型资料以外，其他资料基本属于非正式类型资料，如痕迹、日记、标记、照片和个人信件等。

痕迹是指人们在活动时无意识留下的残留物。它提供了研究对象在某一情境下活动的物理证据，对访谈内容起着验证作用。例如，就某一学校而言，学校墙壁上残留的痕迹、图书馆书籍上的污点及实验仪器上的灰尘等都属于痕迹。从这些痕迹中，我们可以对学生参与的频率指标有一个大致判断。日记是指用来记录个人生活内容的载体，日记来源于研究对象对生活的观察，也是研究对象对自身心理活动的描述。这对于我们了解研究对象的内心世界有很大帮助，同时还可以从日记中了解研究对象对待周围世界的观点和看法。在所有的非正式类型资料中，日记最能体现一个人的真情实感，具有相对真实性。但是，日记属于比较隐私的资料，一般来说难以获取。标记是指研究对象在非正式类型资料上所做的标识、解释，对资料起着补充、解释和说明的作用。例如，教师对学生作业本的批注、读者的阅读笔记、学生的随堂思考记录等，从这些标记中我们可以获取非常有价值的信息。

在目前的质性研究中，照片被认为是一种非常有价值的实物资料，与其他实物资料一起，可以为研究提供十分丰富的信息。例如，照片可以提供拍摄的时间、地点、人物及事件，对研究可以起到补充和检验的作用。同时，从拍摄的照片中，我们还能大概了解事件发生的场景和情境，了解什么对拍摄者比较重要，从而了解他的人生观、价值观和世界观。虽然照片可以提供诸多信息，但是拍摄者是基于他自己的价值观、视角和目的来拍摄的，因此我们要学会辨别照片背后的背景信息。个人信件是质性研究中收集实物资料的另一种方式，不具有官方性质，通常是指写信人在没有外部压力的状态下自然坦露心声的一种形式。通过私人信件，我们可以了解写信人的人际关系，更加深入地了解写信人的内心世界及其对一些人和事物的想法与看法等。和日记本一样，写信人和收件人一般不愿意将自己的隐私公之于众，也较难获取。

13.2 实物收集的作用

实物收集作为质性研究中资料收集的方式之一，具有其他研究方式不具备的优势，具体包括以下几点。

第一，实物是在不打扰人们正常活动的情况下被收集起来的，且独立于研究对象的解释之外，相对比较客观。因此，实物收集法具有特殊的用途，可以对通过其他资料收集方式（如访谈法和观察法）获得的资料进行补充和检验。例如，对某一学生的学业表现进行访谈，该学生说学业表现很好，但从教务处的成绩单来看，该生成绩在班级排名靠后，且从课程作业来看，其作业也不够认真。因此，我们需要采取措施对这种矛盾的现象进行检验。

第二，实物收集作为访谈互动中的一种刺激因素。在正式或非正式访谈中，研究者请研究对象解释在实地中所收集到的实物的历史、使用和功能，不仅能够刺激研究对象不断地反思和总结，研究者也能从中获取更多的信息。例如，“您认为‘减负’政策背景下，学生的作业质量是否有所提升？体现在哪些方面？”研究者同时翻阅学生的作业本或者教师的教学计划，有助于提醒该教师回答相关信息。

第三，实物收集有助于获取资料的背景知识和历史情境。实证主义研究范式经常不考虑研究的情境，质性的社会科学研究同样也面临被“情境化”的局面。换句话说，研究被置于充分的政治、文化和历史环境背景中，由于研究者对实物的直接干预相比较于其他研究方式较少，因此实物可以提供更加真实可靠的信息。

除了上述提及的优势，实物收集也存在自身的劣势。首先，孤立地使用实物收集，可能会使研究者对社会情境和背景知识产生歪曲的看法。实物的意义比较隐晦、含蓄，不像文字那样可以直接进行研究，容易造成理解上的歧义。其次，实物的收集通常是零散的，所以有时难以确定哪些实物具有代表性。一些学者指出，在实物收集的过程中对私人信件和照片的收集经常出现不均衡、偏向特定方向的情况。因此，研究者在收集实物时，应该意识到那些在第一现场收集实物资料的人的立场和潜在动机。

总的来说，实物收集在质性研究中是一种非常重要的收集资料的方式。但由于人们对于此方法的认识仍停留在表层，对其的使用也是作为访谈法和观察法的辅助手段，没有给予足够的重视。但是，如果我们能够有效使用，就可以从中获取许多访谈法和观察法无法获取的信息。

13.3 收集和整理实物的方法

在实物收集的过程中，研究者必须遵循的原则是：实物收集必须征得当事人同意。如果他们不同意提供实物，我们也必须尊重当事人的选择。对于不同类型的实物资料需要不同的收集实物的方法，主要包括拍照或录像、复印和文字描述等。在实际情况中，研究者应该根据具体情况进行选择。

对于正式类型的实物，研究者需要征得相关人员的同意，必要时还要请相关部门出示相关证明。例如，研究者想要研究某地少数民族的发展情况，那么实物就会涉及历史文献、档案等。此时，研究者需要向当地有关部门申请，征得同意后方可进行实物收集和整理。再例如，教师的教学计划或者会议记录，在征求参与者同意后才能拍照或者复印下来；如若不同意，我们可以与参与者商量，看能否在参与者在场的情况下阅读一遍。

对于日记、标记和照片等非正式类型资料，如果有可能的话可以直接收集或复印，以确保其完整性和精确性；若不能，则以文字的形式进行记录，文字描述得越详细越好。若可以拍照的话，照片应该尽快整理，并标注文字作为照片记录的补充。尤其要注意日记和信件的收集，一般来说参与者会不情愿与他人分享。那么，研究者应该选择愿意分享私人信件的参与者。当我们获取这些较为隐秘的信息时，一定小心处理和保存它们。在研究过程中，参与者有权随时撤销私人信件。还有一种实物，如学生的作品，在征得当事人的同意后，研究者可以直接保存在档案袋里等，谨慎存储。然后，研究者可以贴上标签标注：谁在什么时候，什么情况下制作了它们，制作的目的和用途是什么。若参与者不同意将其作品直接带走研究，研究者则可以与参与者商量，是否可以对其作品进行拍照、复印，或者进行文字复述。

不论哪种形式的实物收集方法，当收集到实物资料之后，研究者最重要的就是构建一个标识、编码和索引系统。

第一，标识。标识就是标记什么物品、什么时间、什么地点以及为什么要收集它们。第二，编码。编码就是将每个单独的实物资料进行编号，以便日后的查阅和分析。第三，索引。索引系统就是将经过初步标识和编码过的实物以某种类别再次进行归类。例如，有的研究者根据日期、地点等表现主题；有的研究者根据痕迹、日记、标记和照片等不同类型设计索引条目；还有一些学者根据研究目的和研究问题将实物再次进行分类；等等。任何使用实物分析的研究都必须进行记录，这是非常重要的。因为实物自身不能够展示它们对研究的重要性，因此，研究者一定要拍照或者复印，并且附带描述性文字信息，以提示研究者这些资料是何时何地以及为何被收集起来，这样做对后续分析研究将有莫大的帮助。

13.4 案例分析——《以合作的名义——班级家校关系的个案研究》

本节以南京师范大学吴青 2016 年的硕士毕业论文《以合作的名义——班级家校关系的个案研究》为例进行说明。本节主要介绍实物收集要解决什么问题，并阐述实物收集的具体操作步骤，与前文论述中的实物的选择、实物的收集和实物的整理对应起来。

家庭教育和学校教育作为两大重要的教育系统，对个体的发展起着举足轻重的作用。我国一直非常重视家庭与学校之间的合作关系。在实际的学校教育中，家庭与学校之间的关系究竟如何？家校的通力合作如何对学生产生影响？产生了什么影响？基于此，研究者对目前教育体制下的家校关系问题展开研究。

本节主要采用实物收集法进行研究，深入了解家校之间的合作，以及家校合力下学生的生存状态。在遵循学术道德的情况下，研究者可以采取实物收集的方式来了解现状。因为这种方式独立于研究对象的解释之外，相对比较客观。该文研究的问题主要分为两个方面：一是研究 C 市某小学某班级中的家校合作现状；二是研究 C 市某小学某班级中家校通力合作下学生的生存状态。以下是具体的操作步骤。

13.4.1 实物收集前的准备工作

收集什么资料——研究者要提前了解 C 市某小学某班级的基本情况，如班级性质、班级规模、班级特点等。了解个案的基本情况后，我们需要明确可收集实物的类型、范围，并根据研究问题进行有目的的取舍。该案例研究的是 C 市某小学某班的家校合作现状以及家校合作对学生的影响，因此可以收集的正式资料包括学生的课程表、教学安排、学生成绩单、机构设置等；可以收集的非正式类型资料包括学生的日记、成长手册等。

13.4.2 实物的收集

怎样收集资料——收集资料的方式有很多种，如向任课教师询问并收集实物资料、向学生收集实物资料等。但在实物收集的过程中，研究者必须遵循的原则是：实物收集必须征得当事人同意。如果他们不同意提供实物，我们也必须尊重当事人的选择。在该案例中，研究者根据观察或咨询的方式，在征得研究对象允许后，对上述实物资料进行收集。

13.4.3　实物的整理

在收集完实物之后，最重要的工作就是对实物进行整理。整理实物的方法在上文有详细说明，这里不再赘述。通过对实物的收集，我们根据研究目的将实物进行分类，设计索引条目。

1. 实物 1：班级公约与班级奖惩制度

"无规矩不成方圆"，班级公约与班级奖惩制度都是班级中一种较为公正的裁决方式。班级公约指向集体，奖惩制度指向个体，其目的都是为了让学生更好地遵守规则。需要说明的是，该班级的班级公约由老师、学生和家长共同制定，是家校合作的产物（表 13.1 和表 13.2）。

表 13.1　班级管理与行为公约

公约内容	
1. 专心听课，上课不吵闹	7. 与人相处，相互尊重
2. 图书角的书籍借阅需登记	8. 体谅他人，不打扰别人
3. 服从班委的管理，作业按时完成	9. 学会倾听
4. 保持教室干净，见到垃圾弯腰捡	10. 多读书、读好书
5. 班级座位每周换一次	11. 吃饭时不讲话，不做让他人不舒服的动作
6. 不迟到，不早退	12. 相互帮助，懂得感恩

表 13.2　班级奖惩制度

奖励	惩罚
1. 作业被老师表扬，一次加 1 分	1. 不交作业，写说明，一次扣 2 分，质量不好扣 1 分
2. 上课认真听讲被老师表扬，一次加 1 分	2. 扰乱课堂纪律，写说明，一次扣 2 分
3. 期中期末考试获得 100 分，加 5 分	3. 抽屉有杂物，写说明，保洁一天
4. 语文考 95 分及以上，免写周记	4. 晨读、自习课随便说话，写说明，一次扣 2 分
5. 值日完成特别好，受到老师夸奖的，一次加 1 分	5. 被老师点名批评，写说明，向同学道歉，一次扣 1 分
6. 周末卷 100 分，一次加 2 分	6. 不穿校服，写说明，一次扣 1 分

注：说明字数第一次 100 字，第二次 200 字，第三次 300 字，依次类推
每个月统计分数，前三名可以领奖品

2. 实物 2：课程表和假期日程安排表

时间作为公共的、客观的物理量把我们的生活纳入到一个整齐的秩序之中，成为我们日常生活不得不严格遵守的强硬规范。在学生的学习和生活中则表现为课程表和假期日程安排表，这些精细化的作息安排体现了对学生的时间约束（表 13.3）。

表 13.3　班级课程表

课程安排		周一	周二	周三	周四	周五
上午	第一节课	语文	英语	语文	数学	语文
	第二节课	数学	数学	英语	语文	数学
	第三节课	英语	语文	数学	语文	英语
	第四节课	音乐	体育	信息	英语	品行
午休						
下午	第一节课	语文	美术	数学	体育	美术
	第二节课	数学	语文	科学	数学	语文
	第三节课	班会	数学	品行	信息	数学

以下是某同学所做的假期日程安排（表 13.4）。

（1）周末作业：①写试卷：语文、数学、英语。②预习语文、数学、英语，完成语文练习。

（2）其他：写奥数作业。

表 13.4　今日自我安排与管理（2023 年 12 月 15 日星期五）

序号	安排内容	预计时间	实际时间	自评	家长评
1	写完所有学校试卷	1 小时	1 小时 30 分钟		
2	运动（跳绳 600 个）	30 分钟	30 分钟		
3	写奥数作业	1 小时	1 小时		

我的感言：本周比较轻松，下周是魔鬼考试周，需要攻克难关，考试再多，认真努力就能 achieve my targets（达成目标）。

家长寄语：会学习的人都离不开方法+坚持。好的方法会让学习达到事半功倍的效果：坚持就是好的习惯。所以，宝贝，很欣慰你在向这个目标努力。

教师评价：你的书写一如既往的认真，周末安排也合理充实，堪称同学们的榜样！

第五部分　教育质性资料的分析

教育质性资料的分析是指按照一定标准，将原始资料进行浓缩，通过各种分析手段，将资料整理成一个有一定结构、条理和内在联系的意义系统。教育质性资料的分析是质性研究过程中最关键的一个环节，其分析成效决定论文撰写的质量。因此，在分析教育质性资料前，研究者应该掌握质性资料分析的基本流程和思路，学会质性资料基本分析方法。

随着计算机辅助分析软件的发展，质性资料分析辅助软件日益受到重视，并在质性研究界逐渐被推广。借助计算机辅助分析软件，可提高质性资料分析的效率与准确度。当前学术界较为常见的计算机辅助分析软件有MAXQDA、ATLAS.ti、Folio Views和NVivo等。研究者在对资料进行分析时，应根据研究目的和要求使用合适的辅助分析工具。

为让研究者掌握质性资料分析的基本流程和思路，学会质性资料基本分析方法，熟练运用计算机辅助分析软件进行质性资料分析，本部分介绍如何进行质性研究资料分析，并围绕以下问题进行阐述：如何完成质性资料的整理与初步分析，如何进行教育质性资料的分析，如何借助计算机辅助分析软件完成教育质性资料的分析工作，等等。

第 14 章

教育质性资料的整理与初步分析

在进行教育质性资料分析前，研究者需要依循基本的规范整理收集的资料，并进行初步分析，这是一项介于资料收集与资料分析间的过渡性工作，对于资料分析工作的顺利进行至关重要。

14.1 教育质性资料的整理

完成教育质性资料收集工作后，研究者还需对收集到的资料进行一定整理，只有这样才能进行后续的分析工作。教育质性研究资料的整理是指研究者依照研究动机对收集的原始资料进行一定处理，使其系统化、条理化。研究者完成质性资料收集工作后，会得到大量资料，面对庞杂的原始资料，许多研究者会感到束手无措，不知下一步如何进行，甚至将收集到的资料搁置一旁，导致研究工作毫无进展。为此，本章提出整理教育质性资料的基本规范，以帮助研究者解决资料整理时遇到的困难，保障资料分析工作顺利进行。

需要指出的是，与其他社会科学研究一样，质性资料的整理也没有一套固定适用所有情形的程序与方法。因此，下文所介绍的研究资料整理的基本规范，研究者应带着批判的思维阅读和学习，根据研究动机及所收集资料的具体特性，实事求是地选择某一方法去完成质性资料的整理工作。

14.1.1 整理质性资料的形式

在整理质性资料前，研究者应对质性资料的层级有所了解。研究者收集到的质性资料，具有多样性的特征，如包括录音、文字、照片以及视频等。那么如何对其进行分类，具体应划分为哪几个层级呢？休伯曼（Huberman）与迈尔（Mile）1994 年在其著作《质性研究资料分析：扩充资料手册》（*Qualitative Data Analysis: An Expanded Source Book*）中根据资料的抽象程度与处理方式，将质性资料分为三个层级。第一层级是原始资料，包括录音带、田野笔记等原始资料；第二层级是经过部分处理的资料，包括研究者的笔记和记录下的观点、看法等；第三层级为编码或类别，即从原始资料或者是第二层级的资料中摘出有意义的部分，并对其进行分类和注释。第三层级的质性资料就是最终要整理成的资料形式。

对于第三层级的质性资料，可以以不同方式呈现。比如，当研究者需要展示不同人物的社会网络关系时，可通过矩阵图或树状图展示，以更直观地了解研究对象之间的关系；如果研究者想要通过描述某一案例来说明某个主题，可选用个案研究或以故事描述的方式进行。需要注意，不管采用什么样的方式进行分类或是呈现某个主题，教育质性资料整理应有一个完善的索引系统，以确保整个质性资料整理工作的便捷性与严谨性。

从质性资料的层级中可以看出，资料整理工作是一个简化资料的过程，是将原来庞大、杂乱无章的资料简化，定量研究同样是一个简化资料的过程，那么它们之间有什么区别，初学者应如何对两者进行区分呢？其实两种方法有一个显著差别：教育的定量研究是在资料收集前进行资料简化，而教育质性研究工作是在资料收集后简化资料。因此，相比定量研究，质性研究的优点显而易见，它不是在资料收集前，采取一种模板化的方式对资料进行简化，而是在对资料完成初步收集后，根据研究需要和资料收集的实际情况对资料进行处理。质性研究者通过这种方式可以帮助读者更详细地了解研究过程，质性研究论文变得更加易读、生动，读者也更容易从中获得想要的信息。

14.1.2　整理质性资料的辅助工具

在初步掌握质性资料的分析方法后，教育研究者还需对质性资料分析的辅助工具有所了解，以便更好地分析质性研究资料。定量研究者往往借助量表等固有工具对资料进行整理，而质性研究则不同，由于资料更为丰富，质性研究者使用的辅助工具会更灵活，能够随着研究情景变化灵活调整。那么在整理教育质性资料过程中，研究者可以借助哪些辅助工具呢？

1. 备忘录

备忘录是一种能帮助记忆的工具。在整理质性资料时，研究者可利用备忘录记下先前的整理思路及过程，为之后的整理工作省下较多时间。例如，研究者在研究过程中可能会发现先前的整理过程存在的问题，备忘录的作用在于研究者可通过备忘录找到原有的研究思路，从而快速将资料复原到先前状态，并对其进行增添或删除，以减少不必要的时间消耗。

备忘录的种类可以分成分析型、描述型、方法型、理论型以及综合型五种。其中，分析型备忘录是较为常用的一种形式，用来分析研究者正在整理的资料。在分析型备忘录中，研究者主要围绕以下几个问题对资料主干进行分析：当前资料的主干是什么？我是通过怎样的方式找到这个主干的？为什么确定这个主干？主干部分体现的是什么问题？这个问题又该通过什么资料进行论证？这些资料需要通过哪些方式才能收集到？

撰写分析型备忘录有很多方式，研究者可以找到适合自己的方式。质性研究者可以通过纸笔等传统的方式写备忘录，也可用计算机对资料分析的过程进行记录。另外，由于备忘录主要是给研究者自己看的，有利于帮助研究者对资料进行整理，因此记录可以相对随意，记录时的心态也应保持轻松，避免因将其当成一项任务而对文字的记录过于抵触。

2. 总结与内容摘要

总结也是进行质性研究非常有效的一种手段。备忘录是一种分散型的随笔，它不是在某个特定的时间点记录，而是在有记录需求时做笔记。总结是质性研究者在进行质性研究过程中，有规律地进行记录，相较于备忘录，它的时间密度更大。

除了总结，另一种资料分析的手段是内容摘要。内容摘要是以某个参照体系为基础，对资料内容进行简化，以便将资料精髓用浓缩的方式展现出来，同时它有确定的参照体系，可以保证与原始资料形成交叉参照，以便将来比对查找原始资料。摘要是对资料内容不加注释和评论的简短陈述，要求扼要说明资料的主要内容和最终结论等。

3. 图表

图表也是质性资料整理的一种辅助手段。图表对资料进行有效浓缩，并且通过直观的方式集中、生动地展示资料蕴含的各种意义。在整理质性资料时，尤其是对时间、空间等概念和一些抽象思维进行呈现时，图表具有文字无法取代的传达效果。图表呈现的特性归纳起来有如下几点：一是表达的准确性，对所示事物的内容、性质或数量等的表达应该准确无误；二是信息表达的可读性，即在图表中内容体现得更通俗易懂；三是图表设计的艺术性，图表是通过视觉的传递完成的，因此必须考虑到人们的欣赏习惯和审美情趣。

条形图、柱状图、折线图和饼图是图表的四种基本类型。此外，图表类型还包括散点图、面积图、圆环图、雷达图和气泡图等，也可通过图表间的相互叠加形成复合图表等类型。不同类型的图表其构成要素也不同，如折线图一般要有坐标轴，而饼图没有坐标轴。归纳起来，图表的基本构成要素有：标题、刻度、图例和内容主体等。在质性研究中，信息的梳理和传达非常重要，因此研究者要学会利用 Microsoft Office 绘制一些简单的表格。

4. 与外界交流

在进行资料整理时，及时与外界交流也是一种有效的辅助手段。交流对象包括同组其他研究者、同行甚至家人等。此外，阅读有关文献也是与外界交流思想的一种方式。虽然质性研究建议研究者独立完成资料整理的工作，如逐字整理访谈录音，但是也可适当地与他人进行交流，获取他人意见，以提高整理的效率。

尤其是与对自身研究有一定了解的人进行交流将有助于扩展整理资料的思路、发现新的分析角度、开阔视野。一个人封闭地进行研究，容易陷入某个误区而不自知，导致研究方向错误。因此，与一位善解人意、有较强理解能力且善于倾听的朋友交谈，可以获得意想不到的灵感与启迪。

14.1.3　整理质性资料应遵循的原则

质性资料的整理是指根据质性研究的目的，运用科学方法，对收集到的原始资料进行一定处理，使其系统化、条理化，这一过程是质性资料分析的基础。通过对质性资料的收集，研究者可以获得研究所需要的文字资料、音频资料和数字类资料，并且质性研究资料以文字资料为主。那么，在质性资料整理过程中，研究者应该遵循哪些基本事项呢？

由于教育类质性资料以文字资料为主，因此笔者以文字资料为例，介绍质性资料整理过程中的注意事项。获得大量的文字资料后，研究者需要将这些资料转录为系统化的文本，转录过程需要遵循以下几种基本原则。

1. 一字不漏原则

一字不漏是资料整理过程中最为基础也是最重要的原则。这里的一字不漏，不是指对“的”“来”“所”等一些可以省略的词也一字不差地记录，而是指研究者需要将资料中能够表现研究对象心情的语气词、反映研究对象心理的细节描写，一字不差地转录为研究者所需的系统化文本。

2. 及时转录原则

研究者通过访谈等方式获取文字资料后，应及时进行转录。访谈刚刚结束，研究者对获取的文字资料还有很深的印象，通过及时转录可以将原始资料有效整理，最大限度地保证资料的原始含义不被曲解。而及时转录获取的文本资料，又为下一步的资料收集指明了正确的方向。

3. 及时备份原则

在质性资料整理的过程中，研究者应尽可能对原始资料进行备份。每次整理前，研究者都应对资料进行备份，因为研究是一个试错的过程，质性研究者往往不能预判这一次的整理工作是否是合理、合适的，有时候按照自己的思路整理后却达不到预期。因此，在整理资料时，应及时备份，可以采取 U 盘、打印文本等方式对资料进行多次备份，防止由工作失误导致原始资料的破坏和丢失。

为易于理解资料转录过程的基本原则，笔者借助一个访谈案例，讲述如何运用以上原则进行文字资料的转录。

“现在的小孩真是让人操心，以前我以为只有上小学的孩子喜欢模仿别人，没想到初中生还能这么幼稚，凡事都喜欢有样学样，难以理喻。”年轻的英语老师微微摇头叹气道，“上周班上一个男生，居然在厕所抽烟，问他为什么要抽，他竟只是轻描淡写地说觉得酷，大人都抽。我一直以为他只是不爱学习，但还是个好孩子，没想到他居然沾上这样的恶习，我的天，他才 13 岁啊，真的特别担心，害怕他会学坏，作为他的班主任，真心觉得自己没有做好，不是一个合格称职的老师。”英语老师说完后摘下了眼镜，无奈地叹了一口气。

首先，该案例中包含大量语气词，并出现一些动作及神态的描写，因此在整理这段文字资料时，首先要做到“一字不漏”地转录，尤其是关键的神态及动作描写。研究者在文字转录时应进行分类，以保证转录文本的系统性。例如，将“真是”“只有”“没想到”“还能”“凡事”“居然”“真心”等能够体现研究对象感情色彩的词语归为一类，这类词语体现研究对象对小孩抽烟行为的不理解，对“有样学样”的难以置信，因此在整理的过程中需要把这些富有感情色彩的词语一字不落地进行记录。

其次，在初读这段文字后，研究者能够体会研究对象对于班上男生抽烟行为的难以理解以及愧疚之情，能够感受班上男生对于抽烟持无所谓的态度，但如果过一段时间，或是在读了大量其他访谈资料后，可能对这部分访谈内容的感情色彩不如最初清晰，甚至有所混淆。因此，研究者需要在获得访谈资料后，及时转录，以保证记录资料最原始的含义及感情。

最后，研究者还需注意对转录后的系统化文本进行备份。在记录完此段访谈的第一句话后，研究者可能觉得研究对象对学生感情是不耐烦，甚至是厌烦的，认为老师对学生的感情是负向的，按照这个思路，研究者完成了转录。但在记录下这段文字后，研究者应该能发现研究对象对学生的感情是以愧疚、正向情感为主的。如果研究者在完成这部分内容时没有备份，也没有发现之前的认知错误，此时就需要花费大量的时间和精力找到之前的资料再进行分析，甚至可能回不到之前的阶段。因此，研究者需要在研究过程中及时备份。

在资料整理过程中，除了要遵循上述三种基本原则外，研究者还应深入到资料中去。研究者可以通过反复阅读文本资料或是聆听录音磁带的方式，最大限度地感知研究对象的情感，体会访谈时访谈双方所处的情境。整理资料间隔的时间越长，研究者对所收集资料的相关信息遗忘的也会越多，深入资料的难度也就越大。此时，研究者可以使用备忘录将重要信息及时记录下来，确保在较长的资料整理过程中能及时唤起当时的思考。除了通过备忘录记录在收集和整理资料时的观点和想法，研究者还可以将一些想法和工作步骤单独记录，也可以把其记录在文本段落旁。

此外，在具体整理资料前，研究者还可以创立一个编号系统，对获取的每一份资料进行编号。编号系统通常包括以下信息。一是资料的类型，如访谈资料、观察笔记、实物资料等；二是资料提供者的信息，如姓名、性别、年龄、职业等；三是资料收集时的情境，如资料收集时的时间、地点、在场人员等；四是研究者的信息。如果某项教育质性研究是通过团队完成的，则资料收集者的信息也应该记录下来。

为简化资料整理工作，研究者可以给每一份资料赋予一个编号。比如有关研究对象的职业，教师可以用 T 代替，学生可以用 S 代替，家长可以用 P 代替，校长可以用 H 代替。所有研究者较为熟悉的资料都应该编上编号，并且标上页码，以便进行后面的资料分析工作。

14.2　教育质性资料的初步分析

教育质性资料的初步分析是指在进行正式分析前，教育研究者对整理好的资料进行初步、粗略的分析，以保证收集整理的资料能更好地适用于资料分析，以便为接下来的分析工作打下良好基础。

14.2.1　资料整理与初步分析之间的关系

在质性研究中，资料收集与资料预处理是两个紧密联系的阶段，资料分析和资料整理也是两个不可分开的阶段。在资料整理的同时，要同步进行资料的初步分析，以保证整个资料分析工作的顺利进行。

博格丹（Bogdan）和比克伦（Biklen）在1997年出版的著作《教育研究中质的研究方法》（*Qualitative Research of Education*）中指出，进行资料收集时同步进行资料整理和分析的工作，有以下三个方面的好处：①帮助研究者缩小研究范围，尽早确定自己的研究方向和类型；②帮助研究者在整理质性资料的同时了解自己还需要哪些信息，以便接下来有目的地收集信息；③帮助研究者统揽所有资料内容的主题，从中可以挖掘出一些可以继续研究的观点。

不过，博格丹和比克伦并不认为所有的质性研究工作者，在质性研究工作中都应该做到资料的收集、整理和分析同步进行。他们认为，如果研究者是一个经验丰富的教授，并且研究规模较小，收集资料也较少，研究者可以凭经验快速地将收集好的资料进行整理分析，并得到自己想要的信息。如果研究者是一个刚刚接触质性研究的研究者，则应该按照收集在前，分析在后的顺序，以保证工作稳步进行。

14.2.2　初步分析质性资料的方法

首先，提倡质性资料的收集、整理与初步分析工作应由一位研究者独立完成。只有这些工作由研究者一个人独立完成，研究者才能尽可能地与资料建立较深的“交情”，更好地了解收集到的信息，理解研究对象当时的心境。当然，这在现实中难以完全实现，因为在实际研究中通常需要非常丰富的资料，该资料仅凭一个人去收集、整理和分析是不现实的。因此在实际研究中，研究者可以寻找一个助手帮忙完成一些琐碎的工作，以便减轻研究者的工作，节省研究者很多时间。这些简单且耗时的工作由助手完成过程中，研究者还是应该及时了解工作完成的进度，以便推进质性研究工作顺利进行。

其次，及时对质性资料进行整理和初步分析。笔者多次强调应在资料收集工作初步完成后，要及时对资料进行整理和初步分析，但实际上，一部分研究者习惯在资料收集工作上花费大量时间和精力，即便如此仍觉得自己收集的资料还不够，因此陷入一个收集资料—担心资料不够—再收集资料的死循环中，可资料总收集不完。因此，研究者应在收集一部分资料后，及时对这部分资料进行整理和分析，然后根据该项质性研究目的去判断下一步是否应该继续收集资料、应该收集哪些方面的资料。只有及时对资料进行整理和分析，研究者才能使教育质性研究这项工作有条不紊地进行下去。

最后，还有两点需要注意，一是在访谈过程中时间比较紧，因此记录笔记也会比较仓促，研究者在访谈结束后，应在记忆最深刻时迅速对笔记进行整理和初步分析。如果这项质性研究的工作是由某个课题组完成的，研究者更应及时对访谈的一些细节及时补充，避免课题组中其他人对此有歧义和不解。二是研究者在记录访谈笔记时，不宜对笔记加上自己的理解和加工，因为研究者的加工往往带上自身的情绪和看法，实地笔记最重要的是保持其原始性，原汁原味的访谈记录最能真实地反映当时的情形。

第 15 章

教育质性资料的分析

教育质性资料分析是指按照一定的标准将整理好的资料进行再处理，通过不同的分析模式，将资料整合成结构完整、条理清晰，并具有内在联系的整体。这是质性研究过程中关键的一环，其分析成效决定接下来质性报告撰写的质量。

希望通过本章的学习，研究者能够了解质性资料分析的两大基本模式，掌握质性资料的分析流程和思路，学会质性资料的基本分析方法。

15.1　教育质性资料的分析模式

教育质性资料的分析模式，包括线性分析模式和循环分析模式两种。其中，线性分析模式是通过自下而上的方式对资料进行分析，而循环分析模式则是通过循环往复的方式将分析内容整合成一个整体。

15.1.1　线性分析模式

线性分析模式又被称作直线分析模式，这种资料分析模式是单向的。在这种模式中，资料分析可以视为一个自下而上的分析过程，该过程又具体分为三个层次，如图 15.1 所示。第一个层次，教育研究者的任务主要有两项：第一项任务是对初步整理好的资料进行重新包装，进而建立一个可供分析的文本，这一步骤也就是前文所述的初步分析；第二项任务是对建立好的文本进行编码，并通过写备忘录的形式对文本进行注释，标注编码类属。第二个层次的主要任务是在第一个层次的基础上对资料进行重新汇集，通过备忘录能够理顺清楚资料中存在的各种关系，发现资料中的重点和薄弱之处，进而归结教育资料的主题。第三个层次是对前两个层次中初步归结的主题进行分析，对归纳的主题进行检验，进而建构一个可以用来表征资料整体内容的解释框架，以便对资料的深层结构进行描绘。笔者以在线教学中关于教学内容选择的教师访谈资料为例进行分析，以便研究者对线性分析模式有更好的理解。

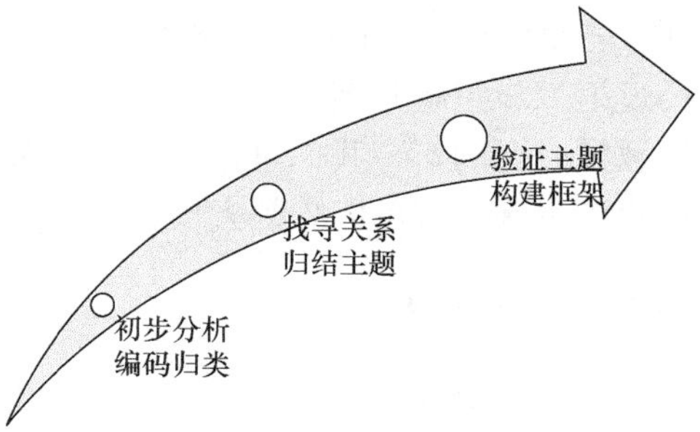

图 15.1　线性分析模式

以下是部分教师访谈资料内容：

教学大纲规定了教学内容，虽然线上教学和线下教学的形式不尽相同，但在规定的年级要完成固定的教学内容，学生要掌握相应的知识和具备相应的能力，因此相比线下教学，线上教学选择的材料是没有太大变化的。（A-9-15-C①）

相较于线下教学，线上教学的教学方式更加灵活，而线上的任务量并不比线下少，但我们老师却不能为学生们呈现和实体课堂一样完整的课程内容，并且也没有时间去拓展学生的思维空间，因此如果像线下教学一样对教材中的所有基础知识点都逐一讲解，显然是不现实的。（C-8-18-M②）

线上教学给学生留下了很多自学的时间，网上有很多素材学生可以利用。因此，我们在线上能把一些较为基础的知识点制作成视频微课的形式，学生们可以利用闲暇的时间反复听这部分内容，同时在线上教学过程中，这部分较为基础且简单的内容我们就不会再进行讲解了。教学选用更多考虑的是一些重难点，线上花更多的时间对这几个知识点进行授课和讲解答疑。（F-10-6-P③）

采用线性分析模式对这一案例的部分内容进行分析，主要分为以下几个步骤。

首先，对这部分内容初步整理，将最初的访谈对话转化成可分析的文本，并且每段话的出处都用符号进行标注（如 A-9-15-C）。在对资料进行初步整理后，研究者需要对上述案例中的材料进行编码（如何编码见后文）和归类。上文 A 校的老师认为，不论是线上还是线下授课，教学内容仍与课程大纲有关，不会因授课方式改变而有大的变动；而 C 学校的老师认为线上授课较难与学生互动，并且时间短，因此不宜在有限时间内讲授基础的知识内容；F 学校的老师认为对于较为简单、基础的知识点，学生可通过网课自学的方式掌握，教师教学应选择重难点进行讲授，以提高线上授课的效率。使用线性分析模式对以上访谈案例进行编码归类，可将被访谈教师对于线上授课的态度归为“与线下授课一样”“不能选择过于基础的知识点”和“选择教材中的重难点”三类。

其次，虽然上述案例中 F 校和 C 校的老师在选择线上教学内容时，观点不完全相同，但是两位老师都认为不宜使用与线下教学完全一致的教学内容。因此，在使用线性分析模式对这部分内容进行第二步分析时，可找寻资料中存在关系的部分，在第一层次基础上再进行主题汇集，进而确定这部分访谈资料的大致主题是两类：一是线上线下教学内容保持一致（如 A-9-15-C），二是线上线下教学内容有差别（如 C-8-18-M 和 F-10-6-P）。

最后，在完成线性分析模式的前两步工作后，研究者需要对确定的大致主题进行验证，进而构建一个正确的分析框架以便对案例的整体内容进行概括。例如在上述案例中，经过第二步主题归结以后，我们大概确定资料的分析主题为“教师在线教学中是如何处理教学内容的？”我们可把这一主题放入所有教师的相关访谈记录中进行验证和概括，检验该主题是否可以统领大部分访谈资料。

15.1.2　循环分析模式

在教育质性研究中，除线性分析模式外，另一种主要的分析模式是循环分析模式。

① A-9-15-C 表示 A 校 9 年级 15 班教语文的老师。

② C-8-18-M 表示 C 校 8 年级 18 班教数学的老师。

③ F-10-6-P 表示 F 校高一年级 6 班教物理的老师。

循环分析模式认为，资料研究是一个循环往复的过程，可以形成一个闭环，在这一过程中，各个部分相互关联。在循环分析模式中，关键部分是资料的浓缩，其与资料的收集、展示和总结等互相关联，如图 15.2 所示。

质性资料浓缩是教育质性资料分析的实质，通过资料浓缩可以将具体、分散的资料提炼为相互关联、符合研究者要求的资料。教育质性资料浓缩主要包括以下几个步骤：①将资料中的核心概念提炼出来，以便确定资料主题；②使用这些概念将所有的资料内容统领起来，形成基本框架；③最后将这些概念放回资料之中，使它们能够在特殊、具体的事物中表现出来。资料浓缩的具体方式包括比较研究、类比归纳、演绎、归因、分析与综合等。在浓缩的过程中，研究者需要经常利用各类属之间的相关关系，将不同的类属合并成类群，以便在接下来的研究中能够更顺利地进行。

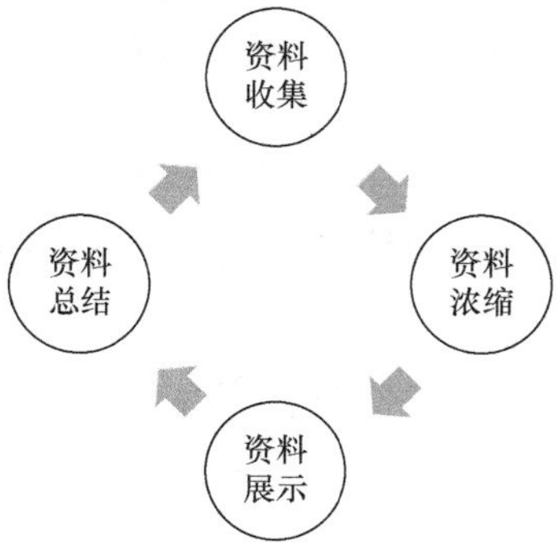

图 15.2　循环分析模式

质性资料的收集与浓缩、展示和总结之间有着紧密的联系。资料收集完后，研究者需要进行资料浓缩与展示，资料展示前需要进行资料浓缩，而资料浓缩又为资料展示提供了可能。浓缩和展示的资料为资料总结奠定了基础，资料总结又为进一步的资料收集提供了方向与线索。在进行资料总结的过程中，研究者可以发现当前资料的不足和漏洞，为进一步的资料收集提供了依据。研究者通过循环分析模式，可以收集到较为饱和的资料，能够论证之前的假设，并达到研究者的预期目标。

因此，我们认为质性资料分析应该是一个循环往复的过程，而不是一个简单的自下而上的线性分析过程。线性分析模式可以看作循环分析模式中的资料浓缩环节。

15.2　教育质性资料的分析方法

教育质性资料的分析与资料整理一样，没有某一固定适用所有情形的研究方法，教育研究者要做的就是对当前资料选择最合适的方法进行分析。本章将主要介绍质性资料的一般分析方法和特殊分析方法。

15.2.1　一般分析方法

在介绍教育质性资料一般分析方法之前，研究者有必要了解质性分析方法和量化分析方法的差别。第一，质性资料的收集、整理和分析工作是同时进行的，在资料收集工作结束前，资料整理和分析工作就已经开始进行，而量化分析方法则是在相关数据完全收集好后再去进行下一步工作。第二，质性资料的分析方法总是欠缺结构，不同于量化分析方法有一套完备的结构与模式，进行质性资料分析工作时，常需要借助研究者的个人判断，这对于一些刚刚从事质性研究的工作者很具挑战性。第三，质性分析方法与量化分析方法的目的不同。质性分析的主要目的是找寻资料之间的关系，判断它们的相似性和差异性，进而建构资料的主要框架，而定量研究的目的停留在寻找各个体之间的关系。第四，不同于量化分析方法，脉络分析是质性分析中一个很重要的过程，而量化分析大多没有脉络分析这一过程。在质性研究中，资料必须呈现于脉络中，包括资料发生时的特定情境、时间与人物等。第五，量化分析倾向于演绎的方式，而质性分析倾向于归纳的方式。

根据上述质性分析的基本特征，我们可以将质性资料的一般分析方法归纳为以下四个步骤，即描述与解释、建构类属（主题）、提出假设和证实假设，如图 15.3 所示。

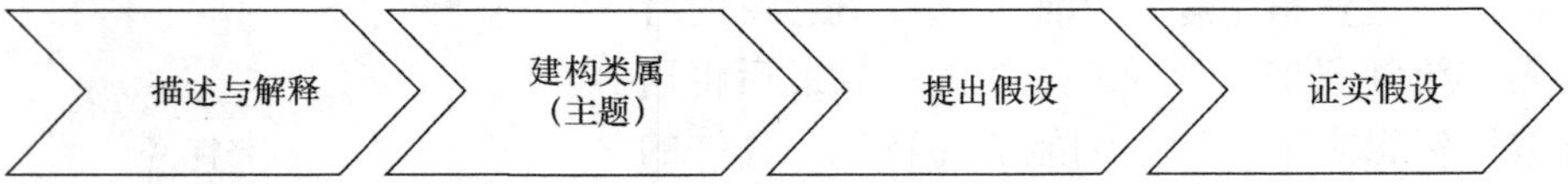

图 15.3　一般分析方法的步骤

1. 描述与解释

描述与解释是质性资料分析的基础。对于整理后的各类资料，只有经过描述与解释，找到资料之间的关系，才能进行分析工作。描述与解释作为质性分析的基础，需要遵循以下基本流程。第一，描述资料。收集的资料虽然经过一定的整理，有时也很难直观地看出材料之间存在怎样的关系，因此需要在资料整理的基础上，对数据（如研究对象的观点）进行适当的描述，以便于研究者找到材料之间的关系。第二，解释资料。对资料进行一定描述后，研究者就能发现各材料间存在怎样的关系。此时研究者需要对资料进行进一步解释，即用解释性的语言让资料之间的关系更直白地展示在研究者面前。描述与解释是一般分析方法中最为基础的一步，这一步的实施效果决定着分析能否顺利进行下去，也决定了之后的分析方向。

2. 建构类属

如前所述，不同于定量研究方法，质性研究方法没有一个完备的结构，它是以研究者本人为研究工具，凭借研究者自身的经验及其对材料的理解程度，采用归纳的方式进行研究。定量研究方法的结构和主题在分析前就已经建构完善，而质性研究方法需要在资料收集好后建构主题，这是因为质性研究的类属源于资料本身。

在完成资料的描述与解释后，研究者需要对其进行类属建构。常见的对资料建构的方式一般有原有类属和研究者建构的类属两种。其一，原有的类属，这种类属是在原有材料的基础上建构而成的，或是根据研究对象的观点建立的类属；其二，研究者建构的类属，与研究对象的观点没有太大的关系，是研究者对材料进行分析、再加工形成的类属，这种类属的建立需要研究者花费大量的时间与精力，研究者对资料进行进一步分析都建立在这种类属的基础上。

3. 提出假设

质性研究不同于定量研究，定量研究着重检验之前提出的某个假设，再根据检验结果得出结论，但质性分析的重点在于验证某个已提出的假设，假设的来源应该是真实资料。

当研究者完成资料的描述与解释，并建构合理的类属后，需要根据所收集的资料提出若干假设，假设要有理有据，不可凭空捏造，同时要最大限度地体现材料内涵，并与之前建立的主题和类属相关。有理有据并不是说提出的假设一定正确，研究者不必畏惧提出错误的假设。在已有类属的基础上，研究者应大胆假设，利用收集到的材料小心求证，对于有偏误的假设及时修正，保证分析工作顺利进行。

4. 证实假设

一般分析方法的最后一个步骤是对假设的求证，主要包括四个步骤：对立假设、反例分析、多元交叉的处理以及保存资料的脉络。

一是对立假设。在提出假设之后，需要探究对立假设，并与原来的假设进行比较，判断哪一种假设更能反映实际资料。已有假设的提出是在反复阅读材料后，经过系统化的论证才得到的，一般情况下，与对立假设相比，其可信度更高，但不能排除由于研究者的工作疏漏提出与正确结论相左的假设，因此进行对立假设论证是有必要的。

二是反例分析。反例是指假设已确定的情况下，出现不符合该模式的反例。这时不要急于放弃该反例，这种案例的出现会为研究者提供一种全新的思路。如果确定该份资料的收集与整理工作未出现纰漏，那么研究者应及时对该反例进行检验和解释，考虑前文的假设是否欠妥，并对假设进行调整，从而得到更符合材料要求的假设和结论。

三是多元交叉的处理。多元交叉是以多种研究方法求证相同的假设。常用的多元交叉方式是通过不同方式，如访谈与观察，获得不同类型的资料，从而从多个角度求证假设。另外，不同的人分析资料，即使是分析相同类型的资料，得到的结果也有差异。在得到不同结果后，研究者可以进一步分析产生差异的原因，从而提高假设的可信度。

四是保存资料的脉络。质性分析的主要目的之一就是明晰资料之间的脉络。这种资料的脉络化可以保证研究发现不被扭曲，按照已有脉络进行，不被研究者的理论和偏见影响。

5. 一般分析方法在案例中的应用

笔者借用以下案例，介绍质性研究一般分析方法的实际运用，以便读者更好地理解。

J 同学，男，8 年级，F 村人，成绩一般，对体育特别有兴趣，父亲在外务工，母亲在镇上租了一间房子照顾他，有一个已经出嫁的姐姐，家庭条件一般。

J 同学：我虽然文化成绩不是很好，但是很喜欢体育，并且体育成绩一直也还可以，我一直以此为骄傲。上次运动会腿摔断后，医生建议我之后不要再做剧烈的运动，我感觉失去了最心爱的东西，别人更加看不起我，我的腿要是不恢复的话，我是不可能去学校读书的。

J 同学的母亲：以前我就不赞成你搞什么体育，即使在校运会上得了第一名，又能怎么样，能考得上大学吗，将来能找到一份好工作吗，现在你就给我好好搞学习不行吗？对于我们这样的家庭来说，学习就是你唯一的出路啊，孩子！

J 同学的父亲：你看看你的腿，摔成这样，医生说还可能会有后遗症，你以后一瘸一拐的，什么卖苦力的工作会要你？你要是好好学习，考个好大学，将来还有机会坐办公室，你妈妈特意来镇上陪读，不就是希望你能取得好的成绩吗？娃，你能不能体谅一下我们的良苦用心啊！

J同学的叔叔：娃真是不懂事，家里就他一个男孩子，他爸他妈身体也不好，一家就指望着他能好好读书、考个好大学，将来找份体面的工作，沾沾他的光啊。现在正是读书的关键时期，他腿摔断了，脑子又没坏，怎么就不去学校了呢？他爸他妈又没文化，也没钱请家教，不去学校上课的话更是跟不上大家的学习啊。

J同学的班主任：J同学是班上的体育委员，虽然学习成绩不突出，但因为喜欢体育并且体育成绩突出，在涉及体育的话题时他的眼里就像是有光。这次腿摔断对他的打击蛮大的，希望他的家长能够好好开导他，我这边也会尽可能地帮助他学习不落下太多。

笔者采用一般分析方法对以上案例进行阐释。

首先，对资料进行描述与解释，寻找资料之间的关系。J同学热爱体育，在除体育之外，其他方面都不如其他同学的情况下，较好的体育成绩是他自信的来源。因此在得知不能进行体育活动后，他惧怕回到学校，对学习也产生了厌恶之情。J的老师对自己的学生也较为了解，知道孩子平常比较自卑，只有体育能让孩子自信，要想恢复他之前的学习状态需要J同学自己重拾自信，从体育活动中找回自我。从该角度看，这两段访谈的观点是一致的：体育活动是孩子自信的源泉，不应该强迫孩子放弃体育。三位家长的对话体现了另一个观点，即不希望孩子从事体育活动，只希望自己的孩子将心思全放在学习上，将来取得好成绩。同时，母亲陪读、父亲嘱托，都是希望孩子将来考上好大学，找一份好工作。因此三名家长的观点是一致的，认为体育对于小孩可有可无，唯有努力学习才是J同学应该做的，小孩应该及时放弃体育活动。

其次，为资料建构类属。通过对以上资料进行描述和解释，研究者可将以上资料分为两个类属。第一种类属：孩子的学习与自信来源（较好的体育成绩）有关，要想孩子回到之前的学习状态，需要帮助他重拾在体育上的自信，需要家长的开导与支持。第二种类属：父母不理解孩子，一味地给小孩施加压力会适得其反。由于笔者的目的是借助案例介绍一般分析方法的使用，所以我们只选取了一个案例，并且案例的访谈内容也比实际的质性分析更少。而在实际操作中，会有多个案例资料，并且各案例之间的关系是错综复杂的，研究者在建构类属时需要耗费大量精力。

再次，提出假设。完成类属建构的工作后，研究者需提出合理的假设。在这里，笔者提出假设：孩子的成绩与其自身的信心有关，而信心又与自己所擅长的事有关，孩子擅长的事要得到家长的支持与理解才能获得更好的发展。

最后，证实假设。由于篇幅的限制，此处不再对以上提出的假设进行验证。在实际的质性研究中，研究者可以参照上文所提到的求证假设的基本步骤对假设进行验证。

15.2.2 特殊分析方法

教育资料分析通常是指找出所收集的教育资料中反复出现的行为，再以某种社会理论或当时的情境对其加以解释，从而得到更通俗的解释。质性资料一般分析方法适用于大多数教育质性资料，多数情况下，运用一般分析方法分析资料能得到较为理想的研究结果。但如果研究者想对资料进行更为深入的研究，或分析得到的结果不太符合预期。此时，研究者可以运用特殊分析方法。

并不是所有资料都要采用特殊分析法进行分析，研究者可以根据研究进展以及研究实际需要决定是否要采用特殊分析法。特殊分析法主要包括重复分析法、情境法、比较法。

1. 重复分析法

重复分析法是研究者在对某项资料存疑或是资料得到的分析结果不符合预期时，反复分析同一份资料，以探寻产生差异的原因，进而得到较为理想的结果。这不是要研究者去做无意义的重复工作，相反，重复分析是探寻资料存在的问题最有效的手段。这一方法主要包括两种方式。

第一种方式是由研究者对资料进行重复分析。在重复分析时，研究者应对该份资料的获取、整理以及分析过程进行复盘，思考是否在前置阶段出现纰漏。在复盘未出现问题的情况下，研究者便可以对资料进行重复分析，不同于初次分析，此时研究者应该带着问题去分析，思考是否某一阶段可以优化。

第二种方式是由他人对资料进行重复分析。当研究者对这份材料进行多次分析后，仍未得到理想结果，可以考虑求助他人，借助其他研究者的学识、经验等对资料再次进行分析。虽然其他研究者对资料的熟悉程度不如研究者本人，甚至可能对这份资料一无所知，但新的研究者的加入能够产生新的见解，从而发现潜在问题，找到差异产生的原因。

2. 情境法

情境法是指研究者把得到的结论应用到某个具体的历史情境或现实情境中，借助情境支撑或证伪某个结论。通过先前的一般分析，研究者可能得到某个与预期存在差异的结论，此时研究者便可以将该结论代入到某一情境中，借助情境去论证或拒绝该结论。

在运用情境法对资料进行再分析时，会出现两种情况。第一种是结论并不符合实际情境，该结论不能很好地解释现象产生的原因，即该结论不具备普适性，很难应用到现实场景中。这种情况下，研究者需要考虑得出的结论是否有误，此时可以借助重复分析法对资料进行再次分析，以找到结论出现偏误的原因。第二种情况是该结论能很好地运用于某情境，较为合理地解释某些现象产生的原因，此时说明研究者通过一般分析方法得到的结果较为可靠，符合预期。

3. 比较法

比较法是从既有理论出发，将已有理论与通过资料分析得到的新结论进行比较，发现两者的异同。运用比较法对资料进行再分析，会出现两种情况。

第一种情况是得到的结论与已有理论或概念完全相悖，此时研究者就要思考产生这种现象的原因，是已有理论确实在某方面存在问题，还是得到的结论存在偏误。如果是前者，研究者可以借助质性分析得到的结论对已有理论进行完善；如果是后者，那么研究者需要使用重复分析法对质性资料进行再次分析，找寻产生错误的原因。

第二种情况是得到的结论与已有理论完全相符，或进一步解释了已有理论的某一个方面。这种情况说明质性分析得到的结论具有一定的合理性，可以通过比较法得到的结果来证明质性分析得到的结论。同时，研究者可以利用新得到的结论对已有理论或概念进行完善，丰富前人的研究。

15.3　质性资料分析的基本过程

对教育质性资料进行分析时，研究者需要根据资料特点和自身需要选取最合适的方法，因此没有哪种质性资料分析方法适用所有的情形。不过，许多研究者都认为质性资料分析有一个基本流程，包括阅读原始资料、质性资料的编码登录以及资料的归类与深入分析。其中，资料的编码登录又包括开放式编码登录、主轴性编码登录以及选择性编码登录。质性资料的分析是将收集到的原始资料打散、赋予其某种概念及意义，以新方式按照不同的类属进行重组，并创造新概念和主题，这与编码登录的过程是一致的，因此编码登录在质性分析中非常重要。

质性资料的编码要求研究者凭借经验了解资料的性质与特点，找出隐藏在复杂资料背后的深层意义，并建立不同事物之间的联系，对资料进行分析整合。由于质性资料的复杂性，机械化的编码登录可以将质性研究者从资料缠绕不清的细节中解放出来，使研究者可以有更多的时间对资料进行深层次的分析与解释。面对堆积如山的原始资料，研究者需要花费大量时间对资料编码，浓缩成可掌握的资料。同时，研究者在浓缩资料时需对之进行分类排序，以便之后快速找到想要的资料。

15.3.1　阅读原始资料

教育质性资料的分析是在将资料整理到一定程度后，从资料中找出概念上与主题有联系的字词，并开展分析。要想对资料进行有效分析，质性研究者需要在资料分析前再至少通读两遍资料，直到对资料的内容有一个大概了解、能够初步对资料进行简要的概括为止。以下是在阅读原始资料时需要注意的两项原则。

1. 客观性

客观性是指研究者在阅读原始材料时应该将主观假设置于资料之外，在阅读过程中不能代入相关概念，要全身心地投入到资料中，以充分保证原始资料的客观性。经过资料整理后，各种碎片化资料已经以文本形式呈现，这些文本被赋予相应意义。因此研究者要清除既有观念，以全新思维阅读这些文本。进行阅读时，为充分保证原始资料的客观性，应注意以下几个方面。

一是反复阅读。反复阅读能最大限度地理解资料，保证在剖析资料时做出最客观的分析。另外，研究者收集的材料是包含多方面信息的，甚至有些材料是晦涩难懂的，因此对材料浏览、细读必不可少。研究者通过浏览的方式快速阅读所有文字资料，能够大体知晓材料的内容和主题，形成初步印象；细读使研究者了解资料的深层含义，做到重点明确。

二是准确把握材料。每份材料文本都有血有肉，蕴含着丰富的信息，因此只有准确把握材料，才能抓住文本的主题思想，也才能保证文本的客观性。阅读过程中，研究者应准确抓住资料的主要内容和主题思想，防止被一些琐碎的材料遮住视线。

三是进行二次乃至多次阅读。研究者要养成多次阅读的习惯，以提升对该资料的理解能力。完成第一次阅读后，研究者对资料有了初步理解，但这种理解可能是浅显的，并且未必能把握质性资料背后蕴藏的深层次含义，而对材料进行多次阅读后可以提高研究者对材料的理解能力，进而对材料的理解也更客观。

当然，客观性是我们在资料分析时所追求的，但是完全客观在实际操作过程中是很难做到的。因为在阅读原始资料时，资料本身的特征会对研究者产生影响，会对研究者的理解范围有所限定；同时研究者的生活经历和阅读方式会影响对文本的分析、理解。因此，研究者阅读的主观性是不可避免的，但是研究者怎样才能做到尽量客观呢?

实际上，只有研究者了解自身可能会对资料做出的反应，才有可能了解自身是如何理解材料的，从而尽可能地保证材料的客观性。而这种理解建立在研究者对自身生活经历了解的基础上，即资料分析的过程实际上也是对已有认知进行分析的过程。

2. 实用性

阅读原始资料时，除了要最大限度地把握材料的客观性外，研究者还要在资料中找寻价值，因此资料的实用性就显得尤为重要。阅读原始资料的过程就是在资料中寻找价值的过程，寻找资料的价值可以从很多层面进行。在语言层面，找寻有价值的词语、句子及相关概念与命题；在结构层面，找寻各资料文本之间（包括文本内部各段落之间）的内在联系；在语义层面，探寻语言背后深层次的意义；在语境层面，找出当时写出这些资料背后的社会环境及当时的情境；在资料主题层面，寻找与研究问题相关的、在文中反复出现的行为等；在内容层面，探讨资料内部的故事线，如主要事件、次要事件以及它们彼此之间的关系。

既然在这么多层面可以探寻资料的价值，那么研究者在阅读原始资料时应该从哪里入手，才能确保资料的实用性呢? 实际上，从哪个层面入手取决于自己所研究的问题、研究目的、研究者个人的阅读习惯以及资料自身的特性。研究者不用限定在某个层面去探寻资料的意义，而应该有目的地选择通过哪种方式解读，尽可能多地选择通过多种方式对资料进行解读，以最大限度地探寻资料的价值，确保资料的实用性。同时通过多种方式对资料进行解读，可以使研究者从不同层面了解资料，使资料所具有的价值最大化地展示出来。

15.3.2　进行编码登录

斯特劳斯 1987 年在《社会科学家的质化分析》（*Qualitative Analysis for Social Scientists*）中指出，质性资料编码登录包括开放式编码登录、主轴性编码登录和选择性编码登录，而这也是质性分析的重要环节。因此，质性研究者在编码的过程中应对一份资料进行以上三种方式的编码，那么如何进行编码登录呢?

1. 开放式编码登录

开放式编码登录是研究者应该掌握的第一级编码，研究者阅读完原始资料后，就要对资料进行开放式编码登录。在开放式编码登录时，研究者要找出主题并确定最初的符码和标签，再将大量的资料浓缩成数个类别，在这个过程中，研究者需要尽可能保持开放的心态。所谓开放的心态，就是上文中强调的客观性，即研究者在编码的过程中，要尽可能地搁置个人的“偏见”和研究界的“定见”，进而将所有的资料按其本身呈现的状态去登录。

登录的目的是从资料中确定类属的属性和维度，然后据此命名。开放式编码登录的过程类似一个漏斗，开始时登录的范围比较宽，随后不断地缩小范围，直至符码达到饱和状态。在对资料进行登录时，研究者应该就资料的内容预设一些具体的、在概念上有一定联系的问题。提问的时候要牢记最初的研究目的，同时留有余地让没有预想到的目标从资料中“冒”出来。

为了使分析不断深入，研究者在对资料进行开放式编码登录时应经常停下来写分析型备忘录。分析型备忘录是一种分析资料的有效手段，促使研究者对资料中出现的理论性问题进行思考，并且在思考的同时还可以通过写作的方式深化初步建构起来的理论。第一级编码登录的主要目的是尽可能全面地探究资料，在此过程中所有的解释分析都是暂定的。因此在开放式编码的过程中，研究者主要关心的不是手头的文本里包含哪些概念，而是如何使用材料才能达到探究的目的。

在进行开放式编码登录时，需要注意以下事项。

一是在资料登录的过程中，做到细致用心，以防漏掉重要的信息；登录内容要做到尽可能细致，直到资料饱和为止；如果发现新的符码，应该在下一轮访谈中进一步收集原始资料。

二是要着重关注当事人使用的词语，特别是那些能够作为符码的原话，并尽可能还原当事人的本意。

三是在给每一个符码进行初步命名时，不必过于纠结词语是否合适，命名可以使用当事人的原话，也可以是研究者自己的语言，只要研究者能够理解即可。

四是在对词语、短语、句子、行动、意义和事件等资料进行逐行分析时，要注意以下几个问题：这些资料与研究有什么关系？这个资料可以属于哪个类属？这些事件透露出哪些信息呢？为什么会发生这种事情呢？

五是根据这些资料找出相关概念，并对概念的维度进行分析，再寻找与这些维度相关的案例进行比较。

需要注意的是，不同的质性研究者编码时，其编码的完整性与细节程度会存在很大的差异，有些研究者对每一行甚至每一词都编码，有些研究者只对资料的整个段落编码。在开放式编码登录的过程中，研究者应该根据研究问题、资料丰富程度以及研究者目的来确定编码的详细程度。

2. 主轴性编码登录

在完成开放式编码登录后，就需要对资料进行主轴性编码登录。与开放性编码登录不同，主轴性编码登录的重心不在资料本身，而在于主题之间的联系，表现为资料中各部分之间的有机关联。资料中各部分的联系包括因果关系、时间关系、语义关系、情境关系、相似关系、差异关系、对等关系、类型关系、结构关系、功能关系、过程关系、策略关系等。在主轴性编码登录中，研究者每次只对一个主题进行深度分析，围绕着该主题寻找相关关系，这个主题就是“主轴”，也被称为“轴心”。

随着分析的不断深入，新的符码和主题可能会出现，此时研究者需要对其做注释和标记，但是其主要工作仍是回顾与检视初步符码，根据“主轴”找出各主体之间的内在联系。此外，在对概念类属进行关联性分析时，研究者不仅要考虑概念类属本身之间的关联，还要探寻研究对象的意图和动机，将他们的言语放到当时的语境以及所处的社会文化背景中考虑。每一组主题之间的关系确定后，研究者要进一步确定什么是主要主题，什么是次要主题。这些不同级别的主题被分辨出来后，研究者可以运用比较的方法将各个主题之间的关系联结起来，当所有的主要、次要主题之间的关系确立之后，研究者可以使用新方式对原始资料进行重组。

在主轴性编码登录的过程中，研究者应根据因果、条件与互动、策略与过程等关系，将具有相同特征的概念归类。研究者还可以试着去探究以下问题：是否可以将既有的概念再次分成次一级概念，进而寻找它们之间的内在联系？是否可以将几个有着紧密联系的概念结合成一个一般性的概念？是否可以根据概念在文中产生的先后顺序对其进行分类？是否可以根据各概念与主题之间的关系对其进行分类？由此可见，主轴性编码登录会刺激研究者探究概念或主题之间的关联性。在该过程中，研究者可能会放弃某些主题，进而深入探讨其他主题。此外，主轴性编码登录还可以增强证据与概念之间的关联性，该功能与定量研究中的信度描述类似。研究者可以在许多地方发现关于核心主题的证据，进而在质性资料中建构支持这些主题的证据，同时主题与资料之间的关系也会因为这些证据的支持而获得增强。

3. 选择性编码登录

选择性编码登录又称为核心登录，这一阶段是资料分析处理的最后一关，经过前面两个阶段的登录，研究者已经辨别出研究计划的主要主题。选择性编码登录是指经过系统分析后，在已发现的概念主题中选择一个“核心主题”，之后的分析便集中在那些与核心主题有关的符码上面。核心主题必须在与其他主题的比较中被证明具有核心性，能够将大多数的研究结果囊括在一个比较宽泛的理论范围之内，起到提纲挈领的作用。一般来说，核心主题主要具有以下特征。

第一是占据中心位置。核心主题必须在所有主题中占据中心位置，比其他所有的主题都更加集中，与多数主题之间存在意义关联，能够成为资料的核心。

第二是出现频率高。核心主题会频繁地出现在资料中，或者是表现这个主题的符码会高频次地出现在资料中。

第三是关联性强。核心主题与其他主题具有很强的关联性，并且相互之间的关系通常比较错综复杂。

第四是具有概括性。在理论形成的过程中，相比其他主题，核心主题最接近理论，因其对资料具有高度的概括性，更容易形成实质理论或形式理论等中层理论。

第五是下属主题更为复杂。随着核心主题被确定下来，理论便自然而然地由此生成，由于不断地对核心主题在维度、属性、条件、后果和策略等方面进行登录，其下属主题可能也会变得丰富和复杂起来，因此要注意寻找主题内部的变化。

选择性编码登录的具体步骤包括以下内容。①明确资料的逻辑线；②描述主要主题、次要主题及其属性和维度；③对建立的初步假设进行检验，对暂未通过假设检验的主题类属进行填补或进一步发展；④挑选出核心主题类属；⑤在核心主题与其他主题之间建立起系统的联系。如果在分析的过程中找到两个或两个以上的核心主题，则需要通过不断比较的方式，将相关的主题连接起来，进而剔除关联不够紧密的主题。

4. 举例论证

以下笔者将通过吴旻和边玉芳 2020 年发表在《教育学术月刊》上的文章《农村小学寄宿生心理资本的结构与内涵——基于质性资料的分析》，对编码的过程进行详细说明。该文章的主题是探讨农村小学寄宿生心理资本的结构及内涵，从农村小学寄宿生、主要抚养者和教师等不同视角，通过编码分析进行质性研究，并对资料进行三级编码登录。

首先，阅读原始资料。在《农村小学寄宿生心理资本的结构与内涵——基于质性资料的分析》一文中，研究者将最初的假设和价值判断暂时搁置起来，反复阅读文本资料，寻找原始资料的“本土概念”及高频词汇，如，有住校、住校生、父母、舍友、老师、开心、信心、报答、勇敢、喜悦、乐观、快乐、荣誉、美好、真诚、规矩等。

其次，进行开放式编码登录。研究者把文本资料中与研究主题，即“农村小学寄宿生心理资本”有关的陈述句识别、剥离出来，用一个代表其含义的概念命名，最后得到“相信失败是暂时的”“认识支持资源”“情绪调节”“心理复原”“寻求帮助”“理解父母的无奈”“感恩教师”“感谢父母及长辈”“对未来充满希望”等 29 个编码节点。

再次，进行主轴性编码登录。研究者在上述概念之间找到一些联系，并将上述概念有机联系起来，得到 12 个主要主题：坚韧认知、坚韧行为、感受关爱、主动回馈、独立处事、责任技能、亲密归属、分享互助、自我效能、积极信念、目标动力、实现方法。在每一个主题下面又分别有相关的次要主题，如在“坚韧认知”下面有“相信失败是暂时的”等；在“主动回馈”下面有“感恩教师”“感谢父母及长辈”等。

最后，在所有的主题和主题之间的关系都确定后，研究者在选择性编码登录的过程中将核心概念定为“坚韧、感恩、自主、乐群、乐观、希望”。在这个理论框架下，研究者对原始资料进行进一步分析，得出两个重要结论：一是我国农村小学寄宿生心理资本的结构与内涵和西方相比既有一定的相似性，又有本土化特征；二是农村小学寄宿生心理资本的核心结构并不是单维的，而是一个多维复合型结构，且各维度彼此联系。

15.3.3　对资料进行归类

在对资料进行编码登录之后，研究者需要对资料按照一定的标准进行归类。归类是指根据之前编码登录的结果将相同或相似的资料归到同一类，将相异的资料区别出来。归类时要对不同的资料进行比较，识别资料的属性，并且根据资料之间的关系进行分类。通过归类得到的资料是经过进一步浓缩的，研究者已经根据资料之间的逻辑关系在它们之间建立起了一定的联系，进而可以得出初步结论。

教育研究者在对质性资料进行归类时有很多种方式，因此在实际的质性资料分析过程中，归类方式的选择会受人为因素的影响，具有一定的主观性。比如，当研究者认为在校园中发生的某一教学事件是由相同或者不同的基本结果组成的，那么研究者在归类的时候便会倾向于使用分类的方式对资料进行归类。如果研究者认为这些教学事件由不同学生的具体案例组成，具有连续性和动态性特征，那么研究者便会倾向于通过叙事的方式对研究资料进行归类。这种归类标准的选择很大程度上受研究者所积累的理论知识和秉持的观点的影响，因此研究者应该对自己的理论倾向和观点有所了解，清楚自己哪些观点会以何种方式影响决策，进而影响资料的归类。

研究者在对资料进行归类时，应根据研究目的和资料本身的特征选择合适的方式。例如，当研究方向是对某一中学学生的学习兴趣进行探讨，研究者通过与学生访谈的方式收集相关资料，对该资料进行归类时便应采取类属分析的方式。当研究目的是了解该中学教学方式发展的脉络，收集资料的方式既有访谈又有观察记录和实物，资料会呈现过程性和动态性的特点，对该资料进行归类时更倾向于使用情景化的分析方式。下文对类属分析和情境化分析这两种归类方式进行简要介绍。

1. 类属分析

“类属”是资料分析中的一个意义单位，其代表了资料所呈现的一个观点或者主题。类属是比符码大一级的单位，符码是资料分析中最小的单位，是编码登录中第一级的单位。一个符码可以归属到不同的类属中，一个类属也可能包括几个相关的符码。例如，针对中学学生之间的人际交往进行资料分析时，我们可以将“害羞”“不好意思”“紧张”“距离感”等符码归到“不善交际”类属下。同时，根据资料的具体情况，“距离感”符码既可以放到“不善交际”类属下面，也可放到“交往表现”等其他类属下面。此外，资料中类属和符码的判定并不是绝对的，而是根据研究者主题分类的不同而不同。在某个分类系统中，符码的概念可能在另一个分类系统中是类属，而在该分类系统中是类属的概念在另一个系统中也有可能是符码。比如上文的“紧张”这一符码，在一些研究情境中可能会成为“语意不通”“脸红”“手足无措”等符码的类属，而“不善交际”这一类属在另外的情境中可会成为“人际关系差”这一类属的符码。

（1）类属分析的定义。类属分析是指在资料中寻找反复出现的现象以及可以解释这些现象的重要概念的过程。研究者在类属分析时，要将具有相同属性的资料归到同一类别，并且用一定的概念对其进行命名。类属属性的分类方式也不是绝对的，可以从不同的层面进行分类，如组成类属的符码、形成类属的原因、类属具有的功能等。类属分析最基本的方式是比较，比较可以是比较资料之间的不同，也可以是总结不同资料之间的相同点，还可以是比较同一份资料各个部分之间的异同。

在比较有关资料的异同后，研究者需要对资料之间的关系进行分析。类属之间的关系也是多元的，如因果关系、时间顺序、空间顺序、逻辑关系等。对类属之间的关系有一定了解后，研究者可以根据它们之间的初步关系建立核心类属。核心类属在所有类属中处于核心地位，可以在意义上统领其他类属。

在实际类属分析的过程中，研究者可以通过画图的方式建立不同类属之间的关系，使类属之间的关系更加直观、清楚，较常见的一种图形是树状图。以下通过一个简明的树状图对学生人际交往的类属进行分析概括。在对学生人际交往进行质性研究时，产生了很多概念，如“人际关系差”“社交能力强”“性格好”“害羞”“自来熟”等，经过分析，我们将“社交能力强”和“性格好”作为“人际关系好”的两个核心类属，在“社交能力强”的类属下面又列出了“自来熟”“表现欲强”等下位类属；在“自来熟”下位类属下面我们又分出了“与新同学分享零食”“和新同学打成一片”等具体符码（图 15.4）。

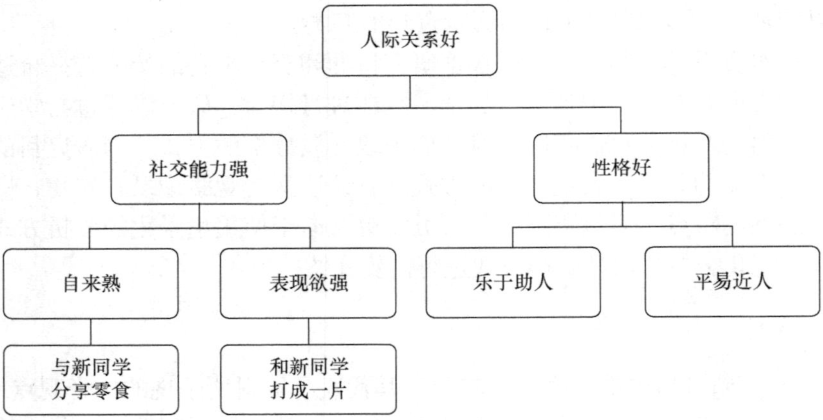

图 15.4　人际关系图

（2）类属设定的标准。类属的设定没有完全统一的标准，不过国内学术界基本认为对资料进行分类要注意避免出现逻辑错误，尤其是“子项混乱”和“子项过多”等错误。实际上，研究者分类方式的选择反映的是他们对世界的看法，不同的人有不同的看法，也有不同的分类方式，因此陈向明在 2000 年出版的《质的研究方法与社会科学研究》一书中认为，即使当事人的分类方式在逻辑上存在些许错误，或者缺乏足够的理性，但只要它能很好地反映当事人的看法，就应该尊重这种分类方式。在教育质性研究中，研究者应该特别注意当事人的逻辑，使用他们对待事物的分类标准对概念进行分类，即使这些标准看起来可能不是完全合理的。

例如，研究者在对小学一年级学生进行访谈时，询问他对老师语文课上朗诵的一篇文章的看法。孩子的回答是“这篇文章老师读得很香”，乍一听，我们可能觉得孩子的这种回答是不太符合逻辑的，“读”怎么能和“很香”放在一起呢？应该说读得很精彩。实际上，老师朗读的这篇文章是描写妈妈在家做菜的过程，一年级的小朋友将自己的想象与文章的内容结合起来，做菜与“读得很香”联系在一起是儿童普遍存在的通感现象，在没有经历成人社会化的过程之前，这种特性是儿童具有的一种很宝贵的特征。因此在对资料进行类属分析时，应该努力地去理解对方，即使在遇到不解的问题时，也不应将自己的分类标准乃至价值判断强加于资料上。只有尽可能地去理解当事人，设身处地地进入当事人的内心世界，才能真正了解这份原始资料，最大限度地保存当事人的最初观点。

2. 情境分析

情境分析是指将资料置于事件发生的自然情景中，按照故事发生的先后顺序对有关事件和人物进行描述性分析。在情境分析中，研究者需要将资料进行整合，即将资料分解，之后再将材料整合成置于真实情境中的完整故事。情境分析强调对事物进行整体和动态的呈现，研究者在分析过程中要注意寻找那些将资料连接成一个整体故事的关键线索。

研究者在进行情境分析时，可以采用很多种方式，如将资料代入到原始情境中探究资料间的因果关系，也可以根据时间先后顺序进行分析，还可以采取循环分析模式对资料进行分析。此外，情境分析的具体内容也非常丰富，可以分析现象中的主题、事件、人物，也可以对情境中的时间、地点等进行分析。资料分析的顺序可以按照事件发生时间的先后进行，也可以根据当事人的言语进行组织。在对资料进行具体分析时，操作方式应该根据资料特性的不同而有所不同，研究者既可以将某一次的访谈内容写成情境片段，也可以将对某人的多次访谈组合成一个富有逻辑性的情景故事，还可以将几个人的故事组成一个综合性的个案。

情境分析的关键在于讲好故事，因而研究者需要十分了解资料信息，清楚资料的主要脉络，进而找到反映资料内容的故事线，整合故事的有关情节，对故事进行详细描述。同时研究者在情境分析中应尤其重视资料的语言情境与社会文化情境、故事发生的时空情境、叙述者言语所表达的内涵，资料整体所表达的意义以及资料内各部分之间的关系。概括来说，情境分析的过程主要包括以下三步：首先是认真通读资料，理清资料的主要脉络，发现资料在特定情境中所展示的故事线；其次是按照编码登录所设立的编码系统对资料进行编码，并将有关的片段用符号标出来；最后是对资料进行归类与深度分析。

3. 归类方式的选择

类属分析和情境分析各有利弊，在选择时要充分考虑到实际情境需求。类属分析基于差异理论，认为社会现实是由相同或者不同类型的现象组成的，需要通过比较的方式才能对社会有所认识。麦克斯韦（Maxwell）在 2013 年出版的著作《质的研究设计》（*Qualitative Research Design*）中认为，情境分析基于过程理论，认为社会现实是由具体的事件和过程组成的，具有连续性和动态性，因此只有将资料置于事物发展进程中，才能掌握处于特定情境中事件发生和发展的动态过程以及各因素之间的联系，进而对资料进行更为合适的归类。

类属分析的长处是将资料从特定的情境中抽取出来，通过比较的方式找出资料之间的内在关系，进而根据这些关系对资料进行分类。这种处理资料的方式比较符合一般人的分类习惯，能够对资料进行比较系统的组织，表现资料之间的异同。同时，其短处也很明显，它忽略资料之间的连续性与过程性，并且无视资料所处的具体情境，无法很好地反映动态事件的流动过程。此外，类属分析可能会将一些无法分类、但对回答研究问题十分重要的资料排除在外。

情境分析的优点是将资料置于某一特定场景中，并且充分考虑当事人的意义建构方式，能够最大限度地体现资料的原始意义。这种分析叙事结构的方式更加符合资料背后的情境，并且更加尊重当事人的说话习惯，可再现当事人当时所处的情境，从而为资料的归类提供更合理的方式。其短处是研究者过于重视当时的情境，在分类的过程中忽视资料的异同，深深地陷入故事的情境之中，以致无法看到使用其他资料分析方法，如类属分析方法的可能性。

因此，在对资料进行归类时，可以将两者结合起来，综合二者的长处。在情境分析中，研究者可以按照一定的类属将故事进行分层，使故事按照一定的主题层次展开叙述；在类属分析中，研究者可以在主题下面穿插资料中的一些故事片段，以此展示资料的连贯性和动态性。此外，在归类的过程中，研究者还可以交替使用这两种方式。比如，先按照一定的类属对资料进行归类，然后将已经归类过的资料再置于特定的情境中，探究资料之间的因果关系。或者先对资料进行整体性的情境分析，然后再对其中的一些类属或者概念进行类属分析。比如，在对某中学学生为何要选择理科的原因进行探讨时，便可结合使用这两种归类的方式。研究者可以先从类属分析的角度将学生选择理科的原因分成若干类（如兴趣、就业、挑战性等），然后根据每位学生的实际情况对他们学习理科的过程以及学习中的故事进行情景分析。通过这样的方式，类属分析可以将原因认定为资料归类的“点”，而通过情境分析将每个“点”还原到每一个人，而每一个人便是一条富有逻辑的“线”。通过点与线的结合，研究者不仅对所有被访学生选择理科的原因有了一个整体性的了解，也对每一个人的特殊情况有了具体的感受。

类属分析和情境分析的结合使用可以获得单独使用一种所不能获得的效果。情境分析可以为类属分析补充“血肉”，而类属分析可以帮助情境分析理清意义层次和结构。两者结合可以达到共时性与历时性的统一，即在叙述一个完整的历时性故事的同时进行共时性的概念类别分析，并在共时性的概念类别框架内又叙述历时性的故事，因此综合两种方式得到的结果是较为完整的。

4. 如何实操

为了使研究者更好地理解质性资料分析的基本过程，笔者借助一个家校合作的案例对这部分的实际操作进行简要介绍。“家校合作”是中小学与家长之间进行的一种双向交流活动，是整合学校和家庭教育力量的有效方式，但由于家校主体认识不足、合作能力欠缺以及责任边界模糊等问题，家校合作在实践中面临着很多困难。质性研究强调从当事人的角度看问题，重视研究者个人与研究对象之间的互动，因而对于这类问题，采用质性研究方法更合适。

a. 研究对象的介绍

质性研究中，第一手资料非常重要，而教师和家长是家校合作的主体，因此此次研究采取便利取样和抽样调查相结合的方式，确定了 H 中学 3 名教师和 3 名家长作为调查样本。为便于表述，笔者将 3 名教师分别编号为 1、2、3，将 3 名家长分别编号为 A、B、C，学生姓名均作化名处理。

小好，14 岁，初二学生，成绩优异，在校期间表现良好，担任班级干部；编号为 1 的老师 41 岁，担任班主任多年，教学经验丰富，善于与孩子家长沟通；A 家长本科学历，全职太太，对孩子的学习情况以及各方面的发展都十分重视。

家良，15 岁，初三学生，家境优越，成绩普通，性格较为内向；编号为 2 的老师 55 岁，教学多年，遵从孩子自然发展的宗旨，对学生成绩好坏看得并不是很重，课后忙于打牌，与家长沟通为零；B 家长大专学历，某公司老板，工作繁忙，对孩子的学习无暇顾及。

木木，15 岁，初二学生，成绩一塌糊涂，对学习没有丝毫兴趣，在班上过于活跃，不守班级秩序；编号为 3 的老师 25 岁，刚刚硕士研究生毕业，仅有半年的教学经验，与家长的沟通较少；C 家长小学学历，收入较低，对孩子多采取棍棒式的教育方式。

b. 质性资料的收集与分析

此次研究主要采用半结构访谈法，辅以参与式观察法、实物收集法来收集资料，资料收集的具体步骤可以参照上文质性资料收集的案例进行实操。

在访谈结束时，研究者应及时将访谈内容转录成文字稿，在参与式观察中撰写观察备忘录，积累丰富的一手资料。此次研究按照三级编码登录的方式对访谈资料进行分析：一是开放式编码登录，资料打散并重新赋予概念。这一过程中尽量将研究对象所使用的“本土概念”作为编码标签。此次研究是对家校合作进行研究，因此要先分别对教师和家长的资料进行编码，再将二者进行对比、提炼，并形成最终的开放式编码。二是通过主轴式编码登录对上述所得的开放式编码进行有意义的分类，在反复比较的过程中明确这些分类的属性、维度，以及它们之间的关系。三是在主轴性编码登录的基础上呈现资料中反映的不同主题，并以此为轴心关联上述初级编码所形成的各种编码类别。

此处以木木这一案例为例，简要介绍三级编码的过程。首先阅读收集到的材料，对材料大致了解后进行开放式编码，在此案例中，“C 教师未能将课堂上学到的教育知识融合到实践中”“木木家长知识储备少，在育儿实践中不知道该怎么做”等内容表明家长和老师虽有一定的教育知识，但是在实际运用过程中有所欠缺，由此创建一个“理论与实践结合度不高”的开放式编码；“木木家长经济状况较差，木木难以获得有效支持”“木木所在的学校未配备心理辅导老师，对孩子的心理问题未能及时疏导”两部分内容表示木木家庭和学校在木木的培育上缺乏资源，由此创建一个“缺少支持性资源”的开放式编码；接着采取相同的方式对剩下的文字资料进行开放式编码，最后形成了表 15.1 中的 12 个开放式编码。

之后在开放式编码的基础上，反复比较这 12 个编码的属性、维度以及它们之间的关系，最后得到了“有限的互动投入”等 4 个主轴性编码。当建立好所有概念之间的类属关系后，便进入到最后的选择性编码阶段，选择性编码处于所有编码中的上层，依据扎根理论的思路，以主轴性编码为基础，最终得到了选择性编码，“木木家长和 C 老师当前处于‘冲突—疏离’的互动模式”。

表 15.1 “冲突—疏离”互动模式三级编码

选择性编码	主轴性编码	开放式编码
冲突—疏离的互动模式	有限的互动投入	理论与实践结合度不高
		缺少支持性资源
		C 教师对与孩子的互动感到焦虑
	缺乏互动性的沟通过程	在诸多内容上存在观点分歧
		木木家长排斥与 C 教师交流
	信任水平低下的沟通过程	沟通频次和时长日趋减少
		沟通具有单向性
		家长和教师之间没有建立信任关系
		以争吵对抗解决问题
	疏离式关系的互动效果	C 教师不满家长，怀疑自己
		木木家长很是自责
		心生隔阂，关系疏远

在编码登录工作完成后，研究者还需对资料进行归类与深度分析。归类包括类属分析和情境分析，此次研究综合使用了这两种归类方式。将表 15.1 的符码按照导致家校出现合作困境的原因对资料进行分类，将资料划分为教师层面、家长层面、学生自身层面三个核心类属，在这三个核心类属下面又细分若干下位类属。在进行类属归类的同时，此次研究还在各类属下面穿插了资料中的一些故事片段（孩子在成绩差时，家长是如何对其进行斥责的；老师在与学生及其家长进行沟通时所面临的困难等）以充分展示该资料的连贯性和动态性。

根据以上的分析，研究者认为，木木处于“冲突—疏离”式的家校互动模式之中。在这种模式中，家校合作存在以下问题：有限的互动投入、缺乏互动性的沟通、沟通过程缺乏信任感等，而这些问题最终导致缺乏共同情感联结，家校互动渐趋疏远。基于该案例，可以得到以下结论：

第一，形成共同关注焦点是实现良好互动效果的重要前提；

第二，拥有相得益彰的文化资本和情感能量的教师与特殊学生家长更易形成共同关注焦点；

第三，文化资本和情感能量的投入水平对于教师和特殊学生家长形成一致观点、维持良好的互动关系具有十分重要的作用。

根据以上分析结果，研究者还可以针对当前家校合作面临的困境，提出相关建议。例如，激发家校合作主体参与的积极性、提高家校合作主体的综合素养等。

以上内容借助一个家校合作的具体案例简要介绍质性资料分析的具体过程，这部分内容侧重于讲解三级编码的具体符码，希望读者在阅读这部分内容后，对质性资料的编码登录过程能够有一个大概了解。

第 16 章

计算机辅助分析软件及案例

分析质性资料时，借助计算机辅助定性数据分析软件（computer assisted qualitative data analysis software，CAQDAS），可以提高资料分析的效率和准确度。那么，面对市场上具有各种功能的计算机辅助分析软件，哪一款软件适用于教育质性研究呢？教育研究者又该如何操作这些软件来进行质性资料分析呢？本章介绍质性资料分析中的主流计算机辅助定性数据分析软件，并借助案例详细介绍相关操作步骤，以期帮助相关研究者提高质性分析的效率，进行高质量的质性研究。

16.1 分析质性资料的计算机软件

在质性研究中，使用的计算机软件是计算机辅助定性数据分析软件，与定量研究中的统计软件有很大差别，计算机辅助定性数据分析软件的主要功能不是分析数据，而是辅助分析，质性资料的分析过程仍始终由研究者控制。

16.1.1 常见的计算机辅助定性数据分析软件

教育质性资料的分析是一项烦琐复杂且具有挑战性的工作，无论采用何种质性分析方法，资料的分析与诠释都是一项很“个人化”的经验展现。在对质性资料分析时，质性研究者有一个基本一致的认识——应以研究者本人作为研究工具，但是笔者认为不仅应以研究者本人作为研究工具，还应结合使用计算机对资料进行分析，这是否违背质性研究最初的定义呢？实际上，计算机软件只是作为辅助性工具协助研究者分析资料，质性分析的主体性工具仍然是研究者，计算机软件不能代替研究者的思考和类属建构。同时，质性研究资料的分析工作是冗长而沉闷的，利用计算机软件处理访谈稿、田野笔记等非数字、无结构性的素材，有助于化繁为简，使分析过程透明化、思考历程视觉化。

自国外学者特施（Tesch）提出利用计算机分析质性资料具有节省时间、使实施程序系统、可以提供不断修正的可能性等优势后，质性分析软件日益受到重视，并在质性研究界逐渐被推广和普及。当前与质性分析有关的软件越来越多，相较于使用纸笔等传统工具进行质性研究，这些软件在文字处理、搜索、管理、编码、理论建构和资料文本分析等方面具有独特优势。当前较为常见的计算机辅助定性数据分析软件有 MAXQDA、ATLAS.ti、Folio Views 和 NVivo 等。研究者在对资料进行分析时，应根据研究目的和需求使用合适的辅助分析工具。

按照对资料的处理程度，可以将这些软件分为：文字处理软件、文件管理软件、编码登录软件和理论建构软件。文字处理软件的主要功能是制作和搜寻文本，在访谈、田野札记转录、备忘录撰写等方面具有优势，Microsoft Word 是当前较为常见且通用的文字处理软件。文件管理软件则可以将内部和外部储存的资料整合起来，以便对资料进行搜寻查找。Folio Views 是较为常用的文件管理软件，利用该软件，研究者可以将数值化的资料或是个别案例文本整合成田野记录，还可以对资料的备忘录、编码及文字和词组进行搜寻。编码软件包括 NVivo、MAXQDA 等，这类软件对资料进行编码和分组，协助研究者依据编码系统对资料进行归类。理论建构软件则对编码登录软件的功能进行进一步的升级，不仅对编码进行搜寻，还通过程序设计与资料进行“互动”。

最后仍需强调的是，虽然这些计算机软件使质性资料的处理更便捷和系统，但是质性研究工具仍是研究者本身。

16.1.2　选择计算机辅助定性数据分析软件的方法

对于质性研究者，选择哪种计算机辅助分析软件对资料进行分析，应根据研究者的计算机操作能力、研究的性质目的、研究投入的人力和物力以及资料的特征等多种因素综合考量。前文我们按照对资料处理的程度将质性分析软件分为文字处理、文件管理、编码登录和理论构建软件四类，各类软件能够对质性资料进行不同程度的分析。质性资料分析需要同时完成文字处理、编码登录、理论构建等工作，但这并不意味着研究者需要花大量时间去学习并精通这四类分析软件。

目前在质性研究领域，较常使用的质性分析软件当属 NVivo。截至 2022 年 11 月 5 日，知网上以“NVivo”为主题的文献共有 1102 篇，并呈现逐年上升的趋势（图 16.1），这仅是学者使用该软件发表在国内期刊上的数据。

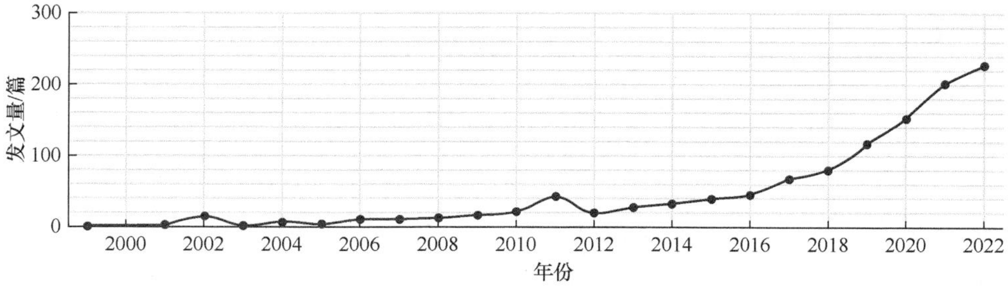

图 16.1　知网中运用 NVivo 进行质性研究的文献数量及发文趋势

NVivo 软件可以很好地完成文字处理、文件管理、编码登录和理论构建等工作，它为研究者提供了整理和管理材料的功能，让研究者能在众多数据中找到自己想要的信息并得出结论。

16.2　NVivo 分析软件

NVivo 为 NUDIST 和 Vivo 的组合词，NUDIST 全称为“Non-numerica Unstructured Data by techniques of Indexing Searching and Theorizing”，意为“非数值性、无结构数据索引、

搜寻、理论化”，Vivo 意为“自由自在”，窗口接口版的 NUDIST 简称 NVivo。NVivo 是澳大利亚定性解决方案与研究（Qualitative Solutions & Research）公司①开发的一套强大而又灵活的定性分析软件，该软件专为定性研究项目设计，在搜索、查询和资料可视化方面具有强大的功能，可以帮助研究者整理、分析和提炼非结构化或质性数据（如采访、开放式调查回答、文章）等，使质性分析的过程变得更为高效和严谨。

16.2.1　NVivo 在教育质性研究中的应用情况

NVivo 软件为定性研究提供一种类似于定量研究中同 SPSS 软件一样可以高效快捷使用的工具，由于 NVivo 能大大提高数据分析的效率，因此，它频繁出现在学术期刊、学位论文以及案例编写之中。既然本书的受众是教育工作者，那么 NVivo 软件在教育领域的应用情况如何呢？主要用在哪些方面呢？

在 Web of Science 数据库，笔者以 NVivo 为主题关键词进行检索，截至 2022 年 11 月 5 日，检索到相关文章共 7191 篇，其中与教育相关的文章有 1278 篇，占总数的 17.8%（图 16.2）。从发表在国际期刊上的数据可以看出，NVivo 在教育领域中应用广泛，对这部分文章的被引频次进行分析，篇均被引频次达到 7.19（图 16.3），说明使用 NVivo 软件发表的文章具有一定的关注度。

扫一扫
看大图

图 16.2　NVivo 软件在教育领域的应用情况（截图）

扫一扫
看大图

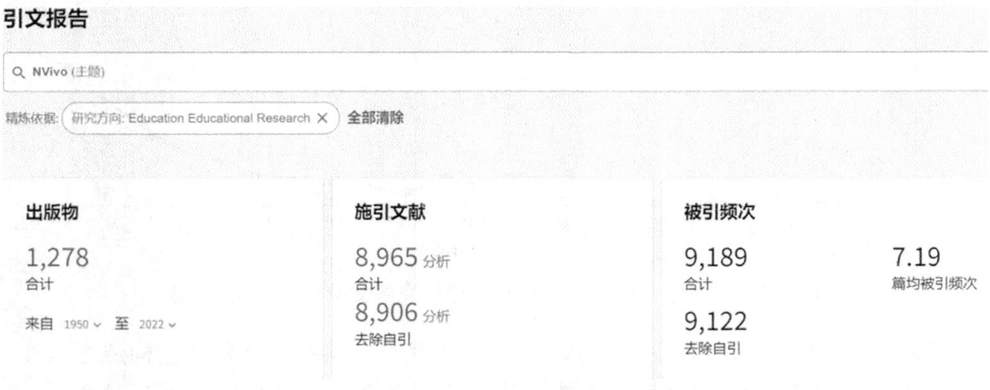

图 16.3　文章被引频次分析（截图）

在知网上对“NVivo”及“教育”两个关键词同时检索，发现 2017 年发文量才呈现一定的增长态势（图 16.4），说明 NVivo 软件在国内教育领域的普及相对较晚。同时近年来迅速增加的发文量，也说明了国内教育领域对 NVivo 软件的认可度逐年提高。

① 该公司名称为笔者个人翻译的。

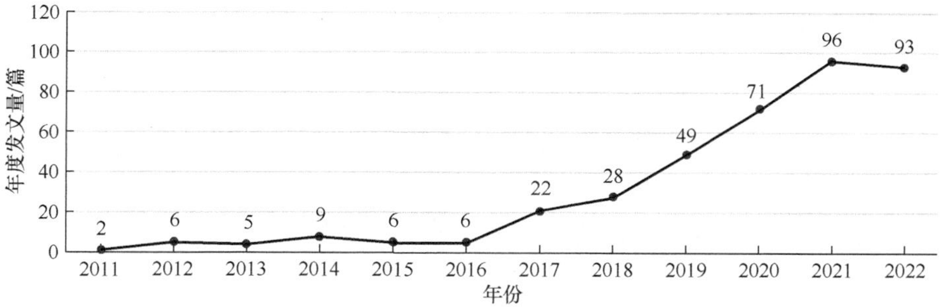

图 16.4 NVivo 软件在国内教育领域的应用

探究教育领域使用 NVivo 软件发文的学科分布，我们发现发文（包括学术论文与学位论文）主要集中在教育理论与管理、高等教育及中等教育等学科，说明从事基础教育的教育研究者对 NVivo 软件应用得比较多，掌握这一软件的基本操作，对于发表文章、撰写学位论文以及案例的编写大有裨益。

16.2.2 NVivo 软件的主界面介绍

在运用 NVivo 软件分析资料前，研究者应对 NVivo 软件的主界面有所了解。如图 16.5 所示，区域①是菜单栏、区域②是导航视图、区域③是列表视图、区域④是明细视图。

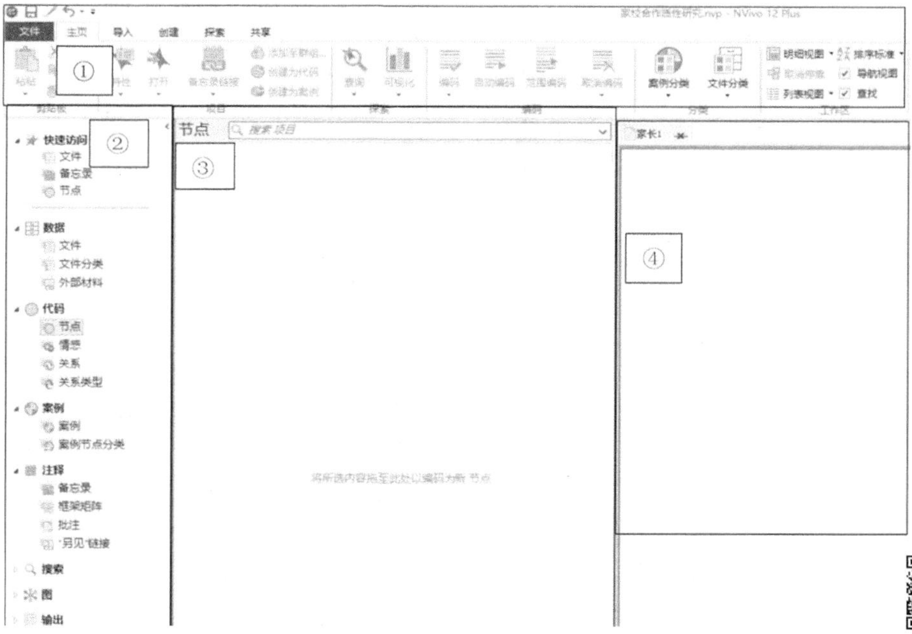

图 16.5 NVivo 软件的主界面介绍

扫一扫
看大图

1. 菜单栏

屏幕顶部的菜单栏提供了研究者在软件使用时需要使用的命令访问，包括编码、查询、可视化等常用指令。借助菜单栏，研究者可以轻松访问常用命令，同时添加或删除命令以建立最适合自己的菜单栏界面。

2. 导航视图

软件主界面最左侧的区域是导航视图，涵盖所有的项目，研究者完成"建立节点""新建案例""添加备注"等操作都需要在此区域完成。在导航视图中有一栏"快速访问"，研究者可以将常用项目固定在该栏目，以提高资料分析效率。

3. 列表视图

列表视图位于界面的中间区域，研究者在导航视图中完成的操作都会显示在该区域。在列表视图中，研究者可以排序项目、将所选项目分类，以及导出项目等。

4. 明细视图

明细视图是 NVivo 工作区的主要部分，当研究者在列表视图中打开文件或节点时，它会显示在明细视图。在该视图中，研究者可以浏览、修改编码、查看编码上的内容以及查询结果等。

16.2.3　NVivo 软件的具体操作

研究者在运用 NVivo 进行资料分析时，一般是按照图 16.6 的路径进行。首先，研究者将收集到的资料导入 NVivo 中，包括文档、PDF、数据集、音频、视频和图片等。其次，研究者浏览导入后的资料并确定无误后，对资料进行编码，NVivo 的编码功能可以很好地完成上文提到的三级编码登录过程。最后，研究者完成编码后，可以通过 NVivo 的可视化功能建立词树状结构图，更直观地查看编码结果。

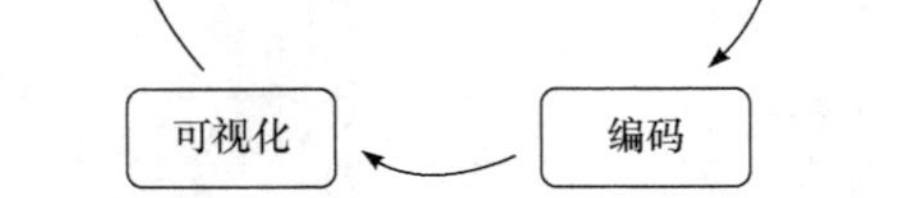

图 16.6　用 NVivo 软件分析资料的一般路径

为了让研究者更快上手使用 NVivo 软件辅助质性资料分析，本节将介绍运用 NVivo 软件较为常用的几项操作。

1. 导入资料

打开软件后，研究者首先要将收集好的资料导入到 NVivo 软件中。导入的文件涵盖多种格式，包括 doc、txt、pdf 等文档文件，以及各种音频、视频、图像格式。导入文件时先右击导航视图区域内"数据"栏中的"文件"项目，在弹出的菜单栏中单击"导入文件"，弹出"导入文件"对话框。在弹出的对话框中选择要导入的资料，如果要导入多个文件，可以在按住 Ctrl 键的同时依次单击文件，之后右击"打开"按钮，在弹出的对话框中单击"导入"按钮即可完成文件的导入。

2. 浏览导入的资料

资料导入完后，研究者可以借助 NVivo 对资料进行浏览。在刚拿到资料时，研究者可能一时不能确定资料的主题，此时可以借助 NVivo 的词频查询功能找出出现次数最多的概念，进而确定可能的主题。

（1）更改查询语言。在进行词频查询前，需要将文本内容语言设置为查询语言，NVivo 软件的默认语言是英文，而导入的资料往往是以中文的形式呈现的，因此研究者需要把查询语言改为中文。首先点击菜单栏中的“文件”选项，选择“项目特性”项目，在弹出的页面中将文本内容语言改为“中文（中国）”（图 16.7），即完成查询语言的更改。

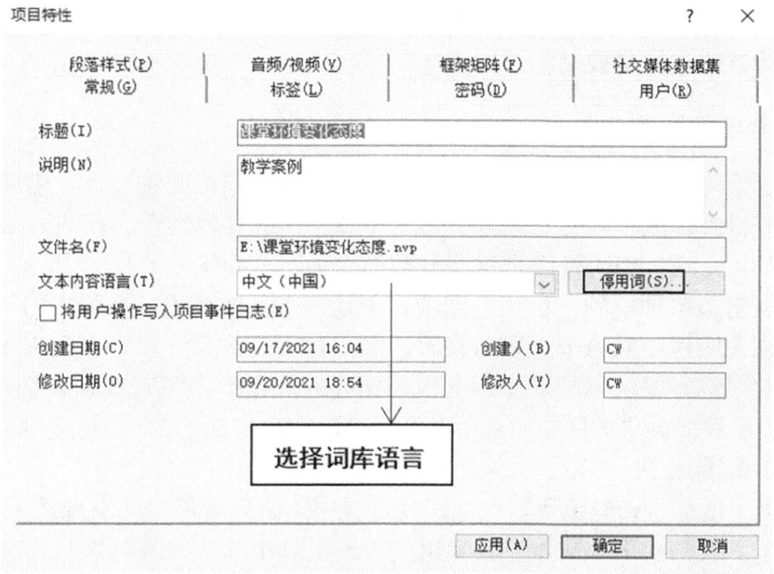

扫一扫
看大图

图 16.7　更改查询语言

（2）词频查询。在完成语言设置后，研究者可以借助 NVivo 的词频查询功能找到出现次数最多的词语，以确定资料的主题。首先单击需要查询的文本，选择菜单栏中的“查询”按钮，再在下拉菜单中单击“词频查询”，如图 16.8 所示。对文本进行词频查询后，

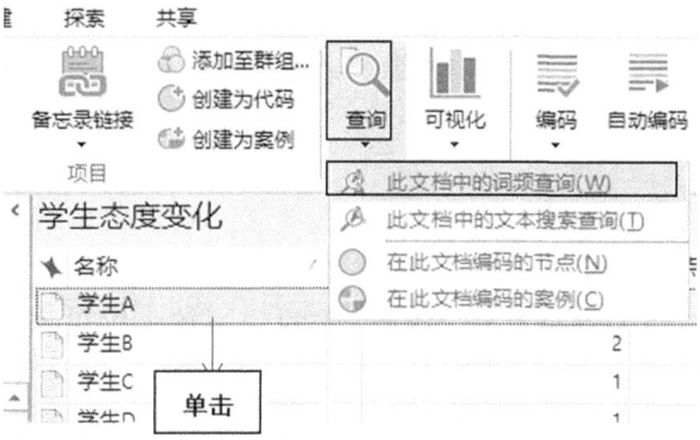

扫一扫
看大图

图 16.8　词频查询

会出现词频查询结果界面，研究者应重点关注出现频率高的词语，质性资料的主题往往蕴藏在这些词语中。

（3）浏览资料。研究者了解资料中出现频次较高的词汇后，便可以开始浏览资料。选中要浏览的文件，资料文本便会出现在 NVivo 的明细视图内。在浏览资料时，研究者还可以借助 NVivo 的批注建立功能，对某个特定短语、句子或者其他形式的内容进行标记。阅读的过程中，研究者可能会遇到一些不懂的词语，或是有一些有深层次含义的话语，如“某位同学在回答问题时突然呵呵一笑”，研究者在浏览文本时不明白“呵呵”表达的意思，此时便可以对该词语建立批注。首先，在明细视图中选中需要批注的内容，再单击右键选择“新建批注”，之后明细视图底端便会出现批注栏，可以在批注栏中输入对这个词或这句话的评论与疑问。输入完成后，被批注的文字会出现蓝色背景，NVivo 默认有蓝色背景的字体是被批注过的。

3. 对资料进行编码

（1）新建编码。资料编码是运用 NVivo 分析质性资料的关键一环。借助 NVivo 的编码功能，将资料整理成不同的“主题”“人”“观点”或其他类别。在 NVivo 中，这些类别被称作“节点”，通过编码可以把这些分散的类别归总到统一的节点中。在建立节点时，研究者需要点击菜单栏中的“创建”选项，创建一个新的节点，在弹出的对话框中输入节点名称，在说明栏中对该节点进行注释。节点建立完成后，可以在列表视图中看到新建的节点。此时选择要编码的文字，拖拽到相应的节点中，即完成对该部分的编码。编码完成后，节点后面的“文件”和参考点下面的数字都变成了 1，说明此时该文本有一段内容被编到了此节点中。

（2）取消、增加、查看编码。在编码的过程中，研究者可能会发现某一段编码错误，此时可以双击“教师水平”节点，在弹出的节点工具中单击“编码带”，选择最近编码，界面最右侧便会出现编码带。编码带中粉色的带状部分是已编码的部分，右击粉色的编码带，在弹出的界面中单击“取消编码”，被选中的编码段落就会从当前编码中消失。

当研究者需要对某一节点增加编码时，先选中文字，右击文字部分，然后在弹出的界面中单击“编码”，便可增加相应的编码。

在完成对资料的编码后，若是想查看某一节点编码，可对某一节点的所有数据汇总，再进行查看。首先选择想要查看的节点，双击选择某一节点后，单击界面右侧的“汇总”按钮，该节点下被编码的数据整体情况就会呈现出来。

4. 可视化

数据可视化通常借助图表以及词云等直观地展示资料的内容，有利于帮助研究者更好地完成质性资料的分析工作。

（1）图表可视化。图表可视化在 NVivo 中的应用较为常见，可以较为直观地看出此次访谈的主题是什么、编码在不同的节点中是如何分布的。运用图表进行可视化，首先研究者要单击菜单栏中的“探索”栏，选中“图表”项目，之后弹出“图表向导”对话框，按照图表向导进行接下来的操作。单击“选择”按钮，在弹出的“选择项目项”对话框单击要进行图表化的案例，最后单击“确定”按钮，便可完成数据图表化的操作。

（2）词云可视化。词云可视化是将词频用图像的形式进行展示，在“词语云”中，出现频率越高的词汇，其字体也会越大，通过这种方式，研究者能够更直观地了解材料，知道这份材料中最重要的词语和概念。首先点击菜单栏中的“主页”栏，之后选择“可视化”项目中的词云，词频结果会以词云的形式展现在明细视图中，如图 16.9 所示。

扫一扫
看大图

图 16.9　词云可视化

5. 建立备忘录

研究者可以通过备忘录来讲述项目的故事，也可以记录资料分析时使用的方法、研究策略、研究发现以及初步的结论等，这可以让质性资料变得更透明，让结果变得更可靠。在 NVivo 中，研究者如果要使用备忘录，首先需要找到导航视图中“注释”栏的“备忘录”项目，之后点击新建备忘录，便可以及时记录下研究者分析过程中的思路。在弹出的备忘录编辑界面中，研究者还可以插入日期和时间，运用编辑工具栏中的“拼写”按钮检验拼写是否有误。

16.3　NVivo 实操案例分析

上文简要介绍 NVivo 的基础操作，本节通过一个家校合作的具体案例，详细介绍如何使用 NVivo 对收集到的教育质性资料进行编码分析。

家校合作是指以促进学生全面发展为共同目标，家庭和学校两种力量相互配合、支持与协调的教育互动活动。孩子的成绩不同，家庭对于孩子的教育重视程度会有所差别，对家校合作的认识也会不尽相同。本节案例选取省重点中学某班级为样本，运用 NVivo 软件进行三级编码，探究孩子成绩较好的家庭、学生成绩卓越的学校，其对家校合作的认识和具体做法。

16.3.1　案例样本简介

本案例选取C市L中学高中部某班级的部分家长和部分教师作为研究对象。L中学是C市除四大名校外处于第二梯队的学校，教学质量较高，2022年一本录取率高达94.6%，所选班级共45名学生，6名主要科任教师，研究者随机选择其中20名学生的家长和5名教师进行访谈。图16.10和16.11展示了受访家长的基本信息。

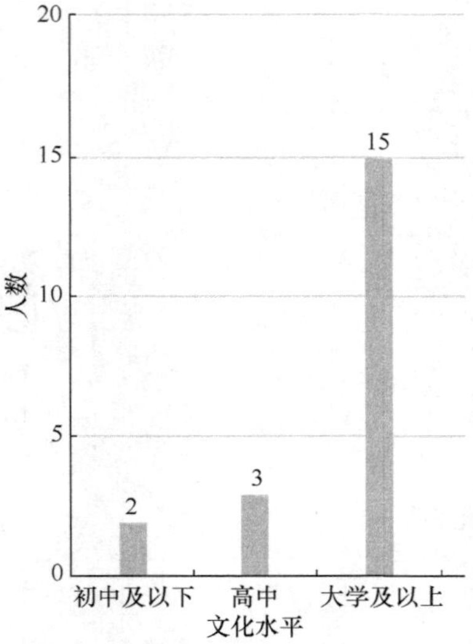

图16.10　受访家长文化水平

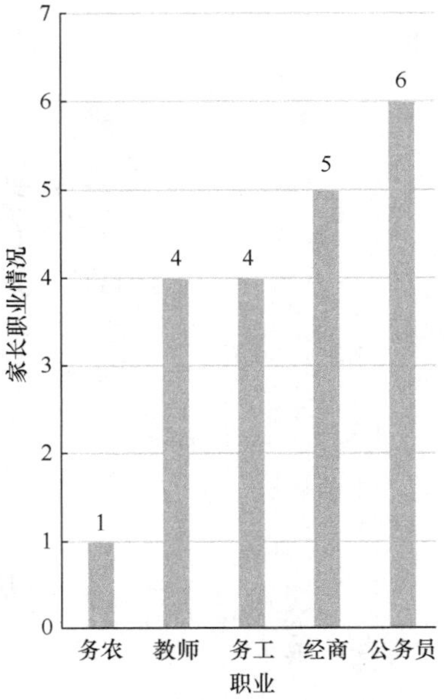

图16.11　受访家长职业情况

20位家长中，大学及以上学历的为15人，占总人数的75%，说明接受过高等教育的家长占大多数，通常这些家长对孩子教育的重视程度相对来说会更高。从图16.11可以看出，受访家长职业具有多样性，能够涵盖当前的主流职业，所选样本具有一定的代表性。

16.3.2　访谈资料介绍

研究者对20名家长和班级部分教师进行访谈，时间为60分钟，每次访谈人数为3～4人。在征求研究对象同意后，研究者用录音笔录音，并将研究对象的表情和行为记录下来。以下是对家长及教师访谈时所提的问题。

对家长提的问题包括以下几个。

（1）您认为在小孩的教育上，家长和学校谁应该承担主要责任，为什么？

（2）您是怎么理解家庭教育的？

（3）您认为在孩子的成长过程中，家长需要承担哪些责任？

（4）除了学习外，孩子在校园中其他方面的情况您还会关心吗？

（5）您经常通过怎样的方式与教师交流呢？

（6）您是怎样看待家访和家长会这些传统的家校沟通方式的？
（7）除班主任外，您会与其他任课老师交流吗？
（8）在与老师进行沟通时，你们一般聊哪些话题？
（9）您愿意和班主任分享您的家庭情况吗？
（10）您认为经常与教师沟通交流，是否有利于改善亲子关系？
（11）您认为当前的家校合作存在哪些问题？您有什么建议？
（12）您会主动给学校的建设发展提出相关建议吗？
（13）学校会采纳您所提出的建议吗？
（14）对于学校提出的家庭教育建议，您会采纳吗？
（15）您认为对于学校来说，最重要的是什么？
对教师提的问题包括以下几个。
（1）您认为家长是否应该参与班级管理？
（2）您是如何看待家校合作的？
（3）您认为在孩子的成长教育过程中，谁担负主要责任？
（4）作为科任教师，当孩子某方面短板较为突出，您是否会主动联系家长？
（5）您更倾向于通过怎样的方式与家长进行交流呢？
（6）您在哪种情况下，会主动与家长交流？
（7）在有限的时间里，您一般与家长沟通哪些内容呢？
（8）当前家校合作存在哪些问题，您有什么建议？

访谈结束后，研究者得到大量的录音文件，将所有录音内容转录，最后得到 25 份访谈文本内容，其中家长访谈文本 20 份，教师访谈文本 5 份。下文详细介绍如何通过 NVivo 软件对这 25 份访谈文本进行编码工作。

16.3.3　具体操作步骤

1. 编码前的准备操作

（1）新建项目。首先新建空项目，输入标题并确定文件要储存的位置，图 16.12 展示新建项目的界面。

（2）更改语言。由于刚下载好的 NVivo 默认使用语言为英语，而我们处理的文本内容大多为中文，因此在编码前需要将文本内容的语言改成中文。

（3）导入文件。在左侧导航视图栏的“数据”版块中右击“文件”，再单击“导入文件”，在“导入文件”对话框中导入需要分析的文件。

（4）浏览材料。文件导入完成后，研究者需要对导入的资料有大致了解，此时可以通过 NVivo 的词频搜索功能对材料进行查询。首先在主界面上方的菜单栏中选择“探索”版块，单击“词频”项目，此时会弹出词频查询结果，研究者需要在弹出的界面中把“具有最小长度”改为 2，再单击“运行查询”按钮，此时所有资料的词频查询结果就会展示出来。

在此案例的词频查询结果中，出现频率较高的词汇分别是“孩子”“老师”“家长”“学

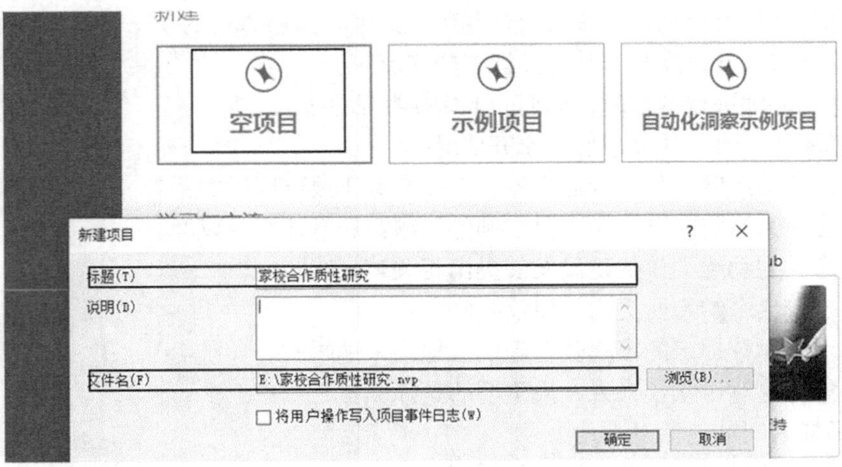

扫一扫
看大图

图 16.12　新建空项目

校”，此次访谈的主题是家校合作，这些词语出现频次较高，且符合预期。在此案例中，除了“家长”“孩子”“老师”这些已知出现频次会很高的词语外，出现频次较高的词语还有“成绩”“交流”“建议”“学习”，说明在此次访谈中，家长和老师最关心的主题就是学生的成绩以及家长、教师和学生之间的沟通交流。

此外，词频查询结果中有部分词是没有太大研究意义的，如“一个”“应该”“重要”“觉得”等词语，研究者可以选中这些词，添加至停用词列表中。对于词频查询结果，研究者还可以借助 NVivo 的“词语云”功能进行展示，如图 16.13 所示。

图 16.13　词语云显示结果

2. 编码

在 NVivo 软件中，编码是将文本材料中的内容置于节点中的过程。因此要对文本材料进行编码，我们首先需要根据文本的大致内容建立一些节点。

（1）建立自由节点。该自由节点对应前文中提到的开放式编码，此节选取的范例是一个半结构化的访谈，因此研究者根据访谈的具体内容建立自由节点，进行开放式编码。

以家长 1 的访谈资料为例，在回答“您认为在小孩的教育上，家长和学校谁应该承担主要责任，为什么”的问题时，家长 1 认为，“学校是教书育人的地方，在学校里当然应该由老师们负主要责任”，研究者可以对这句话进行开放式编码，建立自由节点。在这里，研究者将其编码为“家长认为教育是学校的责任”，并在 NVivo 中建立自由节点。同样，在回答对家庭教育的看法时，家长 1 认为“孩子长大后，家庭教育很难，效果有限”，研究者将这句话编码为“家长对于家庭教育不够了解，不够重视”，并建立新的自由节点。

读者可以参照上文的编码步骤，对所有的文本材料进行开放式编码，将每一句与本文主题相关的话归于相应的自由节点。在本节的案例中，初步阅读收集的文本材料后，研究者在家校合作困境的“本土概念”下提取到自由节点，最后形成 17 个一级编码。

（2）建立树节点。在自由节点建立好后，研究者需要以开放式编码为基础，建立相应的树节点，将自由节点纳入对应的树节点中，对应前文提到的主轴式编码。

主轴式编码主要是发现以及建立编码之间的联系。在此案例中，研究者对开放式编码中获得的 17 个自由节点进行关联，经过反复比较、分析和整合，形成“家长和教师的家校合作意识不足”等 4 个节点并将其标记为树节点。以下是这一过程在 NVivo 软件中的具体操作步骤。

首先右击鼠标，在空白处建立第一个树节点 “家长和教师的家校合作意识不足”；之后按住“Ctrl”选中“家长认为教育是学校的责任”等 5 个自由节点，将这 5 个节点拖拽至新建的树节点下，使其成为子节点；接着用同样的方式建立其他三个树节点，将相应的自由节点拖拽至这些树节点下；最后右击自己创建的树节点，选择“从子项合计编码”，将子节点中的编码情况汇总至根节点之中。

（3）建立核心编码。当建立好所有概念之间的类属关系后，就进入到最后一级编码——开放式编码（核心编码）。在主轴编码的基础上，依据扎根理论思路，将此案例的核心类属定义为“家校合作在家师合作意识、合作内容、沟通方式等多方面有待提高”。三级编码具体结果见表 16.1。

表 16.1 陪读家庭家校合作三级编码

核心编码	主轴编码	开放式编码
家校合作在家师合作意识、合作内容、沟通方式等多方面有待提高	1. 家长和教师的家校合作意识不足	1.1 家长认为教育是学校的责任
		1.2 家长对于家庭教育不够了解，不够重视
		1.3 家长只关心学生的学习情况
		1.4 管理者中教师参与学校管理的热情不高
		1.5 有些教师存在推卸责任的情况
	2. 家校沟通在方式和频率上存在问题	2.1 线下家校沟通往往是通过家长会的形式进行的
		2.2 教师和家长依赖微信和打电话的形式进行沟通
		2.3 家长很少与任课教师交流
		2.4 家长很少主动与班主任联系
		2.5 班主任只有在遇到情况时才会与家长交流
	3. 家校沟通内容单调	3.1 家校沟通的内容往往是围绕着学业进行的
		3.2 家长不会与教师谈及家庭情况
		3.3 教师不会过问学习以外的事情
	4. 家校双方缺乏互信且合作双方满意度不高	4.1 学校对于家长的建议重视程度不高
		4.2 家长对于学校提的学习之外的建议不是很重视
		4.3 学校对于家长意见的回应未达到家长的预期
		4.4 家长认为学校应将孩子的成绩放在第一位

通过该案例的简要分析，可以看出 NVivo 的编码过程较为方便且操作简单，编码的关键在于对材料内容的理解、斟酌和分析，为选中的文本选择合适的根节点和子节点。但该过程需要花费大量时间，使用 NVivo 软件对质性资料进行分析，85%以上的时间是花费在对文本内容的编码上，因此研究者在运用 NVivo 分析质性资料时，一定要耐得住性子，合理地创建根节点和子节点，并且认真细致地编码文本内容。

3. 编码的查看与导出

（1）查看编码。编码完成后，研究者通过点击“编码带”和“突出显示”按钮，在文本材料中查看完成的编码内容。首先打开要查看的文件，然后在菜单栏的“文档工具”中点击“编码带”，选择所有编码，此时编码节点以带状的形式在明细视图右方与编码内容一一对应。之后再点击文档工具中的“突出显示”按钮，这样完成的编码内容便会以黄色字体在文档中突出显示，如图 16.14 所示，研究者可以更直观清晰地看到编码内容。

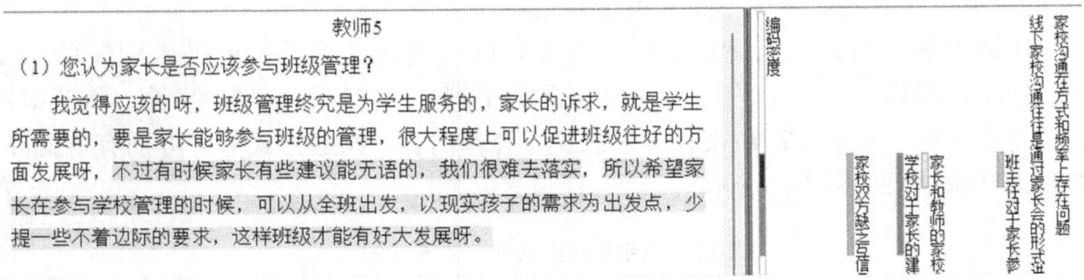

扫一扫
看大图

图 16.14　编码带查看（截图）

（2）编码可视化。编码可视化是将编码结果通过图形的方式比较直观地呈现。编码结束后，除了前文提到的条形节点图，研究者还可以通过“节点层次图”快速了解“家校沟通内容单调”这一树节点内各自由节点的频次。节点层次图方框的大小代表了编码的频次，从图 16.15 中可以看出，家长只关心学生的学习情况这一自由节点的频次是最高的，说明在家校沟通时，学生的学习成绩是双方关注的重要主题。

此案例中，除了选择在 NVivo 中较为常用的节点层次图进行示例，读者还可以根据研究的需要选择其他方式对编码结果进行制图（包括条形节点图和探索示意图）。如果需要，研究者还可将图片导出，以便后期查阅和使用。

（3）编码的导出。三级编码完成后，研究者可将节点导出，以便查看和统计。如果研究者想大致了解导入材料的编码情况，可以只导出节点列表，通过节点列表了解材料的三级编码情况以及各编码的参考点数。

如果想要了解某个自由节点的具体编码情况，研究者需要导出该节点的具体内容。首先研究者需要选中想要导出的节点，再单击右键，选择“导出节点”，在弹出的“导出选项”中选择导出“整个内容”，最后单击确认，此时选中节点的具体内容就以 HTML 格式保存在电脑中，研究者通过该文件可以了解这一节点的具体编码内容，如图 16.16 所示。

扫一扫
看大图

图 16.15　“家校沟通内容单调”节点层次图

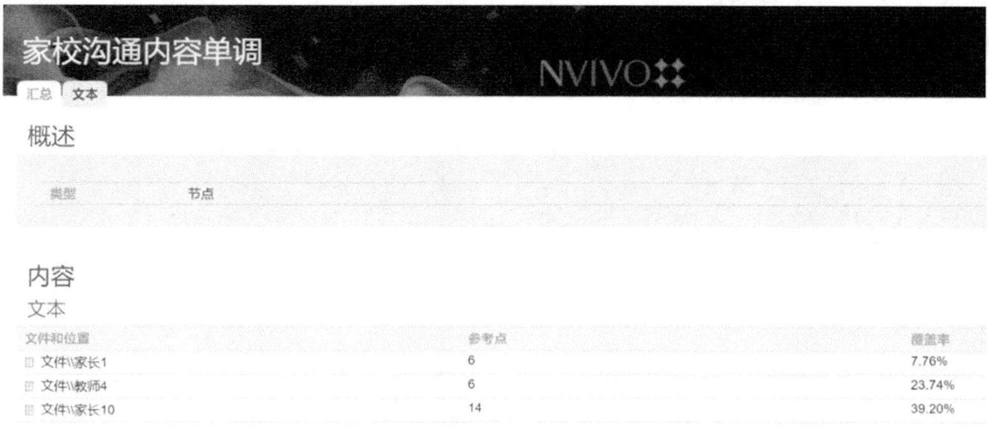

扫一扫
看大图

图 16.16　“家校沟通内容单调”节点的导出内容

本节通过一个“家校合作”的具体案例，详细介绍如何使用 NVivo 软件对收集到的教育质性资料进行三级编码，研究者可以参照上述内容对收集到的质性资料进行分析。NVivo 软件是一款非常高效的软件，可以让繁琐的质性资料分析过程便捷化和条理化。

但是，这不意味着质性资料分析因软件变成一个机械化过程，研究者在运用软件分析质性资料时，仍需认真斟酌访谈资料中的每一句话，细致分析案例资料的所有内容；在进行三级编码时，研究者只有凭借自身的经验和对资料的理解，才能将每一项具体内容归纳到自由节点（开放式编码），只有对材料进行深入了解才能找到各自由节点之间的内在联系，进而建立树节点（主轴编码）和完成选择性编码（核心编码）。在这里，笔者再次强调，质性研究的工具永远是研究者本人，NVivo 只是一款让复杂的质性资料分析过程简易化的软件，质性研究最终是要由研究者本人完成。

第六部分　质性研究论文的撰写

质性研究写作本质上是一种解释性尝试，能够为读者提供看问题的新视角。撰写是对整个质性研究的最终呈现，好的学术写作强调要向读者讲一个好的故事，质性研究的写作更是如此。

撰写质性研究论文应言简意赅，避免使用过多复杂的理论或表述不清的话语，并做到首尾呼应，即在引言部分展示研究背景和现有研究缺口，清晰表述研究问题和目的，在结论部分阐明研究发现和突出的研究贡献。同时，研究者在撰写质性研究论文时，不应带有特别强烈的色彩，也不应对研究对象及其行为进行好坏、美丑的讨论，而应使用科学的方法阐释行为的成因以及行为背后的逻辑关系。

撰写质性研究论文是一项复杂的工作，主要原因是质性研究本身具有很强的描述性，通常包括对谁说什么、如何说、何时说以及为什么说。但是，很多时候质性研究者容易沉迷于描述故事本身，使得故事缺乏社会价值和学术意义。因此，我们将阐述以下问题：如何构建质性研究论文的结构？质性研究论文写作过程中要注意哪些问题？如何检验质性研究论文的信效度？如何判断质性研究论文质量？

第 17 章

质性研究论文的结构

了解和把握质性研究论文的整体结构非常重要，本章将着重介绍质性研究论文的各个部分（摘要、研究背景、文献综述、研究设计、研究结果、研究结果讨论）及其撰写方法，并通过案例提供具体指导。

17.1 质性研究论文各部分的撰写方法

质性研究论文的基本结构包括以下六个部分：摘要、研究背景、文献综述、研究设计、研究结果、研究结果讨论。

一篇质性研究论文的产生一定是在已有研究的基础上，提出新的研究问题，或者依据相关理论、假说或概念提出新的研究视角，对研究对象进行探究，从而使研究具备一定创新性，然后根据科学合理的研究方法进行资料收集和分析，最后按照一定逻辑推论得出相应的研究结论。因此，质性研究论文需要进行层次分明的结构安排，要讲布局、讲美感。

17.1.1 论文摘要的撰写

摘要的主要目的是明确简洁地传达论文信息。无论是期刊论文还是学位论文，在撰写摘要时都需要注意以下两点：一是，摘要是对整篇学术论文内容的简要概括，尤其是要对研究方法与研究目的、研究的创新与难点等内容进行简明扼要的说明；二是，无论是中文摘要还是英文摘要，都不需要引用学术文献，应是原创的。但是，期刊论文和学位论文摘要撰写也存在不同之处，主要体现在以下几个方面。

首先，可用一句话引出为什么做这个研究，即说明研究目的、自己所做研究的重要性等。以钟景迅和刘任芳 2018 年在《教育发展研究》上发表的论文《乡村教师生活补助政策实施困境分析——来自 A 省欠发达地区县级教育局长的质性研究》为例进行说明，“乡村教师生活补助政策是中央及各级政府近些年来实施的旨在提高农村边远地区教师待遇、推进义务教育均衡发展的重要举措”。可见，其摘要第一句话非常简明地说明了乡村教师生活补助政策的目的和重要性，即用一小句话引出了为什么做这个研究。

其次，应简单概述研究采用的方法和主要工作，简单说明研究设计特色或资料收集特色。同样，以《乡村教师生活补助政策实施困境分析——来自 A 省欠发达地区县级教育局长的质性研究》为例，“本研究通过对 A 省部分欠发达地区的教育局局长进行质性研究，全面回顾了该政策在 A 省的实施所面临的困境”。

最后，直截了当指明这篇论文最重要的结果或结论，而不是所有的结果。以《乡村教师生活补助政策实施困境分析——来自 A 省欠发达地区县级教育局长的质性研究》为例，“本文主要有以下发现：乡村教师生活补助额度较低，对于吸引优秀师资到农村边远地区基层学校任教效果有限；在欠发达地区实施城乡差别是该政策实施中的主要矛盾点所在；省级财政对该政策的支持不足加大部分欠发达地区的县级财政负担；该政策的发放范围面临向高中阶段教师被动扩大的趋势；欠发达地区市辖区的农村边远地区在补助发放过程中成为易被忽视的对象”。

对于硕士学位论文摘要的撰写，首先，可以简要介绍研究背景、目的和问题等，突出该项研究的必要性；其次，说明论文整体研究思路、研究方法和主要研究内容；再次，阐述主体章节重要研究结果或发现以及相关政策建议或启示；最后，关于硕士学位论文摘要的分段原则，学术界并没有严格规定，笔者建议一般以两到三段为宜。

17.1.2　论文背景的撰写

论文背景或引言，其主要目的是交代研究背景，从既有理论或社会事实出发引出研究问题及其研究目的和意义。关于研究背景的撰写技巧，上文已经进行了较为详细的介绍，此处我们主要结合具体案例进一步解读，详见图 17.1。

案例段落	句子分析
但近些年来，网络媒体上频频爆出申请读博者自愿放弃拟录取资格、高校“批量”清退不合格博士生、博士生因不堪学业压力而主动退学甚至自杀等消息。/	这句话指出现实中博士生培养存在的问题和矛盾，这点说明尤其重要，因为只有现实中存在问题和矛盾，才有进行科学研究的必要性
……申请者的入学动机被认为是关系博士生教育质量的关键因素，由动机引发的学术态度影响了博士生的学术成就以及博士教育的学业周期、耗损率和完成率等，进而深刻影响着博士生的培养质量。那么，哪些因素影响个体的读博意愿？这些因素是如何左右个体读博意愿的？/	引出了该文的具体研究问题
研究这些问题不仅有利于帮助硕士研究生正确面对升学和就业，进而作出合适的选择，也有利于提高我国博士生的培养质量，实现教育资源利用效益的最大化。/	这句话指出研究问题的重要性和现实意义
当前，国外许多学者关注到家庭背景、院校类型、师生互动、重要他人、职业发展需要、内部动机等因素对个体读博意愿的影响，但国内关于个体教育期望的研究多停留在大学或大学前阶段，仅有少数学者关注到硕士生读博意愿的影响因素。/	作者根据该文的研究内容，有针对性地指出前人相关研究的不足或缺口，侧面说明了其研究贡献
有鉴于此，本研究试图借助扎根理论探讨硕士生读博意愿的影响因素及其作用机制，以期为减少博士生因学术志趣和能力不足而导致的“延期毕业”、“弃学”、“厌学”、“退学”等现象提供参考。	最后一句话作者具体阐述了该研究将采用什么方法，解决什么问题

扫一扫
看大图

图 17.1　论文背景的案例分析

资料来源：徐伟琴，岑逾豪. 2021. “读博”还是“工作”——基于扎根理论的硕士生读博意愿影响机制研究. 高等教育研究，42（7）：67-77.

研究背景位于质性研究报告或论文的开头，一个好的研究背景，不仅要吸引读者，揭示当前相关的社会现象和问题，指出当前理论对话中的重大缺口，保证理论发展或延伸，而且要明确具体问题，也为随后的文本数据提供一个概念框架，为新涌现的理论提供一个跳板。以徐伟琴和岑逾豪 2021 年在《高等教育研究》上发表的文章《“读博”还是“工作”——基于扎根理论的硕士生读博意愿影响机制研究》为例，“博士研究生教育是国民教育的顶端，是国家核心竞争力的重要体现。随着博士招生规模的迅速扩大，进一步提高博士生培养质量已成为我国研究生教育改革面临的迫切任务之一”。论文开头两句话揭示了当前相关的社会现象和问题，并提出提高博士生培养质量已成为我国研究生教育改革面临的迫切任务之一。

同时，介绍论文背景的开头部分最好能够找到与研究主题相对应的国家政策，对接国家战略，突出研究现实意义和价值。同样，以《“读博”还是“工作”——基于扎根理论的硕士生读博意愿影响机制研究》为例，“我国政府历来重视博士生的选拔和培养工作，《国家中长期教育改革和发展规划纲要（2010—2020 年）》明确提出，要‘加强管理，不断提高研究生特别是博士生培养质量’。”对接了相应的国家教育政策，体现出所做研究立足于服务国家相关战略，具有现实价值。此外，研究者在对一些研究现象和问题进行表述时也可以查找下有没有相关的数据证明，以体现表述的真实性。以《“读博”还是“工作”——基于扎根理论的硕士生读博意愿影响机制研究》为例，“与此同时，高校博士生延期毕业现象也越来越普遍，根据 2017 年度‘全国博士生离校调查’数据，我国博士生的平均延期率高达 39.68%”。作者通过进一步引用相关数据，说明问题依据来源，增强说服力。“尽管一定比例的流失率和延期毕业率有利于提高博士生整体质量，但如果某所高校或院系的博士生流失率和延期毕业率长期保持较高水平，往往对博士生个体、家庭、高校造成严重影响并带来社会公共资源的多重浪费。”这是总结句，可以为随后点明论文研究问题做好铺垫。值得一提的是，研究者在陈述统计数据时，要尽量使用可获取到的最新数据。因此，一篇质性研究论文的背景介绍部分有很多地方需要注意。

在撰写论文背景时，首先，应体现强烈的问题意识。在撰写论文背景时，质性研究者所提出的问题要有理论依据或现实基础，应说明研究的问题的重要性，应明确指出现有理论的缺口以及为什么这些缺口需要填补。撰写论文背景的基本步骤是：基于实践（经验或调查）—提出困惑（矛盾和纠结）—形成问题（思考和阐述）—明确研究目的。

其次，具体的研究问题的类型及其注意事项一般包括以下内容，①大众关心而迄今未解决的问题，这类问题往往伴随着诸多观点，分析时要进行深入思考；②已有理论但未经验证的问题，新问题带有创新的特点，分析时要有理论和对理论的思考；③隐藏在日常生活中众所周知但没有引起重视的问题，这类旧问题往往来自研究的沉寂领域，分析时要有延伸或扩展新意。对于不同类型的问题进行分析时，要注意将问题的概念进行操作化并将其提升至分析性层次，即让人觉得研究者提出的这些研究问题确实值得探究。同时，研究者提出的问题应清晰明确，切忌似是而非和自己没有限定好范围的问题。

另外，值得注意的是，一项研究的出发点，应以其研究问题的价值和意义为起始。一般研究者常犯的错误是“此问题因过去没有人探索，故进行研究”。笔者认为，一个值得探究的研究问题，不在于过去是否有人研究过，而在于此研究问题是否具有价值和意义。毕竟，过去没有人研究很有可能是因为此问题本身就不值得被研究。

论文背景撰写一般还应满足以下条件。①思路清晰，尽量言简意赅；②通过强调先前研究的不足，有效识别当前研究缺口所在；③说服读者对该主题的研究是至关重要的；④清楚解释通过研究将如何实现目的；⑤不应引用不相关文献或使用含糊不清的术语。另外，在交代研究意义或研究贡献时，研究贡献的提出应为，前人研究的不足与局限，不利于什么，难以反映什么，而此次研究会如何做，弥补了什么，有哪些新突破，尽量避免用“本研究填补空白”“本研究为第一篇”等字眼，应具有问题意识，切记不要以文献多少“论英雄”。

17.1.3　文献综述的撰写

文献综述主要指围绕研究问题，对既有文献或理论进行梳理，并从中提炼给予自己的启示，提出自己的研究思路和架构。主要目的是了解国内外与研究主题有关的研究现状与研究成果，搜集相关学术文献资料，并将其重要贡献、研究发现、研究方法或结论、专有学术名词定义等进行综合系统性归纳描述。同时，文献综述是为了引出自己的研究问题。文献综述能侧面反映研究者的研究功底以及在这篇论文中投入的精力。此处我们主要结合具体案例进一步解读，详见图 17.2。

案例段落	句子分析
对于高校学生评教的有效性及其逆向选择的描述性研究。/	作者通过一句话点明了本段文献综述的主题，同时也为后续研究高校学生评教的逆向选择机制奠定相关理论基础
截至目前，对于高校学生评教的有效性及其逆向选择的研究，相关文献不多。这类研究大多散见于学者对于学生评教出现的问题进行探讨的文献中，还有一小部分学者对于学生评教的逆向选择问题进行了初步探索。/	概述了现有相关文献研究的主要内容和不足之处。侧面说明作者研究高校学生评教逆向选择机制的必要性
这一小部分学者或多或少对学生评教的有效性及其逆向选择问题进行了粗略的描述。其中，喻源（2009）意识到，在学生评教过程中优胜劣汰原则存在严重的失灵问题。具体表现为责任心强、对学生管理严格，以及学生考试通过率偏低的教师，往往获得较低的评价分数，从而产生逆向选择问题。于是这些教师为了赢得学生的好评，不得不转变教学方式来迎合学生，但更多地表现为放松对学生的管理，考试一路绿灯，通过无原则的提高学生考试通过率来博得学生的好感，从而产生道德风险或败德行为。/	作者结合自己的研究内容，简要说明喻源学者对于学生评教问题的研究发现和结论
……（其他原文中的例子在此不再赘述）这种逆向选择行为大大降低了学生评教的有效性。	最后，作者用一句话得出本段的小结，结构上做到有头有尾。本段的总体结构为总分总式。

扫一扫
看大图

图 17.2　文献综述的案例分析

资料来源：李盼道和，孟庆瑞. 2020. 高校学生评教结果缘何失效——影响因素、逆向选择机制及其治理路径研究. 教育学报，16（2）：85-96.

大卫·希尔弗曼 2009 年在其著作《如何做质性研究》中指出，“文献综述需要研究者站在巨人的肩膀上，我们不仅仅是新知识的创作者，也是旧知识的保护者和传递者”。同时，文献综述应融合知识和批判性思维，应注意以往研究者研究此类问题的角度或切入点是什么、他们采取何种研究方法、得到何种研究结果、解决了哪些问题、留下哪些未解决的问题。

在上文，我们已经对如何进行文献综述做了较为详细的说明，这部分我们主要结合案例进一步澄清文献综述撰写过程中需要注意的几个关键点。

文献综述应注意将以下几个关键点描述清楚：一是与研究密切相关的研究起点或学术源头；二是最好是列举近五年相关研究的主要研究成果；三是学界目前的研究动态。在撰写文献综述时，首先，文献综述应有总括，有分点，有逻辑，而不是简单的文献罗列。其次，在指出他人研究不足时，应有理有据。同时，文献综述不能简单地说他人研究不全面、不系统，而是要结合自己研究内容阐述他人研究不足。因此，文献综述可以展现研究者文献检索能力、对研究主题的把握能力、对问题的理解能力等。

17.1.4　研究设计的撰写

上文对研究设计的组成部分及各部分的设计思路与要点进行了阐述，而在论文撰写过程中，无论是学位论文还是期刊论文，都需要对研究设计进行阐释，本节主要结合案例对论文中的研究设计撰写方式进行简单介绍，详见图 17.3。

研究设计主要包括研究对象描述、关键概念界定、进入现场、收集资料和分析资料等。研究设计主要是指设计研究的程序或逻辑，即研究怎样进行，或者说资料收集的程序。如果研究者用的是观察法，则应说明观察工作怎样开展，还需描述观察时间和取样方式等；如果采用焦点小组访谈法，应说明如何选取样本、焦点小组的数量和研究人员的责任等；如果采用实验法，应对实验设计与实验步骤进行详细说明。以李瑛 2021 年在《民族教育研究》上发表的文章《贵州民族地区高职扩招生学习需求——基于扎根理论的质性研究》为例，“本研究采用质性研究范式和扎根理论方法，运用 NVivo12 软件对混合教学环境下贵州民族地区高职扩招的 2019 级学生其学习需求进行分析”。作者交代了研究的主要方法，并利用 NVivo12 软件收集资料和分析资料。

关于研究对象的描述，研究者需交代具体研究对象，而不是其抽象的概念，并说明选择这些研究对象的理由。例如，应说明研究对象职业、学历层次、学校等级等情况，以及样本从什么群体中抽取，用什么方法选取，有多少人，其年龄性别，等等。研究对象如果是大学生，研究者就应交代大学生所处年级和专业背景等；研究对象如果是家庭主妇，研究者就应交代其受教育程度、经济状况和生育情况等。当然，研究者如果从事的是实验研究，则应交代如何分组、分组原则等问题。

关于重要概念的界定，一般在确定好研究理论框架或叙事框架后，研究者需要对研究涉及的关键概念进行界定，并说明其在此研究中的确切含义。例如，研究中学家校协同育人困境问题，就必须界定出“协同育人”和“家校合作”的概念。

关于进入现场的阐释，实际上，进入现场就是阐释研究者是以怎样的角色进入现场的。在讲述进入现场前，研究者需要交代必要的研究场景、社会环境或研究对象概况，也可以简要说明研究者是如何进入现场的，以及如何使研究对象配合研究以达到一定程度上的信度和效度。

关于资料的收集和分析，质性研究的资料收集与分析过程经常交织在一起，那么，研究者如何从宽泛的研究现象入手最终发展出新的理论，这是大多数研究者都会感到困惑的地方。其实，质性研究的分析过程就是将大量的原始资料经过逐级分析，最后提炼，

案例段落	句子分析
铜仁市是贵州典型的民族地区，共有 4 个少数民族自治县，28 个世居少数民族，占总人口的 70.45%。该市共有 3 所公立和 1 所私立高职高专院校。/	作者交代了研究对象所处的整体社会环境和基本情况
本研究采用分层目的性抽样法，从铜仁职业技术学院、贵州健康职业学院和贵州工程职业学院选取 25 名在读高职扩招生，样本包含退役军人、农民工、下岗工人和新型职业农民等四种系列的生源类型。/	同时，作者也具体说明了样本的选取是采用分层目的性抽样方法，样本是从三所不同的职业院校中抽取，样本数量为 25 人，以及样本的基本特征情况
其中，铜仁职业技术学院是一所国家骨干高职院校、优质院校，国家民委共建高校、“双高”建设单位，近年来在贵州省高职高专院校中名列前茅；贵州健康职业学院是一所集医药卫生类专业的新建院校，2018 年开始招生，办学历史较短；贵州工程职业学院是一所新近成立的私立综合型职业院校。除该院校位于德江县城，余均位于市区。调研开始时，扩招政策实施不足一年，各校首批扩招生的课程运行安排进度快慢不同……/	作者对三所职业院校进行了简要的背景介绍，并概述了部分受访者的学习生活状况
出于办学经验、招生专业的数量以及地方产业发展重点等因素考虑，访谈对象多数从铜仁职院中选取，少量从贵州健康职院和贵州工程职院选取。/	进一步说明了研究对象抽取的原则
20 世纪八九十年代，我国社会主义市场经济飞速发展，东西部发展差距相继加大，贵州民族地区因历史欠账较多，以及现实面临的生产资源匮乏、气候恶劣、交通不便等诸多不利因素，城镇化发展相对缓慢、经济社会发展水平较为滞后。/	研究者具体阐述了必要的研究场景及其社会环境，突出贵州地区的特殊性
该地区的扩招生也大多出生于这一时期的农村家庭或城市底层家庭。他们大多经历了家庭贫困、文化资本缺乏以及自身学习方法不得当等混合因素导致的学业水平一般或不良。有相当一部分扩招生选择中途放弃学业、外出打工；或是在成绩一般的情况下，选择参军；还有少部分中职毕业的 90 后，因学业基础较差，毕业便踏入社会；只有少部分 80 后女性，虽然在校时学业成绩较好，因当地严重的重男轻女思想，失去了接受高等教育的机会。总的来说，大部分扩招生原生家庭经济状况不佳、教育观念相对落后，扩招生自身学业基础较差。	作者深入分析了研究对象的家庭经济状况、教育观念和学业基础状况

扫一扫
看大图

图 17.3　研究对象概述的案例分析

资料来源：李瑛. 2021. 贵州民族地区高职扩招生学习需求——基于扎根理论的质性研究. 民族教育研究，32（2）：131-139.

并形成理论框架的过程。通常，在分析访谈资料时，可以采用 NVivo 软件对所得的访谈资料进行整理、编码、查询等，其已成为质性研究中较为典型的信息处理方式。同时，质性研究者应详细说明资料分析的过程，并与原始数据进行反复对照和检查，以确保分析的准确性。此处我们主要结合具体案例进一步解读，详见图 17.4。

在收集资料和分析资料过程中，研究者需清晰地呈现具体的资料收集的方法，以及为什么会选择这些方法，所采用的分析方法有哪些长处、哪些不足，等等。质性研究不仅看重结论，更看重研究过程，只有让别人知道研究方法和操作步骤，才能对结论进行评判。另外，研究者收集资料采取的手段主要包括收集资料时所采用的量表、问卷等工

案例段落	句子分析
关于受访者的学习需求，主要围绕两方面来提问：一是关于学习结果的需求，即求学的动因是什么？二是关于学习过程中的需求，即针对求学过程中遇到的困难，需要得到怎样的支持，以及对教学和管理提出什么建议？本研究主要以半结构访谈作为收集资料的主要方式，调研时间为 2020 年 4 月至 6 月。其间，笔者对不同区县的学生进行一对一当面访谈，对每位受访者的访谈时间约为 30 分钟，所有访谈首先向受访者介绍研究目的并询问受访者可否同步录音，征得同意后进行。/直至信息达到饱和状态，共整理生成 25 份访谈文本。接着，导入 NVivo12.0 中文质性分析软件，按照开放编码、主轴编码和选择编码，进行三级编码，最终提取出“扩招生参与高职的动因”“扩招生面临的挑战”和“扩招生基于学习过程的需求”3 个核心类属。	关于进入现场的交代，简要地描述了研究者是如何进入现场，如何使参与者配合研究，以及调研的起始时间和每次访谈的时长 最后，研究者简要地说明了资料分析的过程。由于这是一篇发表的小论文，对资料分析的过程可以简要说明，但是，如果是学位毕业论文，则需要尽量详细说明编码的原则、处理过程和分析思路等

扫一扫
看大图

图 17.4 关于进入现场和收集分析资料的案例分析

资料来源：李瑛. 2021. 贵州民族地区高职扩招生学习需求——基于扎根理论的质性研究. 民族教育研究，32（2）：131-139.

具。如果工具是众所周知的，只需简单交代即可；如果工具是研究者自己新创作或设计出来的，或是比较陌生的，应详细介绍。

17.1.5 研究结果的表述

研究结果是对资料分析的精练和升华。研究结果分析是质性研究论文的核心，其中包括结果的解释与说明。研究结果分析通常由作者将琐碎的原始资料，按照某种标准分类整理、统计分析后，纳入系统分明的统计表内或理论框架内，使读者对研究发现的事实快速获得概括性认知。材料呈现的表面现象需要研究者进一步解释，并在资料分析的基础上，得出相应行为和现象之间的逻辑关系，以回应之前的研究目的或假设。我们应如何做好研究结果的呈现呢？此处我们主要结合具体案例进一步解读，详见图 17.5。

首先，每次应只论述一个要点。如果研究者发现自己的讨论偏离了原来方向，那么就把这些不符合主题的论述删去，或放到新主题当中。另外，一篇能称得上学术论文的文章一般需要符合以下五个特点：一是立体的而不是平面的，围绕问题展开；二是迂回的而不是直白的，对问题做分析阐释；三是无论是直接的还是间接的，都要围绕主题进行深度阐释而不是偏离主题；四是动态的而不是静止的；五是柔和的而不是武断的行文应付。总之，一篇好的学术论文，能让研究者把自己研究的问题向相关问题辐射，使问题扩展和深化，同时辐射出去也要能够收回来，并能收放自如地阐释研究结果。

其次，在每个引用前面，研究者都需要加上一到两句话，把它跟上下文联系起来。这样读者就会知道，阅读这些引用的时候他们需要留意什么。在引用之后，研究者应对其做出更加细致的分析，说明想要用这段引用阐明什么观点，同时，给引用编号。引用编码就是给每一段引用两个标识数码：一是它所在的章节的序号；二是它在本章中出现

案例段落	句子分析
“硕士生对升学的理性考量直接影响读博意愿。硕士生的升学理性考量包括成功读博期望值及读博效价，二者均直接影响其读博意愿。/第一，成功读博期望值直接影响硕士生的读博意愿。对硕士生而言，成功读博不仅是成功入学，还意味着如期毕业并顺利找到理想的工作。通常情况下，成功入学期望值、如期毕业期望值、博士毕业后成功求职期望值正向影响硕士生读博意愿，硕士毕业后成功求职期望值负向影响硕士生读博意愿。/其中，在成功入学期望值方面，硕士生在评估成功入学可能性时往往会关注自己本科和硕士阶段的学校与专业平台以及取得的科研成果。/较高水平的学校、专业平台以及较多的科研成果一方面可提高成功入学期望值，从而提高读博意愿；另一方面也可能产生“我硕士阶段的学校平台已经够好了，不需要再奔别的学校读博了”（A13）这样的想法，进而主动放弃读博。/在如期毕业期望值方面，不同性格的硕士生持不同的态度。/悲观者往往担心“面临延期非常久或不能毕业的状况”（B05），而乐观者则认为，“尽管毕业前的那段时间很痛苦，但并不会真的毕不了业”（A04）。	开头一两句话直接指明本段要论述的主要观点 通过前期的资料分析，作出适当的理论关联和推论 具体说明在成功入学期望值方面，其得到的相关观点或结论，也为后文的摘录说明做好铺垫 通过相关的资料摘录的细节描述证明上述观点，并标注对应的编号 具体说明在如期毕业期望值方面，其得到的相关观点或结论，也为后文的摘录说明做好铺垫

扫一扫
看大图

图 17.5　研究结果的案例分析

资料来源：徐伟琴，岑逾豪. 2021. “读博”还是“工作”——基于扎根理论的硕士生读博意愿影响机制研究. 高等教育研究，42（7）：67-77.

的位置。比如论文当中，第 3 章第一段引用，我们可以将其编号为：引用 3.1。长度上超过两行的引用，也可以用行号来标识，如引用 3.1，5～7 行。

最后，说服读者。研究者不仅要让读者知道为什么采用这种方式解释资料，还要让读者信服做出的解释。有时候研究者要证明对资料的解释是 X 而非 Y，想给读者展示自己的解释是有关键要素支撑的，可以同时提供其他备选解释的分析以供读者判断，然后再舍弃那些较差的，或者不够充分的解释。最后，要显示出研究者充分了解资料。为了使读者能够跟上研究者的分析，论述涉及哪个摘录，研究者都要让读者能找得到，还要使得他们能够找到那个摘录的其他相关部分。

值得注意的是，对于许多经验不足的研究者来说，往往会忽略读者的感受，或者说他们没有“教”读者如何去读研究中所呈现的经验材料，很多人只是把这些东西扔进文中，指望读者自己抓住要点，这是错误的。研究者需要替读者着想，只有这样才能帮助研究者避开这类误区。

大多数质性研究论文都是以归纳的方式展开的，形成和检验研究假设都是在资料分析过程中进行的。所以，研究结果通常也是比较适合做出理论关联和推论的地方。在分析质性资料时，研究者往往倾向于直接从经验实例开始，通过讨论它们阐述研究问题，然后逐渐引导读者对这些材料进行深入解读，进而提炼出理论。一个扎根理论的研究，或者任何一个研究完成了，却没有提出什么有意义的发现，或者研究者只是遵循扎根理论的程序和规则，而对于资料所反映出来的东西没有任何见解，说明研究者除了重视细枝末节和众所周知的现象之外，没能看出什么别的东西来，那么它所宣称的发现，可以被判定为不合格。

17.1.6　研究结果的讨论

结论或讨论主要是总结最终的研究发现，然后围绕研究结论进行拓展性讨论并反馈既有理论。这部分是更深层次的认识，是从全篇论文的全部材料出发，经过推理、判断、归纳等逻辑分析而得出的新的学术观念和见解，要求文字简明扼要，而且不能遗漏观点，所述各个章节应前后一致，避免自相矛盾。同时，得出的结论或结果应与研究目的或假设进行对照和回应，验证或证伪了什么。另外，结论或讨论部分还包括两项内容：一是说明意外的发现；二是提出进一步研究建议或为今后研究指明方向。在这里要特别提醒质性研究者，可能是由于研究手段、工具、水平、条件等限制，如果你对自己的研究成果不是很确信，认为结论欠妥，不妨坦白指出。这样做有两个好处：一方面，可以表明自己对学术研究的忠诚态度；另一方面，可以避免其他研究者批评。此处我们主要结合具体案例进一步解读，详见图 17.6。

案例段落	句子分析
情理关系模型 T3 对于人的行动选择具有一定的解释力，但是这个模型如何体现教育实践的特性？“情”“理”“规则”“良心”这些概念如何界定？它们之间是什么关系？这些问题在 T3 中尚不能得到很好的说明，需要进一步澄清。研究者结合相关文献，对本研究形成的初步扎根理论进行了进一步分析，厘清了情、理、法的关系。	开头回应该文的研究问题，并简要归纳研究内容
/通过考察三者与教育实践合理性的内在关联，研究者得出了对这些大学教师之理解的“好老师”的实践推理，即以理为依归，情、理、法交至，追求教育实践合理性，这也是他们眼中“好老师”形象形成的依据。	总结研究发现，以理为依归，情、理、法交至，追求教育实践合理性，是这些教师所认同的、面对教育困境时“好老师”的实践推理
人们通常所说的“良心”，是一种为社会公认又被自我认同的道德情感、是非感、道德认识，它带有浓厚的感情成分，人的内在的道德律令。把规则延展开，则涉及法规、法律等，这些都属于法的范畴。中国人常说的“合情合理”，理中就含有法（如法律、法规、规则）的成分。若说理是事物内在的原则、本质或规律（也包括人性、伦理道德、良心），那么法则是外在于事物的具有强制性的规范。于是，上述情、理、规则、良心的关系就演变成情、理、法三者的关系了。（一）以理为依归，情、理、法交至。……	阐述了情、理、法三者的内在联系，逐步构建理论框架，说明理论贡献和对现实的指导意义

扫一扫
看大图

图 17.6　研究结果讨论的案例分析

资料来源：李方安，陈向明. 2016. 大学教师对“好老师”之理解的实践推理——一项扎根理论研究的过程及其反思. 教育学报，12（2）：58-70.

定量研究通常采用数据的形式，对研究对象进行说明，通过演绎的方法来预见理论，然后通过收集资料和证据来评估或验证在研究之前预想的模型、假设或理论。由于定量研究的理论一般都是在开头讨论，文章结尾主要关注实证结果的价值和启示。相对而言，质性研究在结论或讨论这一部分，不仅应总结研究结果，还要阐明研究的理论和实践意义，并整合数据和理论，明确阐释数据、理论创新和研究贡献之间的联系，特别要考虑到理论基础、数据分析和理论贡献之间的依赖关系。

一般情况下，文章最后讨论的是最开始研究者使用或者探讨的理论，如其今后会有怎样的发展和变化，以及为什么会出现这样的变化，等等。通常需要将此次研究所做的工作、在文献综述当中讨论过的前人工作，以及此次的研究成果等放入最后一部分讨论。期刊审核者经常会提这样一个问题："如果你把这个研究再全部重新做一遍，你希望有哪些不一样的地方？为什么？"其实，提出这个问题的主要目的是要研究者说明从该研究过程中学到了哪些东西，以及此次研究还可以做出哪些改善，等等。

17.2 案例分析——《中学家校协同育人的困境研究》

本节以《中学家校协同育人的困境研究》为例，阐述质性研究论文的基本结构。

17.2.1 摘要

首先，研究者可以用一两句话引出为什么做中学家校协同育人的困境研究，指出研究问题的重要性，以及现有学界在中学家校协同育人的方面做了哪些研究，还存在哪些不足。另外，在撰写摘要时，介绍研究背景、研究目的等，语句要尽量精练，逻辑要清晰。

其次，摘要中需要对研究的基本方法和过程加以描述。可以包括所使用的数据库和软件、研究的时间段、研究对象数量及特征，采用的主要研究方法，但不必将研究中采用的所有方法一一列举，只需写明主要方法即可。例如，我们可以这样叙述：此次研究运用扎根理论的质性研究方法，采用 NVivo 进行编码，构建了家校协同育人的困境理论模型。

最后，结果部分为摘要的重点部分，研究者需指出研究得出的主要结果，这部分可以与重要数据和事实相结合。

17.2.2 背景

首先，开头可介绍有关中学教育或家庭教育方面的一些国家或地方政策。比如，姚岩 2019 年在《中国教育学刊》发表的文章《家长教育参与的阶层差异》开篇指出，"自 20 世纪 80 年代开始，家长教育参与在我国得到重视，同时积累了一些地方性经验，如上海的家长义工队伍，江西全省层面的家校合作制度，以及基于'互联网+'形成的网络地方家校协作体等"。

其次，根据需要研究的问题，明确指出现有文献的缺口以及为什么这些缺口需要填补。例如，边玉芳和周欣然 2019 年在《中国教育学刊》上发表的文章《家校互动不良的原因分析与对策研究》指出，家校互动不良的现象在我国时有发生，进一步认识家校互动的意义与价值，找到阻碍家校互动顺利进行的因素并明确未来的研究方向对于实现有效的家校合作和促进学生健康成长具有重要意义。陈向明 2000 年在其著作《质的研究方法与社会科学研究》中指出，教师被视为改善家校关系的主要桥梁，教师既希望家长能够参与孩子的教育，又对家长参与孩子教育所衍生的家校育人困境感到无奈，且教师和家长的关注点往往存在明显差异。因此，本章采用质性研究的方法探究中学家校协同育人过程中存在的困境，以期为建构家校协同育人机制提供理论参考和实践依据。研究可以围绕以下几个问题展开，如随着家长参与的增多，家长和教师在哪些方面容易产生分歧？影响家校协同育人的关键因素有哪些？家长和教师应如何应对困境？如何正视家校协同育人过程中的困境？

17.2.3　文献综述

在撰写文献综述时，文献综述可以分为综（检索、阅读、筛选）、述（分类、归纳、记述）和评（分析、批评、建构）三个主要环节。

第一步，从文献检索开始。在刚接触一个研究方向时，要想获知相关研究论文最简单的检索途径便是在中国知网、ScienceDirect 等数据库中检索关键词。在检索相关文献的过程中，研究者需要尽可能地找出与中学家校协同育人相关的文献。但是，如果发现有关中学家校协同育人困境的研究不多，则可以在查阅文献时适当扩大检索范围，或替换一些关键词，如可以替换为家长参与学校教育、协同育人、中学教育管理困境等。同时，研究者需要关注该研究领域的领军人物或顶级期刊的相关文章，这样做会对这个研究方向的发展脉络、学术热点和进展有更为系统的了解。

第二步，文献阅读和架构。一方面，在阅读相关文献时，尤其是在看英文文献时，可以先看文献摘要部分，这样做既可以明确文章是否与自己的研究相关，也可以节省时间，若是，相关文献可以下载精读。在阅读了一些文章后，可以从其参考文献中获取相关文献，这也是获取相关文献的重要途径之一，并且这样获得的文章和自己的研究方向会更贴近，更有针对性。另一方面，搭建文献综述框架时，文献综述的各个部分的划分应围绕研究问题。研究者通过阅读相关文献，结构化呈现文章的文献脉络和分类依据，并梳理出相关文献的贡献和局限，从中提炼出相关研究方法，以便为研究提供借鉴。如前所述，根据研究问题，可以将文献综述划分为以下三个部分：其一，学界对家长和教师之间关系的研究现状；其二，影响家校协同育人的主要因素；其三，学界对家校协同育人的困境研究的现状。

第三步，文献述评。文献综述是评论性的，因此，研究者要带着批判的眼光来归纳和评论文献，而不仅仅是相关领域学术研究的“堆砌”。同时，文献述评的每个板块可以按照总—分—总式结构进行论述，先用简短的语句概述每一段落的主要内容，然后在列举相关研究成果时要写明这些文章的主要内容和主要研究结论等。例如，张俊和吴重涵 2021 年在《中国教育学刊》发表了文章《从家校合作到良好教育生态——兼论有效的家校合作如何在学校产生》探究了影响学校层面家校合作的主要因素，结果发现家校双方合作意愿激活的主动权在学校，瓶颈也在学校。张越等 2021 年在《民族教育研究》发表的文章《家校合作研究的分层、路径及整合——基于“意识三态观”的分析架构》从宏观、中观、微观意识形态三个层面梳理家校合作研究，指出社会、学校、教师及家长的和谐统一是家校合作顺利开展的重要前提。最后，研究者可以简单评述通过归纳现有研究得出了哪些结论，或者前人相关研究存在哪些局限。例如，我们可以这样叙述：现有大多数研究中学家校协同育人的文章，主要探讨影响中学家校协同育人的因素，较少将研究视角聚焦在家校协同育人的困境方面，因此，对中学家校协同育人中的困境进行探究具有重要意义。

另外，研究者也可以对现有文献所使用的研究方法进行综述。例如，李佳哲和胡咏梅 2021 年在《华东师范大学学报（教育科学版）》上发表的文章《家长学习参与和中小学生学业成绩的关系研究——基于亲子关系和学习自信心的有中介的调节模型分析》，通过问卷调查法探究中小学家长学习参与对子女学业成绩的影响，研究表明学习自信心在中小学家长学习参与和子女学业成绩之间发挥着桥梁作用……最后，研究者可以根据自己将采用的研究方法，有针对性地指出现有研究方法的不足，并有理有据地利用该方法在后文解决问题。

17.2.4 研究设计

1. 研究方法

研究者可以具体介绍将采用何种研究方法，以及为什么会选择这些方法，即该方法的适用性。同时，研究者也可以说明分析资料所采用的方法有哪些优势或不足。如果采用扎根理论，则可以介绍扎根理论是格拉斯和斯特劳斯两位社会学家于 1967 年提出的质性研究方法，该研究方法指出在不预设假设的前提下，研究者可以对原始数据进行逐层提炼并不断归纳补充，并建构出新的理论。扎根理论的基本研究逻辑是深入情境收集数据，经过不断地比较，对数据进行抽象化、概念化的思考与分析，从中提炼出概念和确定研究范畴，并在此基础上构建理论。也可以说，它是一种自下而上建立实质理论的方法，研究者从原始资料入手，进行系统性编码分析，整合出能够反映事件或现象的概念、范畴和范畴间的逻辑关系，从而得到最终的理论模型。

2. 研究对象

关于研究对象的描述，研究者需要具体交代研究对象的来源、结构和数量等，并说明选择的理由。例如，研究的是中学家校协同育人的困境，则研究对象的范围可以是中学老师、家长或学生，选择样本时可以在某市各区分别选一所中学，每所中学选取 X 名教师和家长，共计 Y 名教师和家长，并分别对样本中学的教师和家长进行访谈。考虑到班主任在家校关系中参与度更高，因此可以将各区受访教师范围划定为班主任。如果访谈采取焦点团体访谈法，则需要交代“团体”的构成，即每组由多少名教师和家长构成，每校又将分多少组进行访谈。同时，研究者还可以进一步指出由于此次调研旨在发现某市中学家校协同育人中存在的共性问题，因此会就研究对象所提出的某些共性问题做深入研究。另外，研究者还可以说明研究所采用的访谈编码规则。比如，各区的教师编码从大写字母 A 开始，家长编码从小写字母 a 开始，每校的第一组受访教师编码为 01，第二组为 02，如 A01，即代表第一个区样本中学中第一组受访教师，第一个区样本中学中第一组受访家长为 a01。具体到各个小组的 X 位教师和家长，则利用其姓氏首字母进行编码。另外，样本结构可以从性别、年龄、职务、学历、从业年限等维度进行分析（研究者可根据实际情况列表说明）。

3. 资料收集

研究者需要说明是如何获取和分析资料，以及是以怎样的角色进入现场的。比如，此研究采用焦点团体访谈方式获取原始资料，那么需要研究者至少提前一天联系研究对象并告知访谈主题。另外，如果采用个体访谈法，一般需要阐述清楚访谈时间、地点和时长、形式和访谈提纲等。研究者可以这样介绍：正式访谈时，经研究对象同意采取全程录音的形式以便后续文本整理，访谈持续时间从 X 分钟到 Y 分钟不等。最终收集到 X 份有效样本，得到 X 万字的原始资料，具体访谈提纲如表 X 所示。通过上述介绍，笔者希望读者能够了解研究资料的获取方法、获取对象及最终获得的有效资料的数量等。

第 18 章

质性研究论文写作过程

学术论文写作过程是一个充满个性化的创造过程，不同文体的文章，其写作方式也不同，对研究者写作水平也提出不同的要求。思辨类文章往往要求写作者具有较高的文学造诣以及较好的文字功底，相比之下，质性研究论文的写作更像是写“八股文”，其对写作者的要求不是那么高，在掌握质性研究论文的“写作套路”后，研究者可以比较容易地完成质性研究论文的写作。本章从论文写作前、论文写作中和论文写作后三个方面，归纳总结论文写作过程中的注意事项，以期帮助研究者更快、更好地写出质性研究论文。

18.1 论文写作前的注意要点

所谓“万事开头难”，没有一位质性研究者会觉得撰写论文是一件轻松的事。因此在论文写作前，研究者要做好充分准备。

第一，进入研究状态。研究者要想尽快进入撰写论文的状态，有一些策略可供参考：一是反复阅读所收集的资料和分析大纲；二是充分运用想象力和凭借直觉对资料进行思维激发，即尝试运用不同的概念将资料串联起来；三是将各种概念以图形的形式加以体现；四是设想运用不同的写作方式；五是换到读者的角度，思考不同的读者对论文的反应；六是考虑模仿一位相关领域内的一流学者的写作风格等。另外，研究者打算在资料分析时写些什么内容也要尽早规划，在早期对论文结构做安排，方便后续调整和修改，以及对总体布局的统筹安排。总之，研究者应促使自己尽快进入最佳状态，着手撰写论文。

第二，明确读者群体。研究者在撰写论文之前，应首先思考读者是谁，考虑读者的愿望和需求。此外，研究者还必须明确目标读者群体的认知水平和知识储备。因为一份好的质性研究必须能与读者产生对话和共鸣。再好的研究，如果读者看不懂，研究作用必然大打折扣。如果读者是研究人员，那么就必须重视研究结论是否有足够的资料予以支撑；读者若是一般社会大众，那么就不应用太多的专业术语，通常社会大众比较重视研究结果，反而不怎么关注研究过程，以及所使用的理论和方法。研究者如果在撰写文章之前，没有明确特定的读者群体，那么就可能陷入以自我为中心的误区，这种做法也是质性研究论文撰写过程中很容易出现的失误。为了避免这种失误，一种办法就是明确读者群体，另一种方法就是通过阅读，探究学界成功案例，因为以往研究可能会为研究者提供有益启示。

第三，仔细整理资料。质性研究通常会收集到一大堆访谈笔记，研究者需要对资料进行分类，以便后续研究中可以快速找到相应资料和数据。研究者可以根据研究目的选择合适的归类方式。另外，资料处理不在于“累积”资料，而在于去粗存精，研究者要学会适当取舍，发现哪些资料为“粗”，哪些资料为“精”。

第四，做好写作计划。提前做好写作计划对于质性研究论文来说是十分必要的，具体包括三方面内容：研究目的的陈述；详细的写作大纲；采用何种写作风格。研究目的是对研究背景与现实问题的清晰回应，对初级研究者而言，开头一般都会开门见山地指出研究目的。制订写作大纲时，最好能列出目录，这种做法可以帮助研究者决定选择哪些资料，做到胸有成竹，不至于在后来的写作中丢三落四。至于写作风格，无论采用哪种写作风格，对研究者来说尽可能不要抱有“先入之见”，做到客观呈现述说者的故事。另外，研究者对内容有哪些看法和评论，或者在研究过程中有哪些灵感，一定要及时地写到对应的大纲里。

第五，克服心理障碍。研究者若对自己的分析能力缺乏信心，在还没有开始写作时，就会遇到瓶颈。他们往往会怀疑：我做得对吗？有没有遗漏重要的内容？我分析出来的真的是核心范畴或概念吗？如果是，我有足够的资料进行分析和支持相关的推论吗？上述问题的答案可以是“是”也可以是“不是”，抑或是“也许”。但追根究底，问题并不在于研究者分析得是否完备充足，而在于研究者有没有信心确认自己的答案是正确的。即使是研究经验丰富的学者，也不会那么确定，不会知道他们作品的具体漏洞在哪里，或许他们看完文章之后才会肯定自己的分析并无重大破绽。

另外，有些人可能就是没有信心，不停质疑自己完成任务的能力，感到焦虑不安。其实大可不必，与其苦恼不堪，不如一步一步解决问题。不论是否有写作经验，在写作之前都不妨正式或非正式地与一些人或团体沟通交流，这样可以减轻一些写作焦虑。无论是初步的还是最终的分析结果，在小型座谈会上交流，都可以提高自信心。如果有条件也可以在某些学术会议上报告分析所得，若听众反应甚佳，对我们的努力也是一种肯定。另外，可以在撰写正式大论文前先写出一两篇小文章，若这些文章能够发表也会大幅提升自己做研究的信心，如果没有发表也没关系，至少有两篇文章作为支撑，可以为自己今后写作奠定基础。

18.2　论文写作时的注意要点

18.2.1　把握写作时机

尽早开始写作。对于一项质性研究来说，无论最终选择何种形式来呈现研究结果，一条通用的建议就是，尽早动笔，而不是等到证据分析结束了才开始动工。实际上，质性研究者撰写论文的过程在早期阶段就应开始，聪明的研究者甚至在资料收集和分析完成之前就开始动笔写作了，这样做不仅可以使研究者尽快进入状态，而且可以深入思考更多信息。在研究过程中，每一个重要环节都要勤动笔，将所思所想、所收集到的资料以及资料分析时的各种想法都记录下来，形成反思笔记或备忘录，或者做成图表。换句话说，撰写是随时的、自由的。

每个研究都是由很多思考片段汇集而来的。因为质性研究往往是一个循环往复的过程，研究者先确定好研究问题，然后进入研究现场收集资料和分析资料，但可能在分析资料的时候发现资料不够，需要再次收集资料，也可能在撰写时发现研究问题不好或不合适，则需要修改研究问题。而一些经验不足的研究者往往等到研究结束才开始动笔写作，在这种情况下，会很容易出现“写作短路”的情况。因此，尽早开始写作，这样做可以尽快将各种信息进行整合，甚至根据研究主旨进行取舍，进而形成一篇完整的论文。质性研究论文的撰写在一定程度上可以锻炼研究者的自由写作能力。

质性研究论文的写作过程就是研究者不断思考的过程。但是，如何有效地将思考转化为写作呢？诀窍是不一定要从第一章开始写作，可以从研究者认为最容易或最擅长的部分开始写起，然后再由浅入深，逐步推进。一般来说，研究者应尽快将初稿写出来，然后再对内容进行修改。在开始写作时，研究者会面临如何组织章节、如何挑选和安排资料等问题，这些是研究者在撰写论文过程中必须面对的。陈向明 2000 年在其著作《质的研究方法与社会科学研究》中指出，研究者一方面要不断反思自己的研究过程，不断追问自己资料的获得方式、理论假设的合理性、资料的可靠性等问题，另一方面还可以与前人研究的理论、研究结果或假设进行比较或借用他人的研究成果作为补充。

18.2.2　注意论文写作规范

质性研究论文呈现的样态有时就像一部舞台剧的后台，虽然前台（准备工作）呈现得特别完美，但后台可能是一团乱。因此，我们在写作过程中要掌握一定的策略。如果研究者知道某部分资料是丰富的，某部分是缺失的，那么我们是要从材料丰富的地方开始写作，还是对缺失部分做补充呢？如果某部分资料丰富，研究者就大写特写，写得非常细致，而某部分资料较少或缺失，分析不出内容就少写，这样显然是不妥的。

相较于资料分析，论文写作的过程其实也是重新思考的过程，这个过程就是把研究者一开始提出的研究问题、研究设计和资料收集过程做一个平衡。所以，写作也是一个平衡的过程。在撰写质性研究论文时，研究者不可以让论文显得头重脚轻，所以需要平衡论文各个部分的比重，从而使整个研究的谋篇布局显得比较平稳。另外，该突出的重点要突出，做到详略得当，有头有尾，要厘清各个模块之间的逻辑关系，思路从头到尾都是连贯的。

质性研究论文的写作，首先，以某种理论引出研究问题，而且需要用科学规范的方法将研究者收集到的资料及其思考呈现出来，并形成文本。其次，写作过程也是研究者与其他人（国际国内学界/同行/政府）分享研究结果的过程，因此要考虑读者的接受度。换言之，研究者的写作要为读者服务，并且应使对该研究领域不太熟悉的读者也能够看懂文章，这也是写作的重要任务。

学术论文写作的目的是报告研究者的发现，将获得的调查数据和资料转变为能够进行交流和知识传播的形式。通过前期准备，研究者会获得很多资料，那么如何才能把这些数据转变为有意义的、大家能够看得懂的学术论文呢？也就是说，质性研究论文写作规范有哪些？研究者在写作过程中要注意哪些问题？接下来我们将一一阐述。

1. 写作顺序

写作就是研究者把研究的各个环节有逻辑地串联在一起，以及由浅入深地把研究结论娓娓道来的过程。一般存在三种写作顺序：一是年代史法，根据自然史、年代史（时间）顺序展开写作，围绕事件经过、生涯经历、组织的兴衰等展开描述；二是变换镜头焦距法，先把研究视角放大，然后逐渐缩小锁定在某个特定主题上。比如，在对一个城市的家校合作整体状况做描述后再聚焦在某所中学的问题上；三是组织主题法，依据主题开展研究。例如，研究中学家校协同育人的困境，可以结合不同维度对相关困境，如管理型困境、资源型困境、利益型困境和交互型困境等进行整合。大多数学者往往会交错使用组织主题法和年代史法，即以主题为中心按年代顺序叙述或按照年代依次叙述主题。

2. 写作规范

首先，学术论文撰写切忌语言口语化。通过以上介绍，相信读者对质性研究论文的撰写有了初步的印象。但是，必须提醒大家的是，撰写质性研究论文还应注意语言不可太过通俗、太口语化，这不符合质性研究论文的撰写要求。当然，论文案例中研究对象的直接陈述除外。另外，在质性研究论文中（半结构式访谈文件或提纲除外），尽量不要使用“你”“我”“你们”“大家”等名词，这种名词比较容易造成认知误差。如果研究者有特殊目的，如准备把研究成果发表在通俗刊物上，或者给普通的大众介绍研究成果除外。

其次，主要段落要有主旨句，目的是凝练主要观点，重点突出，条理清楚，有逻辑性。一般主要观点应放在段落开头的第一句话，然后再围绕主要观点进行细节性分析，并展开讨论。

最后，关于研究中表格和图片的呈现，研究者写作时需要在表格或图片之前，有一小段简要的文字介绍和说明，插入图表后再进行详细分析。不能直接在标题下放表格和图片，显得比较突兀，也不符合写作规范。

3. 写作风格

质性研究论文的写作风格多样，在撰写论文时，可以全文遵循统一的写作风格，也可以将几种写作风格有机统一在一篇论文中，研究者可以根据实际需要，灵活选择。总体上，质性研究论文的写作风格大体分为以下五种。

（1）现实故事。尽可能真实再现当事人看问题的观点，从他们的角度使用他们的语言来描述研究结果。例如，张晓辉等 2015 年在《教育经济评论》上发表的题为《教育实习对师范生职业发展的影响：基于典型个案的质性研究》的文章中，关于“实习中涉及的重要他人”研究结果，作者提到，“所有被试都重点谈到了实习学校指导老师或实习学校的其他老师起到的重要作用。有被试认为，实习学校指导老师‘治学严谨，对自己的点拨’是导致自己更重视教师职业的主要因素；也有被试对指导老师的感触很深，觉得‘最正面的影响来自我的指导老师，在教学过程中按照自己的想法设计课程，追求创新，调动学生，活跃课堂气氛，让学生更容易接受’，‘以前自己比较注重教材的编排，他的指导让自己想到更多关于课堂如何与学生交流、让学生接受的问题’……反之亦然，12名被试中有 2 人认为实习学校教师的‘工作倦怠、不负责、消极怠工’是导致自己积极性并不高的主要原因，这也从反面印证了指导教师的重要性”。

（2）坦诚故事。介绍研究者使用的方法和在研究过程中的反省与思考，再现访谈情景和对话片段。例如，周文辉和袁鄴 2021 年发表在《研究生教育研究》上的文章《准硕士生是如何度过“空档期”的？——基于某“双一流”建设高校 52 名准硕士生的质性研究》指出，关于准硕士生行为模式改变后受反馈效度等因素影响的研究结果，“从前文分析中可以看出，准硕士生初选行为模式，尤其是学业准备模式之后，并非都能实现对应模式的行为结果。也就是说，部分准硕士生的行为模式在‘空档期’发生了一定的改变。具有代表性的是，思想准入过程后，38 名初选‘积极型’学业准备行为的准硕士生中，20 名转向取得了‘基础型’学业准备结果。在此过程中，部分准硕士生的行为没有得到预期的回应，以致无法取得既定模式下的良好结果……另外，在此过程中，也有少数准硕士生由于自身‘学习动能’退化而改变了学业准备模式。20 位由‘积极型’学业准备行为转向‘基础型’学业准备结果的准硕士生中，有 4 位准硕士生在与导师等进行进一步互动前已经主动放弃了深度的学习准备”。可见，作者先叙述了一些基本的统计结果，在研究过程中对结果进行了解读和思考，之后进一步再现访谈片段，增强说服力。如一位准硕士生提及：“在与导师取得联系后，导师发了非常多的材料给我，我既惊喜又苦恼，我有点退缩以至于到现在也没敢再联系导师。”

（3）印象故事。详细描写事件发生时的情境和当事人的反应与表情动态。例如，黄慕雄等 2021 年在《中国电化教育》上发表的文章《学用脱节还是学以致用？——中小学教师信息技术学用转化质性研究》阐释了以下内容。

“昙花型教师就如同昙花一样，开花时间非常短暂，他们在培训过程中经历过最美好的时期，但是很快就消失殆尽了……他们往往处于职业发展的平原期，事业面临天花板困境，既是许多年轻教师仰望的对象，又是学校管理者比较难以驱动的群体，更是难以突破自我的一类教师。×××、LHY 就属于昙花型教师。

“做班主任的，在学校里面，一天都要团团转，你就没几分钟是休息的。而且如果是小学更郁闷，一周 15—17 节课。我以前在小学呆（待）过，我曾经一周最高上过 24 节课。你除了上课，还有很多其他的上面通知下来要做的事情，比如优质课评比，提前一个月准备，你在这个月当中都不好过，你提前反复地修改，然后再去表演一节课，精力花光了。一个月磨得很难受，一提上公开课我就怕了。（×××）

“×××老师是所有研究对象中教龄最长的老师，19 年，先后教过小学语文、生物，目前担任生物毕业班教学、班主任及科组长，获得了多项教师技能和班主任管理荣誉，对教学始终保持着热情。但是访谈中的大部分时间×××老师都在谈及她的家庭和工作压力，每天繁重的工作压力和往返学校花费的一两个小时的时间让她苦不堪言，训后没有深入研究的可能，对比之下培训期间因为各种工作可以暂时释放，专心投入学习，表现优异，所以训前训后形成了强烈对比。”

（4）批判故事。从社会文化的大环境对研究结果进行更深入全面探讨。例如，汪雅霜等 2019 年在《重庆高教研究》上发表的文章《谁往课程里面掺了“水”——高校“水课”形成影响因素的质性研究》关于研究结果的讨论做了以下阐释：

“任何一个现象的产生都有一定的背景，‘水课’亦如此。访谈过程中几乎所有的学生受访者都表示哪些老师的课上得好，哪些老师的课上得‘水’，他们班上的同学基本上都有共识。那么，既然学生都有能力识别什么样的课是‘水课’，但现实的教学活动中为什么还存在这么多的‘水课’呢？访谈中有学生受访者一语道破天机：C03：‘我们上这堂课是想要收获学分，拿到尽量高的分数，然后又能花费最少的精力……用额外的时间去学那些不那么容易拿到高学分的难课，我们的收获就是能够花较少的时间拿到较高的绩点。’上述学生的言论表明，‘水课’的存在有一定的‘合理性’，它可以使学生以最少的付出获取最高的收益。学生表现出功利主义的选课倾向，这在分管本科教学的副院长 T04 的访谈中也提到这一点。此外，北京大学的一项调查也发现，该校本科生同样存在功利主义的选课倾向，其选课策略是在精力允许的前提下选择几门确有所获的‘虐课’，再搭配一些投入时间少、给分高的‘水课’。有学者认为：学生不向学校提出建议，也不去批评教师的教学问题，而是采取‘权宜之策’，形成自己的课程表。为了追求收益最大化，能力强的学生常常对不同的课程采取不同的处理方法——学或混，即区别选择深层或浅层学习方法。”

（5）规范故事。用研究结果验证某一理论或研究者自己的某种观念。例如，卓晓孟 2021 年在《基础教育》上发表的文章《在线教学教师如何选用教材知识——基于 12 位中小学教师访谈的质性研究》，作者在灵活呈现教材知识的部分进行了以下阐释。

“一些教师主动关注网络教学资源，弥补线下教学的缺陷。以学生个性的自由发展为立足点，教师可选择个性化学习资源、公共化资源及生活化资源等，因教材资源多样化，教材知识的选择、表征、呈现等也发生变化。

“关于‘网络环境对教材知识选用’问题，教材知识的呈现内容、时间、方式、目的及谁来呈现等更加灵活。呈现方式上，教师主动利用多样化的网络资源，例如，学科知识相关的报纸、时事新闻、图片动画等媒体材料，让‘教材生活化’，改变纸质教科书的‘枯燥乏味’，多模态刺激学生感知教材。同时，教材使用时间呈现上也变得灵活，零碎化教材资源可以与教学时间随机配合起来。有教师这样选用：

“选择材料时候我参考了二十一世纪报，英语演讲等好多资料，试图把课堂设计成我想要的样子，让自己课程与现实社会更加接轨，学生能感知到英语知识很枯燥，但在生活中可随时见到。（Y-Z-14-P）

“开课前十分钟不会像传统课堂一样浪费掉，可以放一些英语歌曲之类的，教师可以让学生在网站听网上教学语音。上课时候，教师同屏可以随机插入相关网站资源，学生全能看清楚。（Y-Z-14-P）

“杜威认为教学方法是教材知识延伸学习经验的中介，教学方法的选择会影响教材知识运用效果。尽管教师能根据不同班级情况灵活选择教材知识，但欠缺对教材知识运用效果的考虑。相比纸质教材，数字化教材资源增加了学生体验教材知识的机会，让学生在真实情境中发展知识。教师一方面看到数字化教材对学习的独特价值，另一方面又将知识学习导向学科知识。教师并不是从‘学科育人’角度选用教材知识，而试图在新的教材资源和旧教材观念之间寻求某种调适。”

4. 写作特点

质性研究论文写作主要具有以下特点。

第一，写作过程也是对研究现象进行重新建构的过程。在社会科学研究中，由于研究结果是通过语言呈现的，而语言在一定程度上影响了我们看世界的方式，因此写作也就是对研究现象的一种建构。“清晰的写作”实际上是对“混乱的世界”的一种重构。受实证主义的影响,20 世纪 70 年代以前质性研究报告大都采用第三人称的形式以确保报道的客观性。然而，近年来社会科学（特别是质性研究）领域学者逐渐意识到研究者个人对研究的影响，并开始使用第一人称叙事角度再现研究现场。通过第一人称的叙述，研究对象也成了活生生的、与研究者有着千丝万缕联系的“人”，而不只是一个被物化了的样本，被动地供研究者探究。由于研究者对自己角色的认识也在不断深化，因此，质性研究论文的写作特点也经历了一次又一次的变革。陈向明 2000 年在其著作《质的研究方法与社会科学研究》中指出，一个总的变化趋势是：从写历史“史实”到写当事人的生活故事，从写宏大理论到写地域性知识，从写学术观念到写实践行动，从写语言到写“文化”，从表达单一声音到表达多元声音。

第二，研究者的任务是深度描写和深度诠释。质性研究论文非常强调对研究现象进行整体性、情境化、动态的深度描写，这是整个论文的关键。因为质性研究的研究结果应扎根于丰富的资料中，所以研究涉及的每一个结论都要有充足的资料作为支撑，并能够从原始资料中截取到合适的素材，在写作过程中“原汁原味”地呈现，以此来说明作者要表达的观点和意图。因此，对于研究者来说，理解并掌握深度描述的方法是非常重要的。深度描述的对立面就是表面描述，什么叫深度描述？什么叫表面描述？不是说描写得精确度高、描写得细致就叫深度描述。以眨眼睛为例，我们看见有两个人在眨眼睛，其中一个只是无意识地眨眼睛，另一个则是向他朋友发出暗示信号。仅作为动作而言，二者几乎是相同的；但就行动本身的意义而言，二者就有明显差别。因此，唯有进入具有社会情境的生活世界中，我们才能真正深度描述行动者的意图。

描写和诠释过程相辅相成，二者不能分开。深描诠释就等于深度描写加上深度诠释，用公式可表示为：深描诠释=深度描写+深度诠释。深度描写是深度诠释的基础，没有深度描写就没有深度诠释；同理，若缺乏深度诠释，深度描写也无法达到深刻共鸣的效果，按照先后顺序来讲，深度描写应在深度诠释之前。深度描写把焦点放到行动者行动（如动作、言语、表情等）本身的主观意义描述上，深度诠释则是把诠释焦点放在行动者对社会生活实际意义的解释上，即全面、细致、具体、深入地描述现象出现的社会、经济、政治、文化背景；考虑现象自身所具有的特征，以及研究开展的时间、研究过程和结果；研究者自己的喜好和倾向、研究者在该研究领域的个人经历、与研究对象的关系；研究使用的理论和方法；等等。前者强调行动特殊性细节描绘，后者则强调对这个行动背后共享意义结构的阐明。读者进而依据研究者提供的深描诠释，评估研究者对研究结果的分析与实际情境之间的差距。

第三，透过现象看本质。一项高质量研究不应停留在对现象的简单描述上，研究者应基于研究对象与前人展开对话。格尔茨认为，民族志工作就是建立联系、选择调查合作人、作笔录、记录系谱、绘制田野地图、记日记等。但是，这些东西，即技术以及公认的程序，并不能界说这项事业。韦伯认为，文化分析不应是一种探索规律的实验科学，而是一种探索意义的阐释性科学。

第四，强调推理过程。质性研究写作强调推理逻辑，即在整个研究中不断对数据和资料进行反思，并分析问题、拟定备忘录等。写作也基本是遵循这样的规律，虽然推理大多是归纳性的，但是归纳法和演绎法也依然会起作用。周怡 2006 年在其著作《中国第一村——华西村转型经济中的后集体主义》中指出，归纳法不是质性研究写作的唯一方式，演绎法也不是仅适用于定量研究的写作方式。有时候，为了理解某些现象，不必知道所有事情，研究者可以从很小的一点、一个想法、一个概念、一个事件开始写，然后逐步拓展开来。

研究者应遵循“观点—理由—证据”的思路去做好论证工作，即支持一个观点的理由是建立在证据之上的：提出一个观点，用理由支持这种观点，这个理由是基于证据的。比如，我们应走了（观点），因为要下雨了（理由），头顶乌云已经覆盖 90%、能见度×××（证据）。例如，郑烨和吴建南 2017 年在《科学学与科学技术管理》上发表的文章《政府支持行为何以促进中小企业创新绩效？——一项基于扎根理论的多案例研究》，“以服务供给—资源获取—企业创新绩效因果链为例”提出观点，这是作者提出的观点之一，作者认为服务供给影响企业创新的路径。“其机理主要在于，政府提供的道路交通等社会性公共服务促进了企业的运营性资源的获取，这些资源是保证企业维持每天正常经营的，而各种科技服务的提供促进了企业知识性资源的获取，这些资源保证企业及时了解内外部信息，准确把握行业市场动向等，及时改进技术和研发新产品等，进而在资源储备比较充足的情况下，提高企业创新绩效。”说明理由支持其观点，同时为后面的原始支撑资料提供深度诠释。对于服务供给如何影响企业创新，有研究对象提到，“目前，像南京和上海都会有专门的人才公寓，很吸引人才的，因为离公司很近，技术人员上班和生活压力也不大，这样他们能尽量专心投入工作，生产效率也就高了（FW-B-23）。另一方面，我们希望政府从基础设施建设方面给予一定的支持，有些仪器设备价格太高了，我们买不起（FW-F-05），但是那些设备放在大企业或科研院所，平时使用率也不高，如果能让我们租赁实现共享那就太好了（FW-A-31），这样我们的创新成本也降低了”。这说明上述理由的提出是基于证据的，并引用原始资料进一步支撑观点，通过对访谈资料中“人才公寓”“基础设施建设”“共享”等关键细节的描写和归纳分析，验证服务供给影响企业创新的路径。

可见，研究者需要提供充足的证据，一方面让读者相信你的描述和诠释；另一方面社会学抑或社会科学也需要用证据、数据、资料等说话，而不是拍脑袋地泛泛而谈。如何体现充分的证据呢？研究者可以在质性研究中用“三角互证”方法，即同时用三种不同的方法进行数据收集，如采用访谈、观察或文献资料对同一命题进行验证。另外，当研究者面对一堆田野调查资料时，往往会感到无从下手，因此，研究者也需要学会对资料进行简约化处理，而且在写作过程中，访谈资料、观察资料和文献资料的撰写需要遵循一定的规范要求，并尽可能体现出资料的真实性。值得注意的是，在质性研究写作过程中，研究者应慎重使用数据阐释研究发现，主要原因在于质性研究样本规模一般较小且不具有代表性，因此从小样本推论需要表述清楚，不要轻易得出具有普遍性的结论。

18.2.3　保持论文写作的动力

所有质性研究几乎都是历时性研究，需要研究者的长期投入。在这一过程中，研究者必须让自己保持对写作的热忱与兴趣，可以通过不断写作与反复阅读，甚至是与朋友、老师分享，以保持对写作的持久热情。众所周知，研究者在撰写论文过程中，难免会迷失焦点，此时不妨自问："我最希望通过这篇论文向读者传达什么信息？"另外，在撰写叙事分析部分，如何对其描述呢？研究者既可以参考混杂交叉法，穿插进行论述，也可以分章节进行论述，使用哪种方式可以根据研究者个人风格选定。总的来说，无论采取哪种方式，都是对人、事、地、时和物等的选择和镜头的聚焦。研究者在面对众多资料却又不知如何取舍时，也要适度提醒自己：资料的选择就像是一个漏斗，在聚焦过程中需要确定哪些是可以舍弃的。

18.2.4　保持研究立场

在撰写质性研究论文时，研究者往往会面临两难处境，即如何在批判的立场和维护研究对象的尊严之间保持平衡。李晓凤和佘双好 2006 年在其著作《质性研究方法》中指出，最好应建立在丰富的经验基础上。笔者认为，研究者必须心胸开阔，避免走向绝对论。另外，研究者无论多么同情研究对象，都应与其保持适当距离，这对研究者来说也是一项巨大的挑战。

同时，一些学者认为研究者应尽最大努力做到客观与真实，避免主观臆断。当然毫无"主观涉入"也是不可能，因为研究者自身是作为测量工具直接涉入现场、与研究对象互动的。写作过程意味着研究者不可避免地会以植根于特定社会背景的个人观点来过滤数据，因此，研究者个人的主观价值判断难免会被自然地带进写作。但是，研究者个人的主观价值判断在写作中不能占据主导，否则会显得过于武断，质性写作要尽量客观，保持价值中立，其应在方法论上主张阐释与辩证取向，强调在互动关系中完成理论建构。

18.2.5　注重论文收尾

一般情况下，在质性研究论文的结尾处，研究者都会进行结论性的陈述。虽然学术论文一般都会要求研究者在结论部分提出政策性或学术性建议，不过，质性研究往往更重视研究结果的意义和作用。质性研究者在撰写论文时，一般不习惯给予明确的政策性建议，如果一定要对某些现实性问题提出改进意见，他们通常会采取弱化的方式，如提出本研究结果可能产生的引申意义，分享自己对某些问题的看法。有时候，研究者对研究现象只停留在感觉或印象上，并没有原始资料作为依据，此时，在分享自己看法时一定要加以说明，并解释为什么会有这种感觉。报告的语言一般分为两种：描述性语言和分析性语言。前者是一种隐蔽性分析，后者是一种直接的介入性分析。无论使用描述性语言还是分析性语言，研究者都应避免对研究对象或调查对象进行评价。

在完成初稿后，研究者必须对初稿进行整理和修改。在整理初稿之前，笔者一般建议研究者让自己休息一阵子，让自己与作品分开，使研究者的思维不要被自己的研究框架局限住，等到思路较为清晰时，再回头进行初稿修改工作，这样做往往会达到更好的效果。在整理初稿时，研究者可以注意自己的写作思路是否清晰、内容是否符合规范，是否做到了对研究对象的深度描述，是否从不同的角度呈现了论文的核心内容，研究使用的描述方式有何优势和不足。在长时间的持续写作过程中，因被丰富的内容分散了精力，作者往往会不自觉地偏离研究目的与核心问题。因此，在检视资料时，研究者应不断提醒自己"我到底要说什么，如何去说""我要采取什么样的写作风格""贯穿全文的核心线索是什么""描述性资料和诠释性资料是否充足""资料是否能支持论点"，等等。

很多人写质性研究论文，认为只要结果好就好。其实不然，主要原因是论文的逻辑结构比较混乱，让人不知道论文里到底在说什么。具体常见的问题包括以下几个。

（1）研究结果只是简单罗列，没能把里面的关系弄清楚。一种非常极端的情况，就是为了把一篇论文写得很长，把完全不相关的两种内容放到一起，最后弄得读者不知道他的关注点。

（2）到底先写哪一部分，作者没有计划。笔者曾看到这样一篇论文，作者先写了部分访谈结果，然后再进行一部分数据分析，突然又列出一部分访谈结果，又做了一部分微观分析，和写随笔一样，想到哪里就写到哪里。

（3）实验部分说做了某某研究，但是在研究结果中完全没有看到。有的情况是，在结果部分提出研究结论，但是却令人摸不着头脑，不知道这些结论从哪里冒出来的，在研究方法中也没有提及。

以下是对于写作收尾的两点建议。一是重新修订工作。在写作即将收尾时，研究者要重新检视全文，重新"捕捉"研究主旨，并围绕研究的核心问题和主旨，舍去无关紧要的资料，修改重复冗长的语句。二是在收尾时，应避免贸然得出超出研究范围的结论，同时，避免将自身价值观念强加于资料之上，或误解研究对象言辞的本意。虽然进行资料分析时可以加入部分个人意见和感受，但是前提是要有所依据，要根据收集的资料和数据系统思考，不能一味地强调研究者个人的判断，得出"应如此"或"必须如此"这类结论。此外，研究者必须对结论部分进行适当处理，这也是质性研究者在资料诠释分析阶段要特别注意的。因此，对于研究者来说，以"总结""建议""引申意义""个人反思"等作为收尾是比较恰当的。

18.2.6　认真修改论文

第一，冷静一段时间，改过的论文放一放，放几天，当再次整理论文时就会发现一些问题，如果修改的过程不太顺利，为了避免"钻牛角尖"，建议将这篇论文搁置一周，甚至是一个月。有些时候，在这段时间里，研究者可能会接触到其他论文，抑或是会听一些学术报告，从中会得到某种灵感，从而发现当时的写作逻辑和结构有些地方不太合适，这个时候再把论文拿出来看，就会有新的发现和感受，再次修改时会顺利很多。

第二，打印出来认真读。当研究者写完一篇质性研究初稿时，不要立马就把它扔到一边，可以先打印出来，从头到尾读一遍，注意是"读"而不是"看"，因为看的时候往往注意力不够集中，容易眼花缭乱。所以，读能更容易感知到论文中不太通顺的语句，而且因为是刚写完，所以研究者对论文的结构和逻辑还是比较熟悉的，可以根据原来的写作思路，发现论文存在的一些明显问题。

第三，寻找外部帮助，找老师或者同学帮忙，以及给同行或者权威人士、指导老师看一遍，让其他人给予指导。有的语病自己看不出来，别人一看就很明显，并且让他人帮忙修改的时候，最好用 Word 的修订模式，这样便知道哪里改动了，自己也可以决定要不要这么改。

18.3 论文写作后的注意要点

首先，研究者的局限。其实，研究者的局限是永远都存在的。如果研究者感觉某部分很重要，但又不知道应不应该写进论文中，那么不妨把这部分放到论文中，为后来的研究者提供一个思路和方向。因为论文最后的反思部分，研究者就是要做到对质量的自我检测，所以研究者在撰写这部分时，可以坦白某部分其实自己是不清楚或不理解的，但是直觉上又认为这部分资料很重要，因此提供这部分资料，如果还有研究者对此感兴趣，可以在这个基础上继续研究，这也提供了进一步研究的可能性，为别人提供方便。实际上，有些研究论文就是要为别人提供方便，换言之，研究者的研究价值不仅仅是提出一个观点或结论，还在于为别的研究提供一种新的角度。所以，研究者有局限并不是一件丢人的事，关键是要真诚地表达出来，这也能够体现研究的真诚度。

其次，创造性地展示数据。与定量数据不同，质性研究的数据不能轻易合成或简化为表格，因此，质性研究者必须创造性地思考如何展示数据。最重要的是，数据必须恰当地显示出来，而不仅仅是描述，这样读者就可以将原始数据与分析数据、分析数据与相关理论联系起来。一些研究者会按时间顺序对数据进行阐释，另一些研究者则通过使用汇总性表格，提高文章的可阅读性。此外，可以通过图表展示数据，图表不仅能帮助研究者理清思路，还能帮助读者理解文章中的数据链。

最后，如何准备投稿。众所周知，投稿前需要修改，以确认论文内容、格式和排版等是否符合拟投稿期刊的要求，但是，有些人可能会在第一次修改后，就迫切地想把论文投出去发表，这样做不是不允许，但还是建议按照上述步骤进行修改，这样做也有助于提升自身写作能力。好的论文不是写出来，而是修改出来的。尤其对于初学者而言，不要以为自己可以一次性就把质性研究论文写好并发表，一般论文从撰写到真正发表需要经历无数次修改。

论文完成后，研究者还将面临目标期刊的选择问题，因此研究者需要考虑目标期刊的投稿范围和要求。投稿只是质性研究论文发表的第一步，论文修改对于发表论文和完成学位论文来说都是非常重要的。

18.4 案例分析——《中学家校协同育人的困境研究》

本节以《中学家校协同育人的困境研究》为例，阐述研究者应如何开展质性研究论文的写作。

第一，确定研究问题。怎样下笔写论文，第一个要反思的问题就是我们是否确定了论文的核心问题。很多时候研究者不知道怎样组织论文，或者不知道怎样起草论文大纲，一个很重要的原因就是论文缺少研究的核心问题。研究者要清楚地知道："我正在研究什么""想要了解什么""为了解决什么"。比如，研究者为了解决中学家校协同育人的问题，正在研究中学家校协同育人的困境，因此想要了解中学家校协同育人存在哪些问题。研究者在找问题的时候，不用过于紧张，因为其实最开始我们提出的问题只不过是一个假设，之后才会上升为研究问题。重要的是，研究者在一开始就要有寻找问题的意识，随着日后研究者对研究的深入，研究问题也会越来越清晰。

第二，再次收集和筛选资料，并把有参考价值的信息写在大纲里。有了问题和框架之后，接下来要做的就是进一步收集和筛选资料，研究者要遴选与中学家校协同育人相关的资料，然后根据论文框架决定哪些是会参考到的信息，如可能是研究对象说的某些话，或者实地观察到的某些现象。总之，当研究者看到在写作中可能会参考到的信息之后，就要把它做好相应的分类，并且一定要标记好它的出处。

第三，如何查找和整理文献。在整理相关文献时，可以边看边用 Excel 或 Word 进行归纳整理，将相同的材料归类到同一个主题下面，并记录可用于自己论文的有效信息，如题目、作者、期刊及年份、主要内容（包括问题、方法和结论）、自己的评价和思考等。这样可以避免看了又忘的情况发生，也可以防止之后要找时花费太多时间。特别是，当我们看到涉及现有家校联系出现的矛盾和问题的相关文献时，要及时记录下来，这样研究者在访谈或实地观察时也可以检验这些问题是否普遍存在，同时也便于深入分析。

第四，如何写。对于如何写来说，可以按照几个步骤来做。

首先，如何具体进行中学家校协同育人研究，研究者需要通过前期的资料收集，将现有中学家校协同育人的困境梳理出几个具体的维度，如制度管理、资源配置、利益诉求、家校沟通等，然后围绕这些维度详细展开论证分析，如前所述，遵循"观点—理由—证据"的思路去做好论证工作。最后再进行结论讨论和理论方面的深化，体现出研究对现实的指导意义。

其次，研究者撰写论文时可以不按章节顺序写。在有了一个整体框架后，不一定要写完第一章再写第二章和第三章，一般优先从研究方法和结果这两个部分写，并且这两个内容也是最适宜模仿的，因为所用到的方法上文已经做过介绍，且大体不会有新的变化，适当根据自己的研究需要进行调整即可，而结果部分在前期资料收集时可能已经能得出一些观点，只需要逐步去推理，用相关资料进行补充即可，这样结果部分就会丰满起来。

最后，再返回去写引言或研究背景、研究目的部分，这个部分要注意埋下伏笔，因为这时，研究者可以根据讨论出来的结果来更改一些之前粗浅的假设。另外，介绍研究进展和背景介绍也要做出适时暗示，暗示的作用是为后文讨论埋下伏笔。譬如，研究者在后文讨论时大量应用到了某一种假说，或者因为结果可能跟某种假说特别契合，研究者在后面讨论中反复用到这种假说，那么，研究者在研究背景中就可以早一点提到这个假说。

第 19 章

质性研究论文质量评价

本章主要介绍好的质性研究论文的必备要素、质性研究的信效度、评价质性资料分析质量的方法以及好的质性研究论文具备的特点，并通过案例以帮助大家更好地对质性研究论文进行质量评判。

19.1　好的质性研究论文的必备要素

如果研究者想写好一篇质性研究论文，首要前提是了解什么样的质性研究论文是一篇好论文。初学者在学习过程中，可以在顶级期刊寻找几篇与研究内容或方法相关的标杆文献，然后精读标杆文献，只有把标杆文献剖析清楚了，才能在写作时有意或无意按照标杆文献的“模样”或要求去写，这样才会更有效率，成效才会更加明显。因此，本章将介绍好的质性研究论文的五项必备要素。

19.1.1　选题的重要性

首先，选择重要且有趣的研究现象或案例进行质性研究至关重要。质性研究的特别之处在于深度根植现象。为了最大化体现质性研究的价值，王冰等 2018 年在《管理世界》上发表的文章《如何做高质量的质性研究——中国企业管理案例与质性研究论坛（2017）综述》指出，一个好的质性研究问题需要满足以下三个条件：一是真正需要答案，即回答这个问题能解决对某种特定现象或某个问题认识的分歧。例如，探究中学家校协同育人的困境研究，梁文艳等 2018 年在《教育经济评论》发表的文章《核心素养视角下父母参与如何影响儿童的学业发展？——基于城乡户籍和区域流动状况的差异分析》认为，家长直接参与学习行为对促进各类儿童学业发展作用十分有限；而李晓晗和郑磊 2017 年在《教育经济评论》发表的文章《家庭社会经济地位对父母参与的影响及作用机制——基于 CEPS 数据的研究》认为，家长参与教育行为会显著影响子女学业表现，特别是会受家庭社会经济地位这一因素影响。以往研究中这些存在相互矛盾的地方，需要研究者进一步探究家校协同育人的阻碍因素有哪些，这对于制定促进家校合作的教育政策具有重要价值。二是值得回答，即回答这个问题对社会是有意义的，这一点与前面阐释的要选择重要的研究现象或案例相符。同时，论文要选择中观层面题材，太宏观的不好把握，容易泛泛而谈没有价值；太微观的研究范围太小，意义不大。三是对于研究者个人有意义，这样研究者才愿意投入较多的时间和精力来探究研究问题，并且在寻找答案过程中收获愉悦和成就感。

其次，选题要大小适度，难易适中。质性研究论文选题既不能过大，也不能过小，在确定论文题目之前，应对其进行学术史梳理，了解其学术动态。具体而言，在选题的时候，应问自己三个问题：一是为何对这个选题感兴趣，即选取该题目的依据何在；二是关于这个选题，学界做了哪些研究，要求研究者不仅要了解国内学术动态，还应具有国际视野；三是我能做什么，即在收集资料过程中发现别人研究的不足之处，并就此进行深度挖掘。

最后，好的质性研究论文选题应是时代话题、现实问题和学术命题的有机结合。第一，要抓住时代话题。科学研究本身无疑具有强烈的时代气质，是我们把握时代脉搏、探知时代气息的重要途径，此外质性研究论文也不能完全脱离现实需要。一个时代有一个时代的核心话题，同时，虽然有一些选题是每个时代都有的共同话题，但每个时代可能对这些选题的关注点和侧重并不相同。能否把握时代话题，是对研究者敏锐度的重要测试，研究者要对不同时代的话题有清醒的把握。第二，要抓住现实问题。质性研究论文的内容是不是从现实问题出发，这是论文选题的关键。第三，要紧跟学术前沿，抓住学术命题。学术命题是指，在学术发展中从学术轨道中延伸出的命题，体现了学术的前沿性、独特性和深刻性。就前沿性而言，要求研究者既鞭策自己站在前沿，也要在前沿研究中力求有深刻洞见。就独特性而言，如我们对某些地域研究较多，而对于某些地区，如西藏、新疆等关注较少。就深刻性而言，我们的研究不能贪多求大，更不能囫囵吞枣，要不断激励自己提出对社会发展有价值的思想和观点。

19.1.2　题目的吸引性

一篇好的论文一靠论文的内在质量，二靠论文的外在包装，题目设计就是外在包装的重要方面。

一方面，读者通过题目就可以知道研究对象、研究问题、核心概念。题目的作用是找准研究角度、限定研究范围、突出研究重点。因此，质性研究论文题目应避免晦涩难懂和故弄玄虚。对于初学者而言，最好的方式是把题目讲得清清楚楚、明明白白。

另一方面，读者拿到一篇质性研究论文时，第一件事一定是看题目，一般读者比较在意题目是否切合自己需求、题目是否吸引人等。论文题目的形式一般包括：一是陈述句，揭示论文的研究内容；二是疑问句，具有较强的探讨性色彩，有一定吸引力，容易引起读者的兴趣；三是主标题加上副标题，一般用副标题说明论文的特定内容，以缩小范围（如……案例、……视角等）。另外，某些论文，如“……的影响研究”，虽然没有毛病，但显得过于直白，题目最好是生动、新颖、简短的。同时，质性研究者对论文题目的确定可以多参考相关领域中一些比较优秀的文献，尽可能突出创新点，以吸引读者。

19.1.3　资料收集的适切性

研究者收集的资料能够回答所要研究的问题吗？所需要的资料能否收集到？研究者收集的资料和自己想要的东西是一致的吗？为此，研究者在收集资料时需要明白自己在做什么，以及必须了解在设计和实施研究时可能用到的一系列研究方法，以及何时和如何使用它们，研究者需要在写作时详细说明。研究者在收集资料之前应认真规划，对研究情境有足够了解后再去收集资料，千万不要一味追求走捷径，因为质性研究需要实地收集大量资料和数据，一旦返工将非常耗时耗力。

同时，为了提高资料质量，一方面应注重资料来源的多样性，即在收集资料过程中尽可能地从多个渠道收集数据；另一方面应注重收集资料的时间节点。例如，如果对刚参加完孩子期中考试家长会的家长，进行关于“如何理解家长在教育中的角色”的访谈，家长可能会就如何加强孩子学习进行阐述，而忽略其他因素。因此，这样得到的资料往往不够完整。

19.1.4　解释的充分性

研究者的资料分析是足够的吗？如果研究者只满足于收集资料，那么就回到了对质性研究的经典质疑：是质性研究还是新闻采访？有些人质疑，认为质性研究不就是替别人讲故事吗，这与新闻采访有什么区别？其实，两者的最大区别就在于质性研究最后要完成理论建构的使命。由此可见，研究者的理论知识和价值观等直接影响他们如何理解收集到的数据。因此，在做出扎实的解释时，研究者需要对理论传统和观点有较为深入的了解。只有积累一定的学科知识或理论知识，才能更好地理解收集到的数据，并将其与更广泛的理论背景联系起来；否则，缺乏理论构建在一定程度上会影响研究者的阐释效果。

同时，研究者要避免所写文章通篇都是引用，简单摘引、堆砌观点等，或者简单论证某个学者提出的观点是正确的，唯独缺乏研究者自己的角度和创见。理论、模式和方法是研究问题的工具，写文章不是向读者普及专业知识，更不能在文章中罗列堆砌知识和理论，而是运用某些理论、模式、方法分析和解决相关问题。

对资料的阐释要做到可信和完备，首先，在研究方法的描述上要做到可信和完备。可信是指能够解释清楚如何设计研究，考虑结果的稳健性，即如果采用不同的编码技术、不同的测量方式等是否会得到相同的结果。完备是指要给读者呈现整个研究过程，即研究是如何抽样的，以及数据是如何收集、分析和编码的，这个过程要尽可能详细并且具有描述性。其次，研究方法是研究者和审稿人构建信任关系，以及和审稿人进行对话的过程。如果质性研究论文资料分析部分中缺少数据展示，或没有清晰的证据链则会使得结论缺乏可信度。如果只展示数据而没有足够的解释，同样也会造成从数据到结论缺少清晰的链接，使读者无法将原始资料和相关分析联系起来。

19.1.5　态度的真诚性

一方面，研究者是否体现出对数据的忠诚；另一方面，研究者是否做到了忠于自己。首先，研究者不要害怕承认错误，在这种情况下，研究对象可能会把研究者当作一名被教导者，他会忍不住想要告诉研究者更多信息。其次，研究者在阐释时，一定要选择与研究主题相符的理论作为分析资料的工具，只有这样才能一步步开展研究。最后，研究者所做研究应体现个人立场、情绪和风格。尽管有可能是老师或者委托方指定的课题，但在研究过程中，研究者依然可以保留自己的研究视角和研究理论，只有这样才能把研究做好。由于研究者本人就是研究工具，如果研究者自己都不能做到真诚，那么更谈不上自圆其说了。如果在研究过程中，研究者能够最大限度地还原研究问题，并认可自己说的每句话，得出自己的结论，那么研究者也会特别珍惜这项研究，并倾注自己的热情和努力，读者自然也能体会得到。

19.2　质性研究的信效度

质性研究的信效度一直都是质性研究需要重点关注的对象，也是检验质性研究论文质量的重要标准。本节通过介绍质性研究的信度和效度，使大家对两者有更加深入的认识。同时，在分析影响信效度主要因素的基础之上，提出提高质性研究信度与效度的策略，并通过案例提供具体指导。

19.2.1　质性研究信效度的内涵

1. 质性研究的信度

哈默斯利（Hammersley）1992 年在其著作《民族志有什么问题？方法论的探索》（*What's Wrong With Ethnography? Methodological Explorations*）中指出信度指的是不同观察者或同一观察者在不同场合对事例进行分类的一致性程度。大卫·希尔弗曼 2009 年在其著作《如何做质性研究》中指出，研究者想要计算信度，就有必要验证其研究程序，并阐明进行分类时遵循了一致性原则。简言之，研究的信度就是可重复度，即研究结果是否真实、准确、可重复测量。但是，目前也有部分质性研究者认为，信度的概念在质性研究中并不适用，因此在研究中往往不讨论信度问题。

信度是评判质性研究质量的重要标准，也是近年来质性研究方法论学者重点讨论的话题。普拉特（Pratt）等 2022 年在《组织研究方法》（*Organizational Research Methods*）发表的《超越模块：进行可靠的定性研究的拼凑方法》（"Moving Beyond Templates: A Bricolage Approach to Conducting Trustworthy Qualitative Research"）中指出，一篇质性研究文章是否具备信度，直接决定了读者和审稿人是否认可和接受该论文的研究结论。李晓凤和佘双好 2006 年在其著作《质性研究方法》中指出，质性研究面临着信度的威胁，其中，回应性、研究者偏差与研究对象偏差等是影响质性研究信度的重要因素。

首先，回应性是指由于研究者在研究场所的出现而产生的潜在扭曲效应，这种出现干扰了自然场所，因此也称为研究者对情境或个人的反应，也就是说研究者在资料收集过程中，因其本身对研究场所或研究对象的反应，影响了研究的效度。

其次，研究者偏差是指研究者本身的观点可能对研究结论的效度产生威胁。研究者由于自己的预设想法和主张，会过滤研究的内容，因而影响对研究内容的观察与解释。比如，研究者可能会选择一些他们认可或喜爱的资料，也可能会问一些问题，并通过提问引导研究对象得到他们想要的答案，或者可能会忽视一些不支持他们结论的资料。

最后，研究者也会面临"研究对象偏差"的威胁。例如，研究对象可能不愿意提供资料，甚至通过说谎来保护个人隐私，或者避开透露一些不愉快的事实。更极端的是，他们可能会设想如何对研究"有帮助"，而给予研究者想要听到的答案，或者将研究者带离方向。

2. 质性研究的效度

哈默斯利（Hammersley）1990 年在其著作《阅读民族志研究：关键指南》（*Reading Ethnographic Research: A Critical Guide*）中指出，效度是指对叙述所呈现的社会现象进行阐释的准确程度。质性研究从头到尾都面临着效度威胁。例如，研究者在进行资料解释时，是不是把研究放在一个合适的理论领域中去对话？由于读者通常很难看到原始的田野笔记或转录稿，而让读者深入了解研究对象的观点又是非常必要的，因此，研究者应尽可能具体地把观察内容记录下来，包括逐字逐句记下研究对象说了什么，并结合当时或当地的社会环境，而不是凭感觉对人们所说的话进行重构。另外，若想尽可能原汁原味描述，也可以向读者提供访谈的资料片段，这有助于读者加深对内容的理解和感悟。

质性研究的效度问题，就是探讨研究者的理论建构和事实依据在多大程度上能被其他人理解和领会。其中，三角互证法是质性研究中保证效度的方法。这种方法可用来检验不同的资料来源或不同的资料收集方法。有学者认为，三角互证法的特点是在研究同一经验性单位时，可以采用两种或两种以上的研究策略。它是比较不同来源的信息，以确定它们是否能相互证实，其目的是评价资料的真实性。例如，南京师范大学刘春梅 2012 年在其硕士论文《大学生社交焦虑障碍影响因素的质性研究》中采用两种方式验证研究者资料分析的有效性。首先，建立良好的访谈关系。研究者与每位研究对象访谈结束后，研究者都会请其对访谈关系进行打分（采用 10 分制），并写下访谈感受。其次，发放效度回馈函。每位研究对象结束两次访谈后，研究者都会发效度回馈函，请研究对象就研究者整理之后的文稿内容与其主观感受的符合程度给予评价（采用 10 分制），以确认研究对象的原意被真实描述，没被研究者扭曲。

19.2.2 影响质性研究信效度的因素

质性研究似乎总是会面临信效度的危机，因为质性研究需要和“人”打交道，而不是与冷冰冰的数据。参考相关资料，影响质性研究信效度的因素归结起来主要包括以下几点。

（1）与资料收集有关的因素，如被观察者或研究对象是否是关键人物并有一定代表性；观察或访谈内容是否存在偏差；观察或访谈记录内容是否添加了个人推论和评判。

（2）与资料分析有关的因素，如主题是否来自研究者主观想法，是否缺乏原始资料的支持；录音资料转录结果、资料分析结果是否缺乏研究对象的确认与同行的审查。

（3）社会情境因素（指资料收集时的时间、地点、语言、社会环境、双方关系等外部因素），如观察或访谈时间是否仓促；观察或访谈地点是否受外部干扰（噪声、寒冷、炎热、他人频繁打断等）；研究者与研究对象之间在访谈过程中关系是否僵化；双方语言沟通过程中是否存在障碍。

（4）研究对象的历史和成熟度，历史指研究对象过去的相关经验会影响其的回答与行为表现，成熟度指研究对象由于成长成熟程度不同而在行为表现上体现出的差异。

（5）研究对象的流失，主要指研究对象在研究还未完成前，中途退出，这将会影响研究结果，研究者可以通过与之建立良好关系、给予奖励与回报、合理安排资料收集活动等进行预防。

（6）研究者个人因素，如研究者的个人身份，包括性别、年龄、文化背景、种族、社会地位、职务、受教育程度、语言表达能力等；研究者的个人倾向，包括角色意识、信仰、价值观等。

19.2.3 提高质性研究信度与效度的策略

虽然存在诸多影响质性研究信效度的因素，但是我们也可以采取以下策略来提高质性研究的信效度。一是长期投入，延长逗留在研究场所的时间，这样做的好处主要是有助于与研究对象建立信任关系，避免被拒绝，减小研究对象说谎的可能性。不足之处在于长期投入可能导致完全本土化，从而对一些有意义的问题丧失敏感性。二是多元交叉法，指用两种以上的资源去全面了解一个特定事件或一种现象。登青（Denzin）2017 年在其著作《研究行为：社会学方法的理论介绍》（*The Research Act: A Theoretical Introduction to Sociological Methods*）中提出四种多元交叉法：资料的多元交叉，如同时采用观察、访谈、文献回顾等方式；方法的多元交叉，如质性与量化结合；观察者的多元交叉，多个观察者，取共同结果；理论的多元交叉，用两个以上的理论去解释一种现象。三是他人核查法，包括研究对象检查、同行评议、审查路径等。例如，李瑛 2021 年在《民族教育研究》上发表的文章《贵州民族地区高职扩招生学习需求——基于扎根理论的质性研究》指出，“本研究通过田野调查以及受访者资料之间的相互佐证和交叉比对，保证研究的准确性和可靠性，另采用了同行指导法，保证编码的有效性。从统摄高度看，核心类属全部指向扩招生参与高职教育的需求，再经过反向推演及向三所院校教师、管理者的咨询，一致认为研究结果比较准确”。研究者提出通过资料相互佐证和证实的方法，以增强研究结果的说服力，能够一定程度上验证研究的信度和效度。

质性研究会涉及许多观察研究，读者必须依赖于研究者对于相关事件的描述。以东北师范大学杨田静 2019 年的博士论文《小学音乐教师情绪劳动研究》为例，为了保证课堂观察的效度，作者从三个方面进行了效度验证。第一，常规课的课堂观察采用了两轮式观察方式，对每位教师的情绪表现进行了较为准确、全面的观察，对公开课的观察采用反复观看录像课的方式，多次重复，保证了观察结果的准确性和有效性；第二，将观察记录交由部分授课教师阅读，让授课教师检查记录中有何不妥之处或描述不准确的地方，是否符合其教学实际情况；第三，将观察记录、分析维度、路径与音乐教育领域的专家（教授 1 人，研究方向为音乐教师教育与教师专业发展，且长期关注中小学音乐教学实践方面的研究）和音乐教育专业 3 位硕博士研究生进行研讨，对观察维度、观察记录与结果分析内容进行审阅，以检视研究结果是否言之成理，是否能够回答研究问题，针对类属架构讨论其是否合理，并判断与小学音乐教师的实际工作状况是否具有适切性，以避免因研究者的个人主观理念而出现偏见；第四，综合以上反馈意见，作者对研究结果的表述进行修改和完善。

同时，许多质性研究者都会深入到“田野”之中，这可以使研究者对他们所处的研究环境或研究对象能够进行有效阐释，其效度和信度在某种程度上也能够得到一定保证。

一些社会科学研究者认为，信度和效度问题是定量研究者的事，只有这些“实证主义者”才需要考察其测量社会生活的信度和效度。然而，也有不少质性研究者同样重视研究的信度与效度，他们认为要想保证研究的信度和效度，质性研究者就有必要验证其研究过程和方法的严谨性。因此，研究者必须详细说明自己的研究方法，以便确保其方法可信，结论可靠，否则写出来的质性研究论文可能是没有意义的。

19.2.4 案例分析——《中学家校协同育人的困境研究》

以《中学家校协同育人的困境研究》为例，笔者主要阐述当研究者在做这项研究时，可能会遇到的信效度问题，以及应当如何解决。

首先，数据采集。初学者一般会选择一种研究方法收集研究样本和资料，但是只采用一种资料收集方法往往无法保证其效度。例如，以访谈法为例，如果只在特定地点访谈特定群体，可能无法全面了解情况。因此，为了提高研究的效度，如前所述，我们可以采用三角互证法。①访谈法，设计访谈提纲，其中包括家长教育情况、教师教育情况和学校基础设施建设三项内容，每项访谈时长约 X 小时。②实地观察法。在调研过程中，可以了解一些中学的相关情况，随时做好观察记录。③田野调查法。实际参与到某些中学的教育教学过程中，此外，还可以收集一些二手资料数据，包括中学内部的刊物、简报、活动方案等，对一手资料的内容进行补充，以确保分析的质量。

其次，信效度检验。在借助 NVivo 软件对文本材料进行编码的过程中，为保证文本分析结果的客观性、严谨性，可以让 2～3 名人员一起完成，避免个人的主观臆断。在编码前首先要沟通好对文本内容进行编码的要求，然后每人选取几所中学进行首轮编码，在完成对 10 所中学（可根据具体情况而定）的首轮编码之后，两两交换，由另一名编码人员重新对这几所中学所做的文本记录再进行重新编码，完成之后，由软件计算两人编码结果的一致性，检验其信度。研究者需要对一致性系数较低的编码进行讨论和修正，如果讨论之后觉得有些是没有意义的内容，则进行删除。

质性研究中的效度用来评价研究结果与实际研究的相符程度。为了保证和增强研究结果的效度，还可以采取以下几种方法。①将初步研究结果反馈给对研究问题比较熟悉的人，如导师、相关领域的教授或之前访谈过几次的中学负责人；②将初步研究结果反馈给对此研究不太熟悉的人，如其他没有参与过此研究访谈的中学生等。就他们对此研究结果的判断，看结果总体上是否与研究得出的结论一致。

19.3 评价质性资料分析质量的方法

评价质性资料分析质量有许多方法，学会用不同的方法进行研究，变换学术路径，创新研究方法，研究者就会发现不同的研究成果及其价值。因此，接下来我们将介绍几种评价质性资料分析质量的方法。

19.3.1 可拒绝性原则

大卫·希尔弗曼 2009 年在其著作《如何做质性研究》中指出，对质性研究者来说，有一种方法可以解决轶事嫁接所带来的问题，那就是不接受质性研究者关于资料的最初假定，以便确保客观性。这意味着我们必须克服试图轻易得出结论的心理，这要求研究者必须拒绝所有的预先假定。然而即便如此，我们得出的结论也可能是暂时的，因为它还要接受后续研究的检验，而在后续研究中可能会遇到相互矛盾的证据。一项质性研究需要不断接受检视，不仅仅来自研究者个人，还包括它的读者和后续采用相似方法的研究者们，通过比较和证伪，以保证其真实性和可信性。

19.3.2 反复比较法

反复比较法是指采用比较不同个案的异同来诠释理论或分析资料的方法。然而，初学研究者不太可能拥有各种案例资源，但这并不意味着单独一个案例就不能进行比较。反复地比较也包括检查和比较单独一个案例的所有资料片段。反复比较法与个案研究并不冲突，两者存在着普遍性与特殊性的关系。在利用反复比较法对资料分析进行研究时，研究者需要综合考虑研究目标、研究条件、材料可获得性等多方面因素，从而决定进行单一个案还是多个案例的比较研究，或者从使用少量资料逐渐转向使用大量资料。例如，在探究中学家校协同育人的困境研究时，研究者挑出了一个关于家校协同育人影响因素的例子，受访的某位教师认为孩子们的学习成绩是影响家校协同育人态度的最主要因素。此时，研究者需要在所收集的资料中搜索，查看是否可以找到更多类似样本，以便佐证研究结果。然而，因为反复比较法需要重复用到资料的不同部分，这意味着研究者所有资料都要接受充分检查和分析。

19.3.3 综合处理资料

综合处理质性研究资料，即对原始相关资料进行归纳总结，提炼出研究中的论点，提出新观点或概念，常用的方法包括民族志、主题分析法和 Meta 整合方法等。通常，许多量化方法也无法达到这种综合程度。例如，在许多定量研究中，只要得到显著的、非虚假的相关关系，研究者就心满意足了，所以，只要大部分资料都支持假设，就差不多算是大功告成了。然而，在质性研究中，各部分资料需要不断接受检验，除非研究者得出的结论适用于所有资料，否则都是不完美的。针对有些资料模棱两可、有多种解释的情况，研究者在研究中要指出其如何运用多种方法进行合理解释，最终证明研究结果是可信的。同时，研究者还要说明其如何用最适合的方法保证资料质量，避免片面解读。

19.3.4 异常个案分析

异常个案主要指某种现象中很不寻常的个案或例外个案，异常个案的外推功能在于，它们与理论预测可能相矛盾。质性资料分析往往需要积极寻找并处理异常事物或异常个案。质性资料分析可以首先从分析少量资料开始，这样更容易产生一个初步分析提纲，接着用别的资料来验证这个提纲，并在必要的地方进行修正。这个初步的分析提纲要不断接受“消极的”或“有偏差”案例的检验，直到研究者得到相同的结论。

19.3.5　进行适当量化

进行质性研究资料分析时，对部分资料和数据的呈现，可进行适当量化。一种方法是对相关数字进行统计分析。例如，希尔费曼就提出可以利用表格进行计数来揭示趋势，并指出可以通过编码者一致性系数来提升质性研究数据的信度。但是希尔费曼指出，为了计数而计数的研究通常是错误的，如果以列表方式呈现的类别背后没有理论基础作为支撑，那么计数只会带来虚假效度。因此，图表使用和设计要合理，避免使用无用的图表。另一种方法是在自然场合中对研究对象的相关分类进行计数。例如，研究者在分析家长参与学校教育情况时，可以通过比较经常参与学校教育的家长和较少参与学校教育的家长，构建一个表格来体现两类家长的差异，这些差异可能会对研究者分析家长参与是有帮助的。

19.4　好的质性研究论文具备的特点

什么是好的质性研究论文？目前学术界对这个问题尚未形成各方都认可的评价标准。一个好的质性研究应是最接近真实地呈现某一特定事实，科研论文如果没有以实实在在的研究为前提，是不会有高质量论文出现的，而且论文要体现研究者的真知灼见，而不能是研究者的一般经验和体会。

第一，新颖性。找到科学的研究方法，解决实际问题，产生新知识，提出新观点，具有创造性和学术性，才是真正的好论文。简而言之一个字：新。具体而言，从问题的提出和选题是不是对学术界有贡献；提供的新事物、新知识有没有对学术界有贡献；获得的新结论、提出的新观点是不是对学术界有贡献；研究角度和研究方法对学术界的发展是不是有贡献；等等。研究者要避免“炒冷饭”，这里的“炒冷饭”是指，所写的文章话题陈旧、老生常谈。虽然研究领域没有禁区，但如果研究者没有新见解，只是简单重复已经被反复讨论的问题，局限在老话题、老领域、老方法、老材料、老观点上，很难说这个研究是成功的。每一名作者都应是编辑，要以上述标准对自己的文章进行再三审视，明确论文的创新点。值得注意的是，在这个过程中，研究者要保持良好的心态，静下心来，长期积累、长期研究，从实践中摸索总结才能真正找到和别人不一样的东西。

第二，逻辑性。我们在阅读质性研究论文时，常常可以看到一些有观点无逻辑、有素材无观点、有想法缺思路的论文，而这一切都源自思维清晰度和表达层次感的缺失。在笔者看来，好的质性研究论文，不管从哪里入手，怎么展开论述，不可缺失的三个叙述层次是：为什么，是什么和怎么样。“为什么”是指对研究背景和问题本身界定清楚；“是什么”是指对研究对象和概念本身界定清楚；“怎么样”是指对呈现与解决问题的方式方法、策略和对策等叙述清楚。以《中学家校协同育人的困境研究》为例，研究者从写作思路上，首先提出“是什么”，即家校协同育人的内涵、外延，以及目前中学家校协同育人呈现出哪些现象，这些都需要研究者在“是什么”层面上对这些现象进行精准描述。其次在“为什么”层面上进行探究，如可以从家校利益诉求矛盾、学校资源条件的局限、家长参与态度等方面分析为什么家校育人呈现上述状况。最后在“怎么样”的层面上，需要思考如何从政策、法律等层面，就中学家校协同育人困境问题提出有针对性的对策或建议。

第三，系统性。对于质性研究论文质量的评价尺度，可以从现实的和历史的，以及理论的和实践的两个维度进行系统研判。

“现实的”和“历史的”维度互为一对相互融合的评价尺度。“现实的”维度是指文章依托现实、立足现实、回应现实的真问题，而不是从现成概念或者方法出发，“历史的”维度则更加强调对问题的纵深解读。只有放在历史长河中观察，文章观点定位才会更为准确，“现实的”和“历史的”这两大维度不可分割。例如，教育资源分配、教育公平、教育改革问题，不仅是现实问题，也是历史问题，只有放到历史中考察，并考察同类现实问题的历史沿革，对现实问题与对策的提出才会更具针对性。

“理论的”和“实践的”维度互为一对相融合的评价尺度。在“理论的”评价尺度中，我们需要特别注意文章是否提出了新理论观点、开创了新理论领域，以及是否运用了新研究方法、发现了新研究材料，等等。当然，这些新观点、新理论、新方法的获得，是建立在深刻把握已有观点、理论、领域、方法基础上的。在注重“理论的”思考和创新的同时，也需要注意考虑“实践的”维度，回应教育实践，特别是要看文章在实用性和有效性的层面上回应教育实践问题的水平，要看这些文章是不是为教育实践提供了具有借鉴意义的参考。如果说在“理论的”维度我们鼓励对“新”的探索，那么在“实践的”维度我们鼓励对“迫”的探索，鼓励研究者为教育实践中迫切需要解决的问题提供有效的解决思路和方法。

同时，研究者要避免盲目地使用一些当前政治、社会、学术话语中新的“时尚”词汇，避免对这些新名词、新概念进行简单拼接与包装，如果在对这些新名词、新概念一知半解甚至完全不理解的状态下，就敢于“大胆”使用、“大胆”发言，这样做鲜有真知灼见。杨帆和陈向明 2019 年在《南京社会科学》上发表的文章《论我国教育质性研究的本土发展及理论自觉》指出，让质性研究成果渗透时代精神的唯一路径不是迎合，而是创造，教育质性研究的发展本身就是一场旷日持久的社会与人心的变革，它寻求对于教育者、受教育者和教育实践的理解与尊重。因此，对于经典的敬畏、对于文献的敬畏、对于新名词或新概念的敬畏，是每个质性研究者应有的科研态度。

第四，严谨性。李晓凤和佘双好 2006 年在其著作《质性研究方法》中指出，严谨性是指结果具有真实性与解释被信赖的程度。其实，严谨性也是任何实证研究不可或缺的要素。但是，人们对质性研究严谨性的评价标准还存在不少争议，主要是介于接受标准和拒绝标准之间。对于大多数质性研究者而言，重新复现研究不是目标，也是不可行的，因为没有人可以在没有控制的田野研究中重新还原当时情境。另外，质性研究关心广泛的日常生活经验更胜于标准化资料。尽管如此，质性研究者也需要证明他们的研究符合一般的严谨性评判标准。

在评价质性研究严谨性方面，林肯（Lincoln）和古巴（Cuba）1985 年在其著作《自然探究》（*Naturalistic Inquiry*）中提出了以下四个标准。

一是可信性，即确保研究者对研究对象进行客观描述。以探索问题，以及描述现场、过程、社会群体和交互模式为目的的质性研究，研究资料都来自现场，所有资料都是语境具体化的。因此，质性研究者需要对研究现场、参与对象、研究方法等进行详细描述，说明研究范围，让读者有一种身临其境的感觉，能够对资料本身以及在研究者收集、分析资料的过程中获得一种整体感。

二是可转换性，即研究者要证明他的研究结果适用于其他有相似场所、相似理论问题和实践问题的研究。质性研究者需要根据最初的理论框架，说明那些概念和模式是如何指导其进行资料收集和分析的。当研究者指出研究理论参量后，那些参考相同理论的决策者或研究者便可以判断两项研究是否具有相似性，研究成果是否可以通用。另外，读者也可以知道这项研究是如何同理论背景联系在一起的。

三是可靠性，即研究者要根据研究现象的变化随时调整研究计划。这从侧面说明虽然质性研究可以被复制，但是重复的可能性很小，而且大多数质性研究者认为，社会是不断发展、不断被建构的，复制本身是存在问题的。

四是可确认性，即相当于客观性。评价质性研究价值要看研究成果能否得到其他研究者认可。因此，质性研究的好坏不在于研究者差异，更多的在于收集到的研究资料是否能够说明研究结果。巴歇尔和罗斯曼 2008 年在其著作《设计质性研究》中指出，一篇质性研究论文要体现出研究者对研究的构想，就需要研究者对研究方法的可行性做出解释，说明自己将如何走入研究现场，如何深入了解研究对象的观点和想法。虽然研究者自身的洞察力有助于其对复杂社会现象进行剖析，但研究者还需要在质性研究中详细说明自己是如何避免偏见、如何客观阐释研究资料的。

19.5　案例分析——《初中生辍学行为的类型学研究》

本节以东北师范大学李跃雪 2016 年的博士论文《初中生辍学行为的类型学研究》为例进行说明，以期帮助大家更好地对质性研究论文进行质量评判。

19.5.1　研究伦理

质性研究有一定的道德原则和伦理规范。研究者只有自觉遵守、认真对待质性研究中的伦理道德问题，才可以确保获得资料的科学性和真实性。社会学家余汉仪认为，研究对象应受保障的基本权利包括免受心理与生理伤害，具有自主性与自我选择性。研究者在进行访谈时要时刻注意保护研究者的这些权利，具体的做法如下：尊重研究对象的知情权与自主权，针对研究动机与目的等逐一向研究对象进行介绍，并回答研究对象提出的问题。访谈过程中的录音也是在研究对象知情且同意的情况下使用的。在研究对象知情的情况下，研究对象可自主决定是否接受访谈。同时，研究者也须声明，在访谈过程中研究对象有权利随时结束访谈。另外，为了让研究对象免受伤害，在访谈开始前，研究者应主动向研究对象承诺保密，保证不会暴露他们的姓名和身份，一切有关他们的人名、地名、学校名称等都会进行匿名化处理。文章发表时，研究者以姓名首写字母为代号取代研究对象的真实姓名等信息。

19.5.2　信度控制

质化研究资料的真实程度影响着研究的可靠性。考虑到通过官方正式渠道寻找到的研究对象可能会有所顾忌，所以，研究中的多数研究对象都是通过非正式渠道寻找的。研究者向研究对象进行自我介绍，并介绍访谈目的和形式，在得到研究对象同意后才可以开始访谈。同时，访谈时间与地点也都应尽力满足研究对象的需要，由研究对象自己选择放松的环境，这样做有利于真实表达研究对象的想法。此外，为了保证真实性，在访谈过程中研究者对自己的要求是“保持中立”，避免自己想法或意见影响研究对象，尽可能保证访谈获得的是研究对象的真实想法。除了考虑对资料收集、分析和解释的一致性这种内在信度的控制外，该文作者也使用了二次分析法，为其他研究者重复使用数据进行研究提供了可能，所以研究也具备一定的外在信度。

19.5.3　效度控制

效度是研究结论能够被明确解释的程度和结论的普遍性。研究认为，确保结论科学且有解释力度的关键保障是详细记录研究步骤。所以，研究者应将整个研究设计、研究实施、结果发现等如实呈现。同时，在研究对象同意的情况下，所有访谈全程录音，这可以让研究者专心与研究对象谈话，避免分心，同时也可以有更多时间目视研究对象，获得更多非言语信息，包括面部表情、肢体动作、语音语调等，以求更精确地捕捉研究对象的情绪变化。在访谈结束后将上述信息录入备忘录中，融入最后的资料分析中。该文作者还通过研究日记记下了研究过程与研究反思。此外，作者还使用 MAXQDA 的 MAXmaps 功能绘制类属图表，以便于建构理论。

在质性研究中，效度问题一直是饱受争议的话题。一部分学者认为，质性研究结果就是个案式解释，不需要向外推广。另外一些学者认为，如果一项研究在研究对象之外没有任何借鉴意义，那么研究的意义也就大打折扣了。笔者认为，可以通过四种途径来提高质性研究的外在效度：一是通过研究结果认同来实现推广；二是通过建立有关理论来实现推广；三是通过重复、复制方法进行多案例研究；四是将新研究发现与其他研究成果进行对比检查以考量其有效性。该文可能用到的提高外在效度的方法应是前三种。而为了达到一定的外在效度，研究者自身能做的就是在严格遵从研究伦理、保证研究可靠性和真实性的基础上，尽可能追求外在推广。如果这一目标能够实现，也将是此研究的意义和价值所在。

本章对质性研究论文的质量评判标准进行了简要介绍，研究者在写作过程中可以根据这些标准评判自己论文的质量，对未达到标准的部分，及时修改、适当调整，以提高自己论文的质量。在学习过程中，研究者还可以运用本章的知识对一些期刊论文甚至是学位论文质量进行评判，博采众长，以便让自己更好地掌握质性研究论文的质量评判标准，更快写出一篇高质量的质性研究论文。

参 考 文 献

艾尔・巴比. 2009. 社会研究方法[M]. 11 版. 邱泽奇译. 北京: 华夏出版社.

巴尼・G. 格莱泽，安塞尔姆・L. 施特劳斯. 2022. 扎根理论的发现: 质性研究的策略[M]. 谢娟译. 武汉: 华中科技大学出版社.

巴歇尔, 罗斯曼. 2008. 设计质性研究[M]. 王慧芳译. 长沙: 湖南美术出版社.

陈伯璋. 2000. 质的研究方法[M]. 高雄: 丽文文化事业股份有限公司.

陈向明. 1996. 社会科学中的定性研究方法[J]. 中国社会科学, (6): 93-102.

陈向明. 1996. 王小刚为什么不上学了——一位辍学生的个案调查[J]. 教育研究与实验, (1): 35-45.

陈向明. 1999. 扎根理论的思路和方法[J]. 教育研究与实验, (4): 58-63, 73.

陈向明. 2000. 质的研究方法与社会科学研究[M]. 北京: 教育科学出版社.

陈向明. 2015. 扎根理论在中国教育研究中的运用探索[J]. 北京大学教育评论, 13(1): 2-15, 188.

大卫・希尔弗曼. 2009. 如何做质性研究[M]. 李雪, 张劼颖译. 重庆: 重庆大学出版社.

邓津・诺曼 K, 林肯・伊冯娜 S. 2019. 质性研究手册[M]. 朱志勇, 宋萑, 桑国元译. 重庆: 重庆大学出版社.

范梅南. 2003. 生活体验研究——人文科学视野中的教育学[M]. 北京: 教育科学出版社.

范明林, 吴军, 马丹丹. 2018. 质性研究方法 [M]. 2 版. 上海: 格致出版社.

扈中平. 2003. 教育研究必须坚持科学人文主义的方法论[J]. 教育研究, (3): 14-17.

简春安, 邹平仪. 1998. 社会工作研究法[M]. 台北: 巨流图书有限公司.

李杰, 陈超美. 2016. CiteSpace 科技文献挖掘及可视化[M]. 北京: 首都经济贸易大学出版社.

李晓凤, 佘双好. 2006. 质性研究方法[M]. 武汉: 武汉大学出版社.

王冰, 齐海伦, 李立望. 2018. 如何做高质量的质性研究——中国企业管理案例与质性研究论坛(2017)综述[J]. 管理世界，34(4): 140-145.

王洪才. 2012. 教育学: 人文科学抑或社会科学? ——兼与张楚廷先生商榷[J]. 教育研究, 33(4): 10-17.

王晓晖, 风笑天. 2017. 定性研究的结论外推逻辑和抽样技巧[J]. 贵州社会科学, (3): 87-92.

沃尔夫冈・布列钦卡. 2001. 教育科学的基本概念分析、批判和建议[M]. 胡劲松译. 上海: 华东师范大学出版社, 2001.

吴康宁. 2002. 教育研究应研究什么样的“问题”——兼谈“真”问题的判断标准[J]. 教育研究, (11): 8-11.

熊秉纯. 2001. 质性研究方法刍议: 来自社会性别视角的探索[J]. 社会学研究, (5): 17-33, 86-125.

杨帆, 陈向明. 2019. 论我国教育质性研究的本土发展及理论自觉[J]. 南京社会科学, (5): 142-149.

杨帆, 陈向明. 2019. 中国教育质性研究合法性初建的回顾与反思[J]. 教育研究, 40(4): 144-153.

约翰・W. 克雷斯威尔. 2015. 混合方法研究导论[M]. 李敏谊译. 上海: 格致出版社.

Alvesson M, Skoldberg K. 2009. 质性研究的理论视角: 一种反身性的方法论[M]. 陈仁仁译. 重庆: 重庆大学出版社.

Berg B, Lune H, Lune H. 2012. Qualitative Research Methods for the Social Sciences[M]. Boston: Pearson.

Bogdan R, Biklen S. 1997. Qualitative Research for Education[M]. Boston: Allyn and Bacon.

Burawoy M. 1998. The extendend case method[J]. Sociological Theory, 16(1): 4-33.

Carr W, Kemmis S. 2003. Becoming Critical: Education Knowledge and Action Research[M]. London: Routledge.

Coffey A J. 1999. The Ethnographic Self[M]. Thousand Oak: Sage.
Denzin N K. 2017. The Research Act: A Theoretical Introduction to Sociological Methods [M]. 2nd. New York: McGraw-Hill.
Eisenhardt K. 1989. Building theories from case-study research[J]. Academy of Management Review，14(4): 532-550.
Glaser B, Strauss A. 1967. The Discovery of Grounded Theory: Strategies for Qualitative Research[M]. Chicago: Aldine Publishing Company.
Glesne C. 2016. Becoming Qualitative Researchers：An Introduction[M]. New Jersey: Pearson.
Hammersley M. 1990. Reading Ethnographic Research: A Critical Guide[M]. London: Longmans.
Hammersley M. 1992. What's Wrong with Ethnography? Methodological Explorations[M]. London: Routledge.
Hatch J A. 2007. 如何做质的研究[M]. 朱光明，等译. 北京：中国轻工业出版社.
Kirk J, Miller M. 1988. Reliability and Validity in Qualitative Research[M]. London: Sage Publications.
Maxwell J. 2012. Qualitative Research Design: An Interactive Approach[M]. New York: Sage Publications.
Merrlam S B. 1998. Qualitative Research and Case Study Applications in Education [M]. San Francisco: Jossey Bass Publisher.
Mile M B, Huberman A M. 1994. Qualitative Data Analysis: An Expanded Source Book[M]. New York: Sage Publications.
Sieber J E. 1992. Planning Ethically Responsive Research[M]. Newbury Park: Sage Publications.
Strauss A. 1987. Qualitative Analysis for Social Scientists[M]. Cambridge: Cambridge University Press.
Strauss A, Corbin J. 1998. Basics of Qualitative Research: Techniques and Procedures for Developing Grounded Theory[M]. New York: Sage Publications.
Weiss R. 1995. Learning from Strangers: The Art and Method of Qualitative Interview[M]. New York: Free Press.
Whyte W F. 1984. Learning from the Field: A Guide from Experience [M]. Newbury Park: Sage Publications.
Wolcott H F. 2003. The Man in the Principal's Office: An Ethnography[M]. Walnut Creek: Alta Mira Press.